中国の産業発展と
イノベーション政策

李 春霞 [著]
Li Chunxia

専修大学出版局

まえがき

　中国の経済発展には目覚ましいものがある。その背景を考えるとイノベーションが深くかかわっていることは間違いないといえるだろう。近年の中国では自主的イノベーションによる成長方式への転換が特に重視されている。

　本書では、中国政府が打ち出したイノベーション政策のうち研究開発支援政策、知的財産権戦略、ハイテク産業・戦略的新興産業の育成戦略を取り上げ、実証研究および事例研究を行い、中国のイノベーション政策の現状やその効果を分析した。

　1978年の改革開放政策以降、中国経済は高度成長期に入り、2010年に名目GDPで世界第2位の経済大国となった。中国は多くの工業製品の生産量において、世界第1位のシェアを占め「世界の工場」と呼ばれるようにまでなった。

　ところが、中国は「世界の工場」と言われながら、多くの技術やコア部品を外国に依存しているため結局は最終製品の組立工場にすぎないのが現状である。なぜならば、中国の輸出の中では、原材料や技術レベルが高い中間財を輸入し、組立・加工したうえで、再び最終財を輸出するいわゆる「加工貿易」が過半を占めているからである。加工貿易が中心の貿易構造では多くの付加価値を生み出すことが難しい。そして、中国は自主技術を持たないため、「模倣大国」と批判されることも多い。現在の中国は、技術の欠如やイノベーション能力の不足といった問題に直面しているのである。

　中国政府は、これまでの投資依存型の成長方式の限界を強く認識したうえで、研究開発・自主イノベーションによる成長方式の転換を打ち出した。中国の最も重要な指針である「国民経済・社会発展5ヵ年計画」をはじめとして、多くの政策において、中国政府は「自主イノベーション」を繰り返し強調し、それを国家戦略として位置づけた。

また本書では、中国企業の R&D 活動や支出にも着目した。中国では、R&D 活動を行う企業は極めて少ない。中国の大・中規模の工業企業（外資企業を含む）のうち、R&D 活動を行っている企業は 3 割にすぎない。しかも、その 3 割の企業のうち、約 3 分の 1 は外資企業である。さらに、R&D 活動を行っていても、企業の研究開発費が売上高に占める割合は極めて低く、2010 年に 0.93% にとどまっている。

　そこで中国政府は、企業の研究開発を促進させるために、研究開発資金の提供、研究開発支出の 150% を企業の納税所得より控除する優遇措置、ハイテク・ニューテク企業を対象とする優遇税率などの政策優遇措置を講じ、企業の研究開発を支援している。

　また、中国中央政府は 2000 年代半ばより、独自技術の開発を促進させるため、「国家知的財産権戦略」に取り組み始め、2008 年 6 月には「国家知的財産権戦略綱要」を公布した。地方政府においても知的財産権取得のための支援はそれよりも早く、1999 年より上海を始めとして、各省政府が次々と特許の出願費用や実体審査請求費用などを補助する政策を打ち出した。2007 年には、全国の 31 の省・直轄市・自治区のうち、寧夏および甘粛を除く 29 の省・直轄市・自治区が特許出願に補助金を給付している。このような政策の結果、2000 年以後、中国の特許出願数は急増し続け、2014 年には中国の出願人は 83.78 万件の特許を出願し、アメリカの 50.95 万件や日本の 46.60 万件を大幅に超え、世界第 1 位の特許出願国となった。国際 PCT 特許出願数に関しても、2013 年に中国は世界第 3 位の国際 PCT 特許出願国となった。

　さらに、中国政府は 1999 年に自主的知的財産権を持つハイテク・ニューテク企業の育成を提起した。2000 年代に入ると、工業部門では、「自主イノベーション」をキーワードとして、ハイテク産業（電子情報、バイオ、航空・宇宙開発、新素材、新エネルギー、海洋産業、デジタル情報サービス）と、7 つの戦略的新興産業（省エネ・環境保護、新世代情報技術、バイオ、先端装備製造、新エネルギー、新素材、新エネルギー車産業）が指定された。中国政府はこれらの産業に対して、自主研究開発・イノベーションによ

る成長方式への転換を繰り返し促している。

その結果、ハイテク産業・戦略的新興産業として指定された中国の電子通信産業や新エネルギー産業は急速な成長を遂げた。たとえば、電子通信産業の生産量を見れば、2010年に世界で生産されたコンピュータの68%、携帯電話の70%は中国製である。また、風力発電及び太陽光発電産業に代表される新エネルギー産業は近年本格的な開発が始まったにもかかわらず、中国の生産量は短期間のうちに世界トップの座に躍り出た。

なぜ中国政府は「自主イノベーション」を提唱するのであろうか。「模倣大国」と呼ばれている中国が、なぜ突然世界第1位の特許出願国になれたのか。中国のハイテク産業はどのような要因で急成長を遂げたのか。また、中国政府の自主イノベーション政策は効果があったのであろうか。

以上のような問題意識に基づき、中国のイノベーション政策の現状や効果を分析することが本書の目的である。

2010年代を迎え、中国のGDP成長率は10%以上から7〜6%水準に低下した。このような背景の中で、中国経済にとって、イノベーション主導型成長への転換はますます喫緊な課題になっている。中国のイノベーション政策の現状や問題を分析することは、中国経済にとっては極めて重要な課題であると考えられる。

中国のGDPが世界経済に占める割合を考慮に入れると、イノベーションに基づく中国経済の持続的な成長は、中国経済のみならず、中国経済の影響を受けている世界経済にとっても重大な課題である。にもかかわらず、中国のイノベーション政策に関する先行研究はいまだ多くはない。なかでも、出願数が爆発的に増加した中国の特許に関する先行研究は極めて限定的である。したがって、現時点における中国のイノベーション政策の実態を解明し、政策を評価することの意義は極めて大きいといえる。

本書は、専修大学に筆者が提出した博士論文がベースとなっている。執筆において同大学の諸先生方から手厚いご指導をいただいた。大橋英夫教授

は、大学院の修士課程・博士課程を通して指導教授を担当してくださった。大橋教授は講義・演習での指導はもとより、学会発表、論文投稿の際などにも筆者を温かく支えてくださった。宮本光晴教授は、研究上の多様な助言をしてくださり、筆者が学外の研究会に参加できる機会を提供してくださった。中西康夫教授は、計量経済分析の手法を指導してくださった。山田節夫教授は貴重な特許データを提供してくださっただけでなく、博士論文の多くの部分に目を通し、適切な修正を施してくださった。ここに記して、これらの先生方に対する深い感謝の意を表したい。

　筆者は、加藤浩平教授のご推薦のおかげで、2014 年度より文部科学省国費外国人留学生奨学金に恵まれ、研究に専念することができた。また、大学院の講義・演習などで、遠山浩教授、徳田賢二教授、小島直名誉教授からも丁寧なご指導をいただいた。専修大学国際交流センターの小川浩司氏、同大学大学院事務課の安藤徳明氏、同じ研究室で筆者の先輩である蒋純青氏らは筆者の研究活動を励ましてくださった。出版にあたり、専修大学出版局の真下恵美子氏は丁寧な編集作業で筆者を助けてくださった。これらの方々にも深く感謝したい。

　尚、本書は平成 29 年度専修大学課程博士論文刊行助成を受けて出版されるものである。

　最後に、私事にわたるが、日本での研究生活を許してくれた筆者の両親にも感謝したい。

2018 年 1 月

李　春霞

目　次

まえがき　*iii*

序章 ·· *1*

　第1節　中国におけるイノベーション政策──研究意義と研究目的　*1*

　第2節　研究範囲　*4*

　第3節　分析方法とデータの説明　*6*

　　1．分析方法　*6*

　　2．データの説明　*6*

　第4節　研究枠組み　*6*

第Ⅰ部　研究背景 ·· *9*

第1章　中国の「自主イノベーション」政策の背景および経緯 ···*11*

　第1節　「自主イノベーション」政策の背景　*11*

　　1．知的財産権の外国依存と低付加価値の加工貿易　*11*

　　2．低い研究開発費　*13*

　　3．低い全要素生産性（TFP）　*15*

　第2節　「自主イノベーション」政策の経緯　*17*

　　1．総合的政策　*17*

　　2．知的財産権戦略に関する政策　*22*

　　3．ハイテク産業・戦略的新興産業に関する政策　*23*

vii

第Ⅱ部　実証研究 ……………………………………………………… 27

第2章　中国の研究開発支援政策 ………………………………… 29

第1節　はじめに　*29*

第2節　先行研究　*32*

　1．先行研究のサーベイ　*32*

　2．本章の課題　*33*

第3節　データの説明　*33*

　1．生産関数用データ　*33*

　2．固定資産ストックの計算　*36*

　3．研究開発関連データ　*39*

第4節　データにみる国有企業と非国有企業の相違　*41*

第5節　分析方法とモデル　*42*

　1．全要素生産性の計算　*42*

　2．政府資金・奨励措置が産業別の TFP 上昇率に与える影響　*44*

第6節　推定結果　*47*

　1．全サンプル　*47*

　2．国有・国家支配企業の寡占度により分けたサンプル　*48*

　3．国有・国家支配企業の寡占度および政府資金・
　　減免税の高さにより分けたサンプル　*51*

第7節　まとめ　*54*

第3章　中国の知的財産権戦略 …………………………………… 57

第1節　はじめに　*57*

　1．中国特許出願数　*58*

　2．諸外国との比較　*61*

　3．特許出願の研究開発費弾力性の計測　*61*

viii

第2節　先行研究　*65*

　1．先行研究のサーベイ　*65*

　2．本章の課題　*68*

第3節　中国の特許制度　*69*

　1．中国特許制度の設立経緯　*69*

　2．特許出願から権利維持までの基本プロセス　*70*

第4節　データの説明　*75*

　1．企業財務データ　*75*

　2．企業の特許データ　*76*

第5節　特許補助政策　*77*

第6節　特許料補助効果　*79*

第7節　特許補助政策効果の推計　*93*

　1．国内出願　*94*

　2．国際出願　*106*

第8節　まとめ　*113*

第Ⅲ部　事例研究 …………………………………………*117*

第4章　風力発電産業の育成 ……………………………*119*

第1節　はじめに・先行研究　*119*

第2節　風力発電産業の位置づけと育成政策　*120*

　1．風力発電産業の位置づけ　*121*

　2．風力発電産業の育成政策　*122*

　3．風力発電プロジェクト特別許可経営権入札制度　*125*

第3節　中国の風力発電設備容量　*126*

　1．中国の風力発電設備容量の推移　*126*

　2．省別の風力発電設備容量　*128*

3．世界における中国の風力発電設備容量　*130*

　第4節　中国の風力発電設備製造業の急成長　*132*

　　1．中国メーカーの国内市場シェアの急上昇　*132*

　　2．世界上位に躍進した中国メーカー　*134*

　第5節　中国の風力発電産業の問題点　*136*

　　1．国産風力発電設備の品質問題　*136*

　　2．系統連系・送電に関する問題　*140*

　　3．産業発展の支援基盤の未整備　*148*

　　4．生産能力過剰　*151*

　第6節　新たな組立産業　*154*

　　1．ライセンス生産・設計図の購入　*154*

　　2．基幹部品の外部依存　*156*

　第7節　中国の風力発電産業の成長要因　*157*

　　1．風力発電に対する全量買取制度・税優遇　*158*

　　2．国産化率を決める輸入代替政策　*160*

　　3．政府の補助金　*161*

　　4．ライセンス生産・部品の外部調達・輸入関税の減免　*163*

　　5．巨大な資金力を持つ国有企業のバックグラウンド　*166*

　第8節　まとめ　*167*

第5章　太陽光発電産業の育成 ……………………………………*171*

　第1節　はじめに・先行研究　*171*

　第2節　太陽光発電産業の位置づけおよび政策・法規　*172*

　　1．太陽光発電産業の位置づけ　*172*

　　2．太陽光発電産業の育成政策　*173*

　第3節　中国の太陽電池製造業の急成長　*178*

　　1．太陽電池とは　*179*

　　2．中国の太陽電池の生産量　*180*

３．中国の太陽電池メーカーの急成長　*181*

４．多結晶シリコン製造業の成長　*185*

５．シリコン・インゴット、シリコン・ウェハー製造業の成長　*189*

第4節　中国の太陽光発電設備導入容量　*189*

１．太陽光発電設備導入容量の推移　*189*

２．国内導入・輸出のアンバランス　*191*

第5節　中国の太陽光発電産業の発展における問題点　*192*

１．外需依存・貿易摩擦　*192*

２．生産能力過剰　*193*

３．急速な生産拡張による債務危機　*195*

４．高エネルギー消耗産業　*195*

５．低付加価値の組立産業　*197*

第6節　中国の太陽光発電産業の成長要因　*201*

１．ヨーロッパ外需の存在　*201*

２．政府の支援　*202*

３．融資の優遇　*206*

４．生産設備の輸入　*208*

５．税優遇政策　*210*

６．環境保護コストの欠如　*213*

第7節　企業側の研究開発活動　*214*

１．研究開発集約度　*214*

２．研究開発員　*215*

第8節　まとめ　*216*

第Ⅳ部　結論と課題 ………………………………………*219*

第6章　結論 ………………………………………………*221*

第1節　本書の研究の主な結論　*221*

　　1．実証研究から得られた結論　*222*

　　2．事例研究から得られた結論　*225*

第2節　今後の課題と展望　*227*

参考文献　*229*
索引　*246*

序章

第1節　中国におけるイノベーション政策
──研究意義と研究目的

　改革開放後、中国経済は高度成長期に入り、2010年に名目GDPで世界第2位の経済大国となった。大橋（2012a）によれば、中国の経済成長の牽引車は製造業に代表される工業部門である。2010年に中国はアメリカを超え、世界最大の工業国となった。中国は多くの工業製品の生産量において、世界第1位のシェアを占めている（大橋 2012a、p.57）。「Made in China」は世界市場を席巻し、中国は「世界の工場」と呼ばれるようになった。

　ところが、中国はコア技術を外国に依存しているために、「世界の工場」と言われているが、結局は最終製品の組立工場にすぎない。そのため、「模倣大国」と批判されることも多い。現在中国は、技術の欠如やイノベーション能力の不足といった問題に直面しているといえる。

　中国政府は投資依存型の成長方式の限界を強く認識し、研究開発・自主創新（以下：自主イノベーション）による成長方式への転換を打ち出した。中国の最も重要な指針である「国民経済・社会発展5カ年計画」[1]をはじめとして、多くの政策において、「自主イノベーション」が繰り返し強調され、国家戦略として位置づけられている。

　企業の研究開発を促進させるために、中国政府は研究開発資金の提供、研

1）中国経済の市場化に伴い、中国では第11次5カ年計画（2006〜2010年）から、「計画」ではなく、「規画」が用いられるようになった。

1

究開発（R&D）費の税控除、高・新技術（以下：ハイテク・ニューテク）企業を対象とする優遇税率などの政策優遇措置を打ち出し、企業の研究開発を支援している。

2000年代半ばより、中国政府は「国家知的財産権戦略」を制定し始め、2008年6月に国務院は「国家知的財産権戦略綱要」を公布した。「第12次5カ年計画」（2011～2015）では、2015年までに、1万人当たりの発明特許取得件数を3.3件に高めることが目標とされた。中国政府は中国企業の知的財産権の取得を促している。また、1999年に、上海市政府は上海の企業・大学・研究機関または住民を対象とし、特許を出願する場合、出願費用や実体審査請求費用[2]を補助する政策を打ち出した。その後、他の地方政府も特許出願に補助金を支給し、2007年までに、全国の31の省・直轄市・自治区のうち、寧夏および甘粛を除き29の省・直轄市・自治区が特許出願に補助金を支出することになった。

また、1999年に「技術革新、ハイテクの発展、産業化の実現に関する中共中央、国務院の決定」（原文「中共中央、国務院関於加強技術創新、発展高技術、実現産業化的決定」）が公布され、自主的知的財産権を持つハイテク・ニューテク企業の育成が提起された。2000年代に入ると、工業部門では、「自主イノベーション」をキーワードとして、ハイテク産業（電子情報、バイオ、航空・宇宙開発、新素材、新エネルギー、海洋産業、デジタル情報サービス）と、7つの戦略的新興産業（省エネ・環境保護、新世代情報技術、バイオ、先端装備製造[3]、新エネルギー、新素材、新エネルギー車産業）が指定された。中国政府はハイテク産業や戦略的新興産業に対して、自主研究開発への成長方式の転換、産業高度化を繰り返し強調している。

本書では、これらの政策を「自主イノベーション」政策と呼び、具体的には研究開発支援政策、知的財産権戦略およびハイテク産業育成戦略を含む。

政府の支援を受け、中国の特許出願数は近年飛躍的に急増した。中国国家

2）出願費用および実体審査請求費用の詳細については第3章第3節を参照。
3）先端装備製造産業には、航空機産業、人工衛星およびその応用産業、先端軌道交通産業、海洋産業などが含まれる。

知的財産権局（日本の特許庁に相当する）の統計によれば、1998年に、国家知的財産権局が受理した発明特許の出願のうち、国内からの出願数はわずか1万3726件であった。一方、1998年に日本の発明特許出願数は35万9381件であり、中国は日本の3.8％にすぎなかった。2014年になると、中国の国内からの発明特許出願数は80万件を超えた。同年に日本特許庁が受理した日本国内からの特許出願数は26万5959件であり、中国の出願数は知的財産大国の日本の3倍に上った。WIPO（World Intellectual Property Organization、世界知的所有権機関）の統計によれば、2014年の世界の特許出願数は268万件である（World Intellectual Property Organization 2015、p. 23）。すなわち、中国国内の特許出願数は世界全体の30％を占めていた[4]。わずか十数年のうちに中国は世界第1の特許出願国となったのである。

　また、ハイテク産業・戦略的新興産業として指定された中国の電子通信産業や新エネルギー産業も急速な成長を遂げた。たとえば、2010年の電子通信産業の生産量を見れば、世界で生産されたコンピュータの68％、携帯電話の70％は中国製である。そして、風力発電および太陽光発電産業に代表される新エネルギー産業は近年本格的な開発が始まったにもかかわらず、中国の生産量は短期間のうちに世界トップの座に躍り出た。

　なぜ中国政府は「自主イノベーション」を提唱するのであろうか。「模倣大国」と呼ばれている中国が、なぜ突然世界第1位の特許出願国になれたのか。中国のハイテク産業はどのような要因で急成長を遂げたのか。また、中国政府の自主イノベーション政策は効果があったのであろうか。本書の研究の基本的な問題意識は以上のようなものである。

　2010年代を迎え、中国のGDP成長率は10％以上から7〜6％水準に低下した。このような背景の中で、中国経済にとって、イノベーション主導型成長への転換はますます喫緊の課題になっている。中国のイノベーション政策の現状や問題を分析することは、中国経済にとっては極めて重要な課題であると考えられる。

4）中国国家知的財産権局が受理した国内からの出願数のみであり、中国が外国の特許庁に出願した特許は含まれていない。

本書では、以上のような問題意識に基づき、実証研究および事例研究を通じて、中国のイノベーション政策の現状や効果を分析する。第1章では、中国政府が自主イノベーション政策を打ち出した背景を概観し、政策の経緯を整理する。第2章では、産業別・所有制別のデータを利用し、中国政府の研究開発優遇政策の効果を実証的に検証する。第3章では、電子通信産業を取り上げ、企業の個票データを用いて、政府の特許関連補助金が企業の特許出願に与える影響を考察し、国家知的財産権戦略の実態を明らかにする。第4章と第5章では、風力発電および太陽光発電産業を代表的な産業として取り上げ、事例研究を試みることとする。以上の作業を通し、中国の「自主イノベーション」政策の効果を評価してみたい。

中国の GDP が世界経済に占める割合を考慮に入れると、イノベーションに基づく中国経済の持続的な成長は、中国経済のみならず、中国経済の影響を受けている世界経済にとっても重大な課題である。中国のイノベーション政策に関する先行研究はいまだ多くはない。なかでも、出願数が爆発的に増加した中国の特許に関する先行研究は極めて限定的である。現時点における中国のイノベーション政策の実態を解明し、政策を評価することの意義は極めて大きいものと考えられる。

第2節　研究範囲

本書の研究対象は中国のイノベーション政策である。イノベーションが強調されるようになったのは 2000 年代に入ってからである。そのため本書では、主に 2000 年以降の政策を対象とする。

また以下の理由から、国家知的財産権戦略を研究するために、電子通信産業を研究対象とする。

第1に、政府の特許出願補助金は、地区によりハイテク産業に傾斜する場合がある。電子通信産業は中国政府が指定したハイテク産業であり、すべての省で補助金を受けられる。そのために、補助金政策の効果を検証するには適切な産業である。

第2に、中国の産業の中で、電子通信産業の特許出願数が一番多い。また、華為（Huawei）や中興（ZTE）のように、中国において特許出願数が最も多く、世界の特許出願上位企業にランクインしている中国企業は電子通信産業に属する。

　第3に、中国では1985年より「中華人民共和国専利法」（「特許法」）が実施された。本書で使用した電子通信産業の特許出願データは1986〜2016年において17万件の個票データがある。データの個票数や開始期間から見れば、政策の変化の影響を検証できるものと考えられる。

　もちろん、より多くの産業を分析対象とすることが望ましいことはいうまでもない。また、製造業のみならず、大学や研究機関の特許出願行動も研究するに値する。ただし、企業の売上などの財務データと特許出願データをまとめたデータは存在しない。また、中国の特許データベースは整備されているものの、経済分析のために開発されたものではない。そのため、企業の財務データと特許データをマッチングするのは膨大な作業となるために、本書では電子通信産業に限定した。

　また、第Ⅲ部の事例研究として、ハイテク産業・戦略的新興産業のうち、新エネルギー産業を選択したのは、以下の理由による。

　第1に、新エネルギー産業は近年急成長した新産業であるために、先行研究がいまだ少ない。

　第2に、生産量が急増しているために、先行研究が少ないとはいえ、統計データや報告書は相次いで発表されており、事例研究は可能である。

　第3に、経済発展に伴い、中国のエネルギー問題や環境汚染問題はますます深刻になりつつある。中国の化石エネルギーの生産量は多いものの、1993年に中国は石油の純輸入国に転じた（郭四志 2011）。新エネルギー産業は、エネルギー問題や環境問題の解決に役に立つものと考えられる。

　以上のような理由から、新エネルギー産業を事例研究の対象とした。

第3節　分析方法とデータの説明

1．分析方法

第Ⅱ部の実証研究部分では、政策効果を抽出するため、Cobb-Douglas 型生産関数、特許生産関数、最小二乗法（OLS）、パネルデータの固定効果推定（Fixed Effect）、ランダム効果推定（Random Effect）、プロビット分析（Probit Analysis）、ロジット分析（Logit Analysis）、カウントデータ分析（Count Data）、バイナリデータ分析（Binary Data）などを用いている。

2．データの説明

第Ⅱ部の実証研究の第2章では、所有制別の産業集計データを用いる。『中国工業経済統計年鑑』（2013 年より『中国工業経済年鑑』に名称変更）各年版、『中国経済普査年鑑 2004』、『工業企業科技活動統計資料』（2012 年版より『工業企業科技活動統計年鑑』に名称変更）、『中国科技統計年鑑』、『中国統計年鑑』、『中国城市（鎮）生活与価格年鑑』を利用する。

第3章では、中国統計局の工業企業データベース、および中国知的財産権出版社（IPPH）の特許検索データベース（CNIPR）を利用する。

第Ⅲ部の事例研究では、政府機関や業界団体の統計、および各企業の年報を用いる。

第4節　研究枠組み

ここでは、本書の主な内容をまとめておこう。本書は序章、第Ⅰ〜Ⅳ部からなる。図0-1に全体の構成を示す。

第Ⅰ部「研究背景」の第1章では、中国が自主イノベーション政策を打ち出した背景を概観したうえで、その政策の具体的内容をまとめる。また、政策の内容および本書の構成に応じ、①総合的政策、②知的財産権戦略に関す

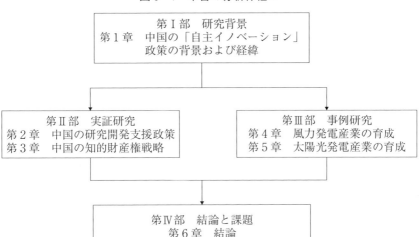

図 0-1 本書の分析枠組み

出所：筆者作成。

る政策、③ハイテク産業・戦略的新興産業に関する政策に分けて、それぞれをまとめることとする。

第Ⅱ部「実証研究」では、現時点での中国のイノベーション政策のうち、重要な研究開発支援政策（第 2 章）および知的財産権戦略（第 3 章）について実証分析を行う。

第 2 章では、産業別・所有制別のデータを利用し、中国政府の研究開発優遇政策の効果を実証的に検証する。まず、中国政府が打ち出した研究開発費税控除およびハイテク・ニューテク企業減免税政策を説明する。次に、各産業の全要素生産性（TFP）を試算するために、先行研究では課題が残されている中国固定資産ストックの計算を工夫し、国有企業の民営化後の固定資産ストックをより厳密に計算する。また、前記政策が各産業の TFP にいかなる影響を与えたかを検証する。さらに、本章の推計では、国有企業・国家支配企業の寡占度を考慮に入れる。

第 3 章では、中国の国家知的財産権戦略について分析する。まず、中国の国内特許出願数および国際 PCT 特許出願数の推移を概観したうえで、世界

主要国の特許出願数と比較することにより、中国特許出願の爆発的な増加実態を明らかにする。次に、中国の特許制度および各省政府が打ち出した特許出願補助政策を説明し、各省特許補助金適用前後の「期待特許料」を試算することにより、特許料補助政策の定量的効果を確認する。また、企業の個票データを用いて、各省政府が実施した特許補助政策が企業の国内特許出願および国際 PCT 特許出願に与えた影響を推計する。

第Ⅲ部「事例研究」では、風力発電産業（第 4 章）と太陽光発電産業（第 5 章）を取り上げ、事例研究を行う。ハイテク産業・戦略的新興産業育成政策の側面から中国のイノベーション政策の実態を考察する。

第 4 章では、風力発電産業について分析する。まず、政府が打ち出した風力発電産業の育成政策をまとめる。次に、同産業の成長の経緯を明らかにしたうえで、成長過程における問題点を考察する。また、成長要因の分析を通して「自主イノベーション」による成長であるか否かを考察する。

第 5 章では、太陽光発電産業を取り上げて分析する。まず、政府が打ち出した太陽光発電産業の育成政策をまとめる。次に、同産業の成長過程を概観したうえで、成長過程における問題点を考察し、その急成長の要因を分析する。そして、「自主イノベーション」の実態を分析したうえで、戦略的新興産業の育成政策の評価を試みることとする。

第Ⅳ部「結論と課題」の結論（第 6 章）では、各章から得られた結論をまとめ、中国のイノベーション政策の評価を試みる。また、今後の研究課題を展望する。

第Ⅰ部　研究背景

第1章　中国の「自主イノベーション」政策の 背景および経緯

　1978 年に始まる改革開放後、中国経済は著しく成長したが、技術の欠如やイノベーション能力の不足といった問題に直面している。中国政府は成長方式の転換を狙い、「自主イノベーション」を繰り返し強調し、これを国家戦略として位置づけた。本章では、「自主イノベーション」政策が打ち出された背景を考察し、政府が打ち出した「自主イノベーション」政策を取りまとめることとする。

第1節　「自主イノベーション」政策の背景

1．知的財産権の外国依存と低付加価値の加工貿易

　改革開放後、中国経済は高度成長期に入り、2010 年に中国はアメリカを超え、世界最大の工業国となった。現在中国は多くの工業製品の生産量において、世界第 1 位のシェアを占めている。たとえば、2010 年に世界で生産されたコンピュータの 68%、カラーテレビの 50%、冷蔵庫の 65%、エアコンの 80%、携帯電話の 70% が中国製である。また、2009 年に中国はドイツを抜いて世界最大の輸出国となった（大橋 2012a、p.57）。

　このように、中国は多くの工業製品で世界最大の生産量を誇り、「Made in China」は世界市場を席巻し、「世界の工場」と呼ばれるようになった。

　しかし、この「世界の工場」は最終製品の組立工場にすぎない。

11

第Ⅰ部　研究背景

　なぜならば、中国の輸出では、原材料や中間財を輸入し、組み立て・加工したうえで、再び最終財を輸出するいわゆる加工貿易が過半を占めているからである。加工貿易が生み出す付加価値はかなり限定的である。たとえば、アメリカ市場において299ドルで販売されているiPodの場合、中国に帰属する付加価値は最大で4ドル程度にとどまる（大橋 2011、pp.146-148）。

　また加工貿易を行う中国企業は知的財産権を持たない。2006年の報道によれば、中国において自主知的財産権を持つ企業は1万分の3にすぎず、60％の企業は自主ブランドさえ持たず、模倣を続けている企業も少なからず存在する（人民網 2006）。

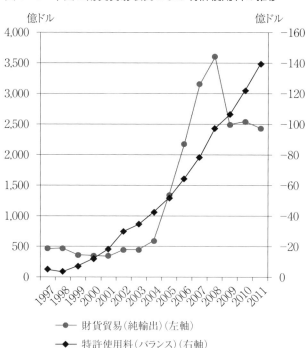

図1-1　中国の財貨貿易収支および特許使用料の推移

出所：国家統計局編（1998-2012）、『中国統計年鑑』各年版より作成。

技術を外国に依存するために、ライセンス生産を行う中国企業は巨額な特許使用料を支払わざるをえない。たとえば、アメリカ市場において 32 ドルで販売される DVD プレーヤーの場合、特許使用料は 18 ドル、製造コストは 13 ドルであり、中国の生産者が手にするのは 1 ドルにすぎない。このように中国の輸出は爆発的に拡大したにもかかわらず、低付加価値の加工貿易がいまだ中心的である（大橋 2011、p.149）。

2000 年代半ばには、特許使用料を支払えないために、多くの中国の DVD プレーヤー生産企業が倒産した（新華網 2005a）。また 2011 年に中国の携帯電話の輸出量は 8.8 億台に上り、世界輸出量の約 8 割を占めているが、中国製の携帯電話の純利益率は 1% に満たない（新華網 2012）。

技術を外国に依存するために、中国は最終財を生産すればするほど、特許使用料の支払いが増加することになる（図 1 - 1）。

図 1 - 1 は、1997 年以降中国の財貨貿易の収支（純輸出＝輸出－輸入）および特許使用料の収支（受け取り－支払）の推移を表している。純輸出の上昇に伴い、特許使用料の赤字も年々上昇傾向にある。2009 年の金融危機以後、中国の純輸出は急激に減少したにもかかわらず、特許使用料の赤字幅は依然として拡大を続けている。

2．低い研究開発費

中国企業は多くの技術を外国に依存しており、R&D（研究開発）活動を行う企業は極めて少ない。表 1 - 1 は、中国の大・中規模の工業企業[1]（外資企業を含む）の R&D 状況を表している。2000～2010 年に大・中規模の工業企業のうち、R&D 活動を行っている企業は 3 割程度にすぎない。また、その 3 割の企業のうち、約 3 分の 1 は外資企業である。すなわち、R&D 活動を

1）大規模の工業企業とは、従業員が 2000 人以上、売上高が 3 億元以上、資産総額が 4 億元以上の企業である。中規模の工業企業とは、従業員が 300～2000 人、売上高が 3000 万～3 億元、資産総額が 4000 万～4 億元の企業である（2003～2010 年基準）。2011 年に中国国家統計局が前記基準を調整したために、それ以後、大規模の工業企業は、従業員が 1000 人以上、売上高が 4 億元以上の企業である。中規模の工業企業は、従業員が 300～1000 人、売上高が 2000 万～4 億元の企業を指す。

第Ⅰ部　研究背景

表1-1　大・中規模の工業企業の R&D 状況

	2000	2002	2004	2006	2007	2008	2009	2010
R&D 活動がある企業数（個）	7,116	7,100	6,566	7,838	8,954	10,027	12,434	12,889
R&D 活動がある企業の割合[1]（%）	32.68	30.74	23.71	24.01	24.70	24.87	30.48	28.31
R&D 支出／売上（%）	0.71	0.83	0.71	0.77	0.81	0.84	0.96	0.93

出所：国家統計局・科学技術部編（2011）、『中国科技統計年鑑2011』より作成。
注：1．R&D 活動がある企業の割合＝R&D 活動がある企業数／大・中規模の工業企業数。

行っている中国企業は大・中規模の工業企業全体のわずか2割にとどまる。

　また、R&D 活動を行っていても、企業の研究開発費が売上に占める割合は極めて低い。2000年の時点で研究開発費は売上の0.71%にすぎず、その後、上昇基調にあるものの、2010年でも0.93%にとどまっている。

　表1-1で取り上げたのは、大・中規模の工業企業だけである。一定規模以上の工業企業[2]の場合には、R&D 活動を行っている企業の割合はさらに低く、10%以下にとどまっている。たとえば、2009年に R&D 活動を行った一定規模以上の工業企業はわずか8.5%にとどまり、研究開発費が主要業務売上高に占める比重は0.69%にすぎなかった（国家統計局編『中国統計年鑑』2012年版）。

　次に中国の研究開発を先進国と比べてみると、その支出はかなり低いのがわかる（表1-2）。

　1990年代後半、中国の研究開発費の対 GDP 比は1%に満たなかった。2000年代に上昇したとはいえ、2010年でも1.75%にとどまっている。ちなみに、表1-2のデータの中には外資企業も含まれている。たとえば、2006年

───────────────

2）　一定規模以上の工業企業とは、1998～2006年全部の国有企業および主要業務の年間売上高が500万元以上の非国有企業、2007～2010年主要業務の年間売上高が500万元以上の工業企業、2011年以降売上高が2000万元以上の工業企業である。

第1章　中国の「自主イノベーション」政策の背景および経緯

表1-2　研究開発費の対 GDP 比　　　　　　　　単位：%

	1995	1996	1997	1998	1999	2000	2001	2002	2003	2004	2005	2006	2007	2008	2009	2010
中国	0.57	0.57	0.64	0.65	0.76	0.90	0.95	1.07	1.13	1.23	1.32	1.39	1.40	1.47	1.70	1.75
日本	2.92	2.77	2.83	2.94	2.94	3.04	3.13	3.18	3.20	3.18	3.32	3.40	3.44	3.45	3.36	—
韓国	2.27	2.60	2.69	2.55	2.47	2.30	2.59	2.53	2.63	2.85	2.79	3.01	3.21	3.36	3.56	3.74

出所：OECD、*Main Science and Technology Indicators*、Vol.2002/ 2 、Vol.2006/ 2 、Vol. 2011/ 2 、国家統計局・科学技術部編（2011)、『中国科技統計年鑑2011』より作成。

中国の研究開発費[3]のうち、企業部門（Business enterprise R&D expenditure /GDP）が1.02% を占めており、さらに企業部門支出のうちの25% は外資企業によるものである（Chandra et al. 2009、pp.54、154)。

3．低い全要素生産性（TFP）

　中国の低い研究開発費および企業部門の消極的な R&D 活動からも明らかなように、これまでの中国の経済成長は投資に過度に依存しており、技術進歩の寄与は相対的に軽微であった。

　中国の経済成長に対する要素別寄与に関する研究によると、中国の GDP 成長では資本投入が主導的な役を果たしてきた。

　表1-3によると、1978～94年の GDP 年平均成長率9.9% に対する TFP の成長寄与度は3.0ポイントであったが、1994～2009年の GDP 年平均成長率9.6% に対する TFP の成長寄与度は2.7ポイントへと低下した。それとは対照的に、物的資本の成長寄与は2.9ポイントから5.5ポイントへと上昇した。TFP の上昇に関しては、WTO への加盟、国有企業の改革、農村余剰労働力の都市への移転、道路・港湾などインフラの整備などの要因より労働生産性が上昇したことが指摘されている（Vincelette et al. 2010、p. 164)。

　労働生産性の上昇に関しては、資本設備水準の改善による労働生産性の上

---

3) Chandra et al.（2009）p.154 によれば、2006年中国の R&D 支出対 GDP 比は1.42% である。

第Ⅰ部　研究背景

表1-3　中国の経済成長に対する要素別寄与
(Sources and Aspects of Growth 1978-2015)

単位：%

	1978 - 1994	1994 - 2009	2009 - 2015
GDP 成長率	9.9	9.6	8.3
雇用	3.3	1.0	0.2
労働生産性	6.4	8.6	8.1
TFP	3.0	2.7	2.2
人的資本（人的資本・労働比率）	0.5	0.3	0.5
物的資本（物的資本・労働比率）	2.9	5.5	5.2
（参考）			
投資率（期間平均）	30.1	39.8	47.7

出所：Vincelette et al.（2010）p.165.
注：2009 - 15 年は予測である。

昇も無視できない。ただし、TFP の上昇をもたらした労働生産性の上昇
は、基本的に大量の資本設備が生産過程に投入されたことを反映しているに
すぎないともいえる。いずれにせよ、中国の高度成長は大量の資本投入に起
因するものであり、純粋な意味での技術進歩によるものではなかった（大橋
2005、p.24）。

　一方、日本の TFP 上昇率を推計した Hayami and Ogasawara（1999）に
よれば、1958〜1970 年に、日本の 1 人当たりの実質経済成長率は 7.05% で
あり、TFP の上昇率は 4.17% であったので、実質経済成長率の 59% は TFP
の上昇によって説明されることになる。また、1970〜1990 年に、1 人当たり
の実質経済成長率は 3.32% に落ち、TFP の上昇率は 1.51% へと落ちた
が、それでも経済成長率の 45% を説明している。日本の経済成長に対する
TFP の寄与度と比較してみると、中国の TFP の寄与度が低いことがうかが
える。

　資本投入に依存する「粗放型成長」[4]には限界があり、「中所得国の罠」[5]に
陥る可能性も高まる。しかも中国は賃金の上昇期を迎え、人口ボーナス期の

4 ）中国では、要素投入増加型成長は「粗放型成長」と呼ばれ、全要素生産性（TFP）上
　　昇型成長は「集約型成長」と呼ばれている。呉（1995）を参照。

16

第1章　中国の「自主イノベーション」政策の背景および経緯

終焉に差しかかっていることから、中国は低賃金労働力の優位性を喪失しつつあり、単純な組立・加工に依存する工業化は持続困難となっている。持続可能な成長方式への転換は、中国にとって喫緊の課題である。

第2節　「自主イノベーション」政策の経緯

　低所得国が中所得国へと成長するに際しては、先発国の成長モデルを導入すれば、「後発性の利益」を享受することができる。ところが、低所得国が中所得の段階に達すると、導入すべきモデルが限定され、後発国は自らのイノベーションに依存せざるをえなくなる（大橋 2012b）。

　従来の成長方式の限界を強く意識して、中国政府は自主的イノベーションによる成長方式の転換を打ち出した。中国政府は自国の技術レベルを向上させ、イノベーション能力を強化するために、自主的知的財産権や「自主イノベーション」をキーワードとして強調し、それを国家戦略として位置づけた。

　中国政府の「自主イノベーション」政策は多岐にわたるが、本書では、①総合的政策、②知的財産権戦略に関する政策、③ハイテク産業・戦略的新興産業に関する政策に分けて、それぞれを取りまとめることとする。

１．総合的政策

　表1-4は、中国の「自主イノベーション」を強調する総合的政策を取りまとめたものである。

（1）第11次5カ年計画期以前（～2005年）

　中国の科学技術分野の計画文書において、イノベーションはしばしば強調されてきたが、それが産業構造調整・成長方式の転換の中心課題、国家戦略

5）第二次大戦後の世界経済を振り返ると、多くの低所得国が中所得国の段階に達すると、経済成長の鈍化に直面する傾向が見られる。こうして出現する中所得国の経済停滞局面を、Gill and Kharas（2007）は「中所得国の罠」と呼んでいる。

17

第 I 部　研究背景

表 1 - 4　中国の「自主イノベーション」政策

発布日	発布部門	政策
2004. 12. 3 ～5	2004 年中央経済工作会議	「自主イノベーション」は構造調整を推進するに当たっての中心的な課題である
2005. 10. 11	中国共産党第 16 回中央委員会第 5 次全体会議	「第 11 次 5 カ年計画の制定に関する中共中央の建議」
2005. 12. 7	国務院	「産業構造調整の推進に関する暫定規定」
2005. 12. 7	国家発展改革委員会	「産業構造調整指導目録（2005 年）」
2006. 2. 9	国務院	「国家中長期科学と技術発展計画綱要（2006～2020)」
2006. 2. 26	国務院	「国家中長期科学と技術発展計画綱要（2006～2020)」の実施に関する関連政策
2006. 3. 16	中央政府	「中華人民共和国国民経済と社会発展の第 11 次 5 カ年計画（2006～2010 年）」
2011. 3. 16	中央政府	「中華人民共和国国民経済と社会発展の第 12 次 5 カ年計画」（2011～2015 年）
2011. 3. 27	国家発展改革委員会	「産業構造調整指導目録（2011 年）」
2011. 12. 30	国務院	「工業転換・昇級計画（2011～2015 年）（国発［2011］47 号）」

出所：筆者作成。

として明確に位置づけられたのは 2004 年末である。

　まず、2004 年 12 月 3～5 日に北京で開かれた中央経済工作会議は、「自主イノベーション」は構造調整を推進するに当たっての中心的な課題であると明確に提起した（新華網 2004）。

　次に、2005 年 3 月 28 日に、温家宝首相（当時）が国家科学技術奨励大会において、「自主イノベーション」能力を高めることは国家戦略であり、我が国をイノベーション型国家として建設すると言明した（温家宝 2005）。こうして、中国政府の指導者により初めて「自主イノベーション」が国家戦略として位置づけられた。

第1章　中国の「自主イノベーション」政策の背景および経緯

（2）第11次5カ年計画期（2006～2010年）

2005年10月11日に、中国共産党第16回中央委員会第5次全体会議で「第11次5カ年計画の制定に関する中共中央の建議」が可決された。同「建議」では、「自主イノベーション能力」の増強という原則に基づいて第11次5カ年計画を制定することが強調された。「自主イノベーション」は産業構造調整、成長方式の転換の中心であり、自主的知的財産権・有名ブランドおよび国際競争力を持つ有力企業の育成は、第11次5カ年計画の目標であることが強調された（新華網 2005b）。

2005年12月7日に、国務院は「産業構造調整の推進に関する暫定規定」（原文「促進産業結構調整暫行規定」）を公布した。同「規定」は、今後の産業構造調整の目標、原則、方向および重点を明確にした。同「規定」において政府は、産業構造の高度化の推進が産業構造調整の原則であり、自主的なイノベーション能力の増強が産業構造調整の中心であるという目標を提起した。さらに、企業を主体とし、市場が誘導し、産官学提携のイノベーション・システムの建設が提唱され、オリジナル・イノベーション、集成イノベーション、導入・消化・吸収および再革新による産業全体の技術水準を向上させることが強調された。同「規定」は、情報、バイオ、新素材、新エネルギー、宇宙開発などの産業を重点的に発展させる産業として明確に指定した。また政府は、奨励類産業への投資に対して、輸入設備の関税・増値税（value-added tax、付加価値税）の免除を決定した（国務院弁公庁 2005）。

同日、国家発展改革委員会は上記「規定」の実施細則である「産業構造調整指導目録（2005年）（中華人民共和国国家発展和改革委員会令　第40号）」を公布し、奨励類産業、制限類産業、淘汰類産業を明確にした。本書が取り上げる風力発電産業と太陽光発電産業（原材料のシリコンやウェハーの製造を含む）も奨励類産業と指定された（国家発展改革委員会 2005c）。

2006年2月9日に、国務院は「国家中長期科学と技術発展計画綱要（2006～2020）」を公布した。同「計画綱要」は、「自主イノベーション」とは、国家イノベーション能力の増強を出発点とする、①オリジナル・イノベーション、②集成イノベーション、③導入、消化・吸収したうえでの革新であると

第Ⅰ部　研究背景

定義した。経済構造の調整、成長方式の転換、および国家競争力を高めるために、「自主イノベーション」能力の向上が中心的な役割を果たすこと、また 2020 年までにイノベーション型国家になるという目標が掲げられた。さらに、知的財産権戦略の実施が明言され、2020 年までに、研究開発費の対GDP 比を 2.5% 以上に高め、技術の対外依存度を 30% 以下に下げ、国内出願人の年間特許登録数と国際科学論文の被引用数のいずれも世界トップ 5 を実現するという目標が掲げられた（新華社 2006a）。

2006 年 2 月 26 日に、国務院は「『国家中長期科学と技術発展計画綱要（2006〜2020）』の実施に関する関連政策」を公布した。同「関連政策」は上記「計画綱要」を実施させるための政策である。同「関連政策」では、R&D 支出の 150% を企業納税所得から控除する優遇措置、ハイテク・ニューテク企業の優遇税率（詳細は第 2 章第 1 節参照）、研究開発設備の減価償却期間の短縮などの優遇政策が打ち出された。また、核心技術の自主的知的財産権の取得、国際技術標準の制定、発明特許の審査期間の短縮などが強調されている（国務院弁公庁 2006）。

2006 年 3 月 16 日に、中国政府は「中華人民共和国国民経済と社会発展の第 11 次 5 カ年計画（2006〜2010 年）」を公布した。同「計画」において、政府は研究開発費の対 GDP 比を 2005 年の 1.3% から 2% へ高め[6]、自主的知的財産権・有名ブランドおよび国際競争力を持つ優勢企業を育成する、といった目標を打ち出した。また、企業が主体となり、市場が誘導し、産官学提携のイノベーション・システムの構築が強調された。さらに、産業高度化のために、ハイテク産業の発展や装置製造業の振興などが強調され、とりわけハイテク産業に関しては、組立から自主研究開発への転換が提起された（新華社 2006b）。

（3）第 12 次 5 カ年計画期（2011〜2015 年）

2011 年 3 月 16 日に、政府は「中華人民共和国国民経済と社会発展の第 12

6）ただし実際には、2010 年に研究開発費の対 GDP 比は 1.75% にとどまっており、第 11次 5 カ年計画のなかでも、数少ない未達成分野である。

第1章　中国の「自主イノベーション」政策の背景および経緯

次5カ年計画」（2011～2015年）を公布した。同「計画」において、経済構造の戦略的調整（製造業の核心的競争力の向上や戦略的新興産業の育成を含む）、技術進歩とイノベーションによる成長方式の転換、イノベーション型国家の建設などが基本的な方針とされた。また政府は2015年までの研究開発費の対GDP比を、2010年の1.75%から2.2%に引き上げる目標を打ち出した（新華社 2011）。

国家発展改革委員会は、経済発展構造の不合理、「粗放型成長」（要素投入増加型成長）、「自主イノベーション」能力の弱さなど、中国経済が長期にわたり直面している問題がいまだ解決されていないことを指摘した（国家発展改革委員会 2011a）。

産業構造の調整をさらに推進させるために、国家発展改革委員会は「産業構造調整指導目録（2005年）」を修正し、2011年3月27日に「産業構造調整指導目録（2011年）」を公布した。同「目録」は2011年6月1日から施行された。本書で取り上げた新エネルギー産業は、引き続き奨励類産業に指定された（国家発展改革委員会 2011b）。

2011年12月30日、国務院は工業部門に向けて「工業転換・昇級計画（2011～2015年）（国発［2011］47号）」（原文「工業転型昇級規画（2011～2015年）」）を公布した。政府は同「計画」において、中国では工業部門の「自主イノベーション」能力が弱く、コア技術と基幹装置を輸入に依存し、エネルギーの消耗が大きいなど、成長方式が依然として「粗放的」であることを指摘し、成長方式の転換および産業構造の高度化による「工業大国」から「工業強国」への転換を目指すと強調した。そのため政府は、「自主イノベーション」能力の増強が最も重要な任務であると位置づけ、伝統産業の改造と高度化、戦略的新興産業の育成と発展、および重点産業の発展方向を指示した。さらに、一定規模以上の企業（本章第1節注2参照）の主要業務売上高に占める研究開発費の比率を1%に、研究開発機構を有する大・中規模の工業企業（本章第1節注1参照）の割合を35%に引き上げるなど、具体的な目標が掲げられた。また、本書が取り上げた風力発電産業と太陽光発電産業（製造業）は、重点的に発展させる先進的な装置製造業に含まれることが明

21

第Ⅰ部　研究背景

記された（国務院弁公庁 2012）。

2．知的財産権戦略に関する政策

2000 年代半ばより、中国政府は「国家知的財産権戦略」を制定し始めた。

2006 年 10 月 27 日に、中国科学技術部は「第 11 次科学技術 5 カ年計画」（2006〜2010 年）（原文「国家『十一五』科学技術発展規画」）を公布した。同「計画」では、2010 年までに、中国国内出願人の年間特許登録数が世界上位 15 位以内に入るという目標が掲げられた。また、国家レベルで特許戦略の実施、自主的知的財産権が不可欠なコア技術や重要製品の目録の作成などが強調された（中華人民共和国科学技術部 2006）。

2007 年 10 月 15 日に胡錦濤総書記（当時）は、中国共産党の第 17 次大会での報告において、イノベーション型国家を建設し、知的財産権戦略を実施することを明確に宣言した（新華社 2007）。

2007 年 12 月 29 日、中国の「科学技術進歩法」が修正された。主に追加されたのは総則第 7 条であり、その内容は国家が知的財産権戦略を制定して実施することにある。同法は 2008 年 7 月 1 日より施行された。

2008 年 6 月 5 日に、国務院は「国家知的財産権戦略綱要」を公布した。国家知的財産権戦略の目標は、2020 年までに、中国が知的財産権の創造、応用、保護、管理において高水準の国になることである。5 年以内の主たる目標は、自主知的財産権の取得件数をさらに増加させ、自国出願人による発明特許の年間特許登録数を世界上位に引き上げ、外国への出願を大幅に増加することにある。同時に、バイオ、情報、新素材、先進製造、先進エネルギー、海洋、資源環境、近代農業、近代交通、航空・宇宙などの分野において、核心技術の特許を取得し、ハイテク産業・新興産業の発展をサポートすることが強調された（国務院弁公庁 2008）。

2011 年 7 月 4 日に、中国科学技術部は「第 12 次科学技術 5 カ年計画」（2011〜2015 年）（原文「国家『十二五』科学技術発展規画」）を公布した。「中華人民共和国国民経済と社会発展の第 12 次 5 カ年計画」（2011〜2015 年）と

第1章　中国の「自主イノベーション」政策の背景および経緯

同様に、2015年までに、1万人当たりの発明特許取得件数を3.3件に高めることや、国家知的財産権戦略の実施を強調した（中華人民共和国科学技術部 2011）。

2011年11月11日に、中国国家知的財産権局は「全国特許事業発展戦略（2011～2020年）」（原文「全国専利事業発展戦略」）を公布した。同「戦略」では、2015年までに、発明特許、実用新案、意匠の年間出願数を200万件に高めること、また、中国国内出願人の年度特許登録数が世界トップ2位となるように増加させる目標が掲げられた（国家知識産権局 2011）。

さらに、2015年1月4日に、国務院弁公庁は「知的財産権局等の国家知的財産権戦略実施計画（2014～2020年）の転送に関する国務院弁公庁の通知（国弁発［2014］64号）」（原文「国務院弁公庁関於転発知識産権局等単位新入実施国家知識産権戦略行動計画（2014～2020年）的通知」）を公布した。同「計画」では、2014～2020年の知的財産権戦略の主要な目標を掲げた。具体的には、①1万人当たりの発明特許取得件数を2015年に6件に、2020年に14件に高めること、②国際PCT特許出願数を2015年に3万件に、2020年に7.5万件に高めること、③国内発明特許の平均権利維持年数に関して、2015年までに6.4年に、2020年までに9.0年に延長させること、などがある（国務院弁公庁 2015）。

このように、中国政府は特許出願数や登録数に関する目標を明確に定め、知的財産権戦略を極めて重要視している。

3．ハイテク産業・戦略的新興産業に関する政策

2006年2月13日、国務院は「装置製造業の振興の加速に関する国務院の若干の意見（摘要）（国発［2006］8号）」（原文「国務院関於加快振興装備製造業的若干意見」）を公布した。国務院は、2010年までに強い競争力を持つ大型装置製造企業グループの育成、自主的知的財産権を持つ重要技術装置の製造能力の増強、企業が主体とする技術イノベーション・システムの形成などの目標を掲げ、16業種からなる重要技術装置分野を指定した（国務院 2006）。また、ここで指定された16業種の重要技術装置分野の第1位は、高

23

第 I 部　研究背景

出力の風力発電機を含む大型クリーン発電設備である。

　前述した「第 11 次 5 カ年計画」および「国家中長期科学と技術発展計画綱要（2006〜2020）」を徹底するために、国家発展改革委員会は「高技術（ハイテク）産業発展の第 11 次 5 カ年計画（2006〜2010）」（原文「高技術産業発展"十一五"規画」）を制定し、2007 年 4 月 28 日に公布した（国家発展改革委員会 2007a）。同「計画」は、電子情報、バイオ、航空・宇宙開発、新素材、新エネルギー、海洋産業をハイテク製造業として、またデジタル情報サービス産業をハイテクサービス産業として、重点的に発展させる産業と指定した。本書で取り上げる風力発電産業と太陽光発電産業（原材料の多結晶シリコンを含む）は、同「計画」によって明確にハイテク産業として指定された。また、ハイテク企業に対して、政策性金融機構の傾斜的な融資、企業所得税の 15％ 減免、政府調達などの優遇措置が講じられることとなった。

　2010 年 10 月 10 日、国務院は、「戦略的新興産業の育成と発展の加速に関する国務院の決定（国発［2010］32 号）」（原文「国務院関於加快培育和発展戦略性新興産業的決定」）を公布した。同決定は、国際競争において優位に立つために、戦略的新興産業の育成・発展を加速させ、コア技術および知的財産権を持たなければならないと強調し、7 つの産業（省エネ・環境保護、新世代情報技術、バイオ、先端装備製造、新エネルギー、新素材、新エネルギー車）を戦略的新興産業に指定した。政府は、「自主イノベーション」能力の向上が戦略的新興産業の育成・発展の中心であると述べ、中堅企業に頼り、企業が主導し、研究機構・大学が参与するイノベーション・システムの建設を強調した。また戦略的新興産業を支柱産業・先導産業へと育成させ、さらに国内総生産に占める戦略的新興産業の付加価値の比率を 2015 年までに 8％、2020 年までに 15％ に引き上げるという発展目標を打ち出した（国務院弁公庁 2010）。

　以上の総合的な政策以外に、個別の重点産業に対しても、個別の政策が数多く打ち出された。本書で取り上げた特許出願補助金政策や、風力発電産業

および太陽光発電産業に関する個別の政策は、それぞれ第 3、4、5 章で詳述する。

このように、中国政府は、技術進歩・イノベーションによる成長方式の転換や自主的知的財産権の取得を強調し、イノベーション型国家の建設を目指すことを国家戦略として位置づけたのである。

第Ⅱ部　実証研究

第2章　中国の研究開発支援政策

第1節　はじめに

　第1章で述べたように、中国では、一定規模以上の工業企業の中で、研究開発（R&D）活動を行っている企業の割合は10%以下にとどまっている。たとえば、2009年にR&D活動を行っていた一定規模以上の工業企業はわずか8.5%にとどまり、研究開発費が主要業務売上高に占める比重は0.69%にすぎなかった（国家統計局編、『中国統計年鑑』2012年版）。

　企業の研究開発を促進させるために、中国政府は研究開発資金の提供、研究開発費の税控除、ハイテク・ニューテク企業を対象とする減免税などの政策措置を打ち出し、企業の研究開発を支援している。

　まず、研究開発費の税控除について説明する。2008年12月10日に、国家税務総局が公布した「企業研究開発費用の納税控除管理弁法に関する通知（国税発［2008］116号）」（原文「関於印発『企業研究開発費用税前控除管理弁法（試行）』的通知」）（国家税務総局 2008a）によれば、企業が研究開発を行う場合、企業所得税を納める時に、研究開発支出の150%を企業の納税所得より控除する優遇措置である。たとえば、ある企業が100万元の研究開発費を支出した場合、納税所得から150万元（100万元×150%）控除後に所得税が計算される。ただし、あらゆる研究開発支出がこの優遇措置を受けられるわけではない。「国家の重点的に支援するハイテク・ニューテク領域」および国家発展改革委員会等が公布した「優先的に発展させる高技術

29

第Ⅱ部　実証研究

（ハイテク）産業化重点領域指針（2007年度）」に属する分野の研究開発活動に限り、この税控除優遇策が受けられる。

「国家の重点的に支援するハイテク・ニューテク領域」は何度か修正されたが、2008年版によれば、電子情報、バイオと医薬技術、航空・宇宙開発、新素材、ハイテクサービス業、新エネルギーと省エネ、資源と環境技術、伝統産業を改造するハイテク技術（デジタル制御など）が対象となっている。これらの技術分野は前述した「高技術（ハイテク）産業発展の第11次5カ年計画（2006～2010）」（原文「高技術産業発展"十一五"規画」）が指定するハイテク産業とほぼ重複している。

次に、ハイテク・ニューテク企業を対象とする減免税である。ハイテク・ニューテク企業として認定された企業は、15％の企業所得税の優遇税率を享受できるという優遇措置である。2008年1月1日より実施された「中華人民共和国企業所得税法」によれば、企業所得税率は25％である。25％の通常税率と比べてみると、15％のハイテク・ニューテク企業優遇税率は極めて魅力的である。

ここでは、ハイテク・ニューテク企業について簡単に説明しておこう。1991年以降、中国はハイテク・ニューテク産業開発区に立地する企業を対象とし、ハイテク・ニューテク企業の認定を開始した。2000年7月23日に、科学技術部が公布した「国家ハイテク・ニューテク産業開発区のハイテク・ニューテク企業の認定条件と弁法（科技部国科発火字［2000］324号）」は、電子情報技術、新エネルギー・省エネ技術などの11技術分野をハイテク・ニューテクと指定した。指定された技術分野の製品を生産・開発する企業は一定条件を満たせば、ハイテク・ニューテク企業として認定され、15％の企業所得税の優遇税率を享受できる。条件としては、①ハイテク・ニューテク製品の研究開発に従事する従業員が従業員全体の10％以上を占めること、②企業の研究開発費が当該年度の総売上高の5％以上を占めること、などがある。

また、ハイテク・ニューテク産業開発区以外に立地する企業を対象とし、1996年1月17日に国家科学技術委員会は「『国家ハイテク・ニューテク産

業開発区以外のハイテク・ニューテク企業の認定条件と弁法』の公布に関する通知（国科発火字［1996］018号）」を公布した。「国科発火字［1996］018号」は前記「科技部国科発火字［2000］324号」とほぼ同じ11技術分野を条件に指定している。ただし、企業の研究開発費の総売上高に対する割合は4％以上としている。

2008年4月14日、科学技術部、財政部、国家税務総局は連名で「『ハイテク・ニューテク企業の認定と管理弁法』の公布に関する通知（国科発火［2008］172号）」を通達した。ハイテク・ニューテク企業に認定するための必要条件には、①主要製品（サービス）の核となる技術の自主的知的財産権を有すること、②製品（サービス）は「国家の重点的に支援するハイテク・ニューテク領域」に属すること、③研究開発に従事する従業員が従業員全体の10％以上を占めること、④研究開発費が当該年度の総売上高の6％（売上が5000万元以下の企業）、4％（売上が5000〜20000万元の企業）、または3％（売上が2億元以上の企業）以上を占めること、などがある。また、「国科発火［2008］172号」の実施により、前記「国科発火字［1996］018号」と「科技部国科発火字［2000］324号」は廃止された。

実際には、第5章で後述するように、ハイテク・ニューテク企業として認定された企業のうち、上記認定条件を必ずしも満たしていない企業もある。

これらの研究開発資金や税控除・減免は果たして産業の成長に寄与しているのか。本章では、これら政府の各種研究開発支援政策が各産業の全要素生産性（TFP）にいかなる影響を与えたかを検証する。

本章の構成は以下のとおりである。第2節で先行研究を概観した後、課題を設定する。第3節で利用するデータを説明する。第4節で所有制別企業の相違を見る。第5節で分析方法と分析の枠組みについて説明する。第6節で計量分析を行い、最後に第7節で分析から得た結論をまとめる。

第Ⅱ部　実証研究

第2節　先行研究

1．先行研究のサーベイ

　政府の補助金と企業の生産性に関する先行研究としては、以下の研究が挙げられる。

　Beason and Weinstein（1996）は日本政府の税軽減、補助金、日本開発銀行貸付が産業のTFPに及ぼした影響を検証した。日本開発銀行貸付（1期タイムラグ）からはTFPに対する正の影響が検出されたが、税軽減や補助金からはTFPに対する正の影響は検出されなかった。Bernini and Pellegrini（2011）は企業レベルのデータを使用し、イタリアの補助金の効果を検証した。補助金を受けた企業が受けていない企業よりも、TFPの上昇が低いという結果が検出された。

　中国に関する研究については、邵・包（2012）は、中国の工業企業の個票データを用い、政府の補助金が一定水準以下である場合、企業の生産性に正の影響を与え、一定水準以上になると、生産性に負の影響を与えるとの結果を報告している。

　また、朱・徐（2003）は、上海市の産業レベルのデータを利用して、政府より受けた研究開発資金および減免税が企業の研究開発費および特許登録数に与えた影響を検証している。彼らによれば、政府資金・減免税は企業の研究開発支出を促進したが、特許登録数には統計的に有意な結果が見られなかった。

　邵・包（2012）が使用した補助金のデータは、研究開発に限定する補助金でなく、企業が政府より受けた生産補助金を含む可能性がある。また、朱・徐（2003）は上海市に限定しているために、全国の産業に適用できるかは不明である。

２．本章の課題

　中国では、政府は国有企業を優遇しているため、政府の補助金の効果は国有企業の多寡の違いによって異なるものと考えられる。本章は、先行研究を参考にしたうえで、国有企業の寡占度も考慮し、政府の研究開発関連補助金に限定して、前記補助金が全国産業レベルの TFP の上昇に寄与しえたか否かを検証する。

第3節　データの説明

１．生産関数用データ

　本章では、TFP を計算するための工業データに関しては、『中国工業経済統計年鑑』（2013 年より『中国工業経済年鑑』に名称変更）各年版、『中国経済普査年鑑 2004』を利用する[1]。前記年鑑には一定規模以上企業の産業別の集計値があり、本章は工業総生産[2]、労働者数、固定資産残高のデータを使い、TFP を計算する。

（１）研究対象産業

　『国民経済産業分類（GB/T4754-2002）』によれば、工業には計 39 大分類産業がある。『国民経済産業分類（GB/T4754-2011）』（2012 年より適用）の

1）2004 年は中国経済センサス年のために、『中国工業経済統計年鑑』2005 年版（2004年のデータ）は出版されていない。2004 年のデータは『中国経済普査年鑑 2004』による。

2）2008 年より、中国は産業別の付加価値データを公開しなくなった。そのため、本章では工業総生産を用い、TFP を計算することとする。また、2012 年以降、工業総生産が公開されなくなったため、2012～2014 年に関しては、工業 sales 生産値を使う。2011 年まで公開されていた工業総生産と工業 sales 生産値を使って両指標の差を計算してみると、ほぼすべての産業では、工業 sales 生産値＝（98％～102％）工業総生産となり、両指標の差は小さい。

第Ⅱ部　実証研究

産業分類の調整によれば、『国民経済産業分類（GB/T4754-2002)』のゴム製品業（2002年の産業コード29)、プラスチック製品業（2002年の産業コード30)はゴムとプラスチック製品業（2011年の産業コード29)に統合され、交通輸送設備製造業（2002年の産業コード37)は自動車製造業（2011年の産業コード36)と鉄道・船舶・航空宇宙および他の輸送設備製造業（2011年の産業コード37)に再分類された。データの連続性を保持するために、本章は、2012年以降の自動車製造業（2011年の産業コード36)、鉄道・船舶・航空宇宙および他の輸送設備製造業（2011年の産業コード37)のデータを加算し、2011年までの交通輸送設備製造業（2002年の産業コード37)に接続した。ゴムとプラスチック製品業に関しては、より多くの産業数を対象とするために、2012年以降のデータを分析対象から除外した。

　また、石油天然ガス採掘業（2002年の産業コード07)、文化・教育・体育用品製造業（2002年の産業コード24)は産業範囲の調整が大きい。煙草製品業（2002年の産業コード16)は2013年の外資企業のデータがない。そのため、これら3つの産業に関しては、2011年までのデータを分析対象とする。

　さらに、その他の採鉱業（2002年の産業コード11)、工芸品・その他の製造業（2002年の産業コード42)は研究開発関連データが不備であり、また産業範囲の調整も大きい。廃棄資源材料回収加工業（2002年の産業コード43)は生産規模が極めて小さい。そのため、これらの3つの産業は分析対象から外し、本章は、鉱工業部門の計36産業を分析対象とする（P.55付録1を参照）。

（2）産業別のデータカテゴリー

　産業別の全企業の集計値の他に、外資企業、国有・国家支配企業、私営企業のそれぞれの産業別の集計値がある。研究開発関連データは主に『工業企業科技活動統計資料』（2012年版より『工業企業科技活動統計年鑑』に名称変更）各年版による。『工業企業科技活動統計資料』には、全企業、国有・国家支配企業、外資企業（香港・マカオ・台湾が投資した企業（HMT)、お

第2章　中国の研究開発支援政策

よび香港・マカオ・台湾以外が投資した企業）の他に、内資企業の産業別の集計値がある。データを詳しく比較してみると、「内資企業＝全企業－外資企業」という関係になっている。そのため、この式を利用し、工業総生産、労働者数、固定資産残高のデータに関しても、内資企業カテゴリーを設けた。また、『工業企業科技活動統計資料』には私営企業のデータがないため、『中国工業経済統計年鑑』の私営企業のデータは割愛した。

　国有・国家支配企業のデータについて、若干説明しておく。国有企業とは国家が全部資産を所有する企業であり、内資企業に含まれている。国家支配企業は外資企業である可能性もある。たとえば、国有企業と外国企業が設立した合弁企業の場合、外資比率が25％以上（上場企業の場合、10％以上）であれば、企業所有制を登記する時に、外資企業として登記される。また、当該企業のデータは外資企業の産業レベルの集計値に入る。前記合弁企業の資本金の中で、国有資本が外資より多い場合、国家支配企業のグループにも分類される。つまり、国有・国家支配企業のうち、一部の企業は内資企業のグループに入り、一部の企業は外資企業グループに入る。ただし、それぞれどのくらいの企業があるかは分類されていない。

　このように、本章では36業種の鉱工業に関して、2000～2013年の所有制別の投入産出パネルデータを構築した。ただし、産業コード07、16、24、29、30に関しては、2000～2011年のデータとしている。

　『中国工業経済統計年鑑』および『中国統計年鑑』は、2012年の産業別の労働者数を公開していない。産業レベルの集計値であることから、激しい変動が見込まれないために、ここでは2011年と2013年の平均値を2012年の労働者数とした。

　前記年鑑のデータはいずれも名目値であるため、PPI（生産者物価指数）と固定資産投資価格指数を使い、データを実質化した。『中国城鎮生活価格年鑑』には、産業別のPPIが掲載されている。本章はこの『中国城鎮生活価格年鑑』の産業別のPPIを使い（『中国城鎮生活価格年鑑』にない場合は『中国統計年鑑』の掲載値を用いる）、2000年を基準年として、工業総生産のデータを実質化した。固定資産投資価格指数に関しては、産業別の指数が

35

第Ⅱ部　実証研究

ないために、『中国統計年鑑』の全産業の価格指数を用いることとする。

2．固定資産ストックの計算

　固定資産ストックの計算については、先行研究では、統計年鑑の固定資産
浄値（固定資産原価より累積減価償却を引いた後の純固定資産）がそのまま
使用されるか、純固定資産のデータ全体を各年の固定資産投資デフレーター
で実質化されることが多い。中国の工業統計の産業レベルの純固定資産は、
各企業が統計局に申告した「純固定資産$_{(t-1)}$－減価償却$_{(t)}$＋新規増加固定資
産$_{(t)}$」の会計帳簿のデータ（名目値）を集計したものであり、実質値ではな
い。そのため、そのままを使用すると、デフレーターの変化によるバイアス
を受ける（2000 年以降、毎年の固定資産投資指数は 1 より大きいため）。ま
た、データ全体を各年の固定資産投資デフレーターで実質化すると、過去に
行われた投資の実質値を正確に把握し、それらの累積値を求めることができ
なくなるので、大幅な過小推計となっている可能性がある。純固定資産の実
質値を厳密に計算するには、毎年新規増加した固定資産のみを当該年の固定
資産投資デフレーターで実質化しなければならない。

　また、固定資産ストックを計算するために、すべての産業の減価償却率を
8％、10％ または 15％ としている先行研究も多い。実際には、伝統的なア
パレル産業と技術更新が速い電子産業は設備更新のスピードが違い、それぞ
れの産業の減価償却率は異なると思われる。本章では、陳（2011）を参考に
し、産業別・年度別・所有制別の減価償却率を計算し、また 2000 年の純固
定資産を基準期とし、各年の新規増加固定資産のみを固定資産投資デフレー
ターで実質化し、産業別・年度別・所有制別の固定資産ストックを計算し
た。

　具体的には、以下の式を利用し計算する。

① 新規増加固定資産$_t$＝固定資産原価$_t$－固定資産原価$_{t-1}$
② 純固定資産$_t$＝純固定資産$_{t-1}$－本年度減価償却$_t$＋新規増加固定資産$_t$
③ 減価償却率$_t$＝本年度減価償却$_t$／純固定資産$_{t-1}$

④ 本年度減価償却$_t$＝累積減価償却$_t$－累積減価償却$_{t-1}$

⑤ 累積減価償却$_t$＝固定資産原価$_t$－純固定資産$_t$

⑥ 固定資産ストック$_t$＝新規増加固定資産$_t$＋（1－減価償却率$_t$）＊ 固定資産ストック$_{t-1}$

『中国工業経済統計年鑑』には、2000～2007 年の固定資産原価、純固定資産、本年度減価償却と累積減価償却データがある。2008 年から、本年度原価償却が公開されなくなり、2011 年以降、さらに純固定資産のデータが公開されなくなった。

2000～2007 年について、上記式②、③を利用し、各産業の各年の新規増加固定資産および各年の減価償却率を計算した。各年の固定資産投資価格指数を使い、各年の新規増加固定資産を 2000 年の価格に実質化した。2000 年を基準年として、上記式⑥を利用し、各年の固定資産ストックを計算した。

2008～2010 年のデータについて、2000～2007 年の平均減価償却率を使い、上記式③を使い、各年の本年度減価償却$_t$を計算した。そして、式②を使い、各年の新規増加固定資産を計算した。2011～2013 年の純固定資産に関しては、上記式⑤を利用し、計算した。そして、2008～2010 年と同様に各年の新規増加固定資産を計算した。また、各年の新規増加固定資産を 2000 年の価格に実質化し、各年の固定資産ストックを計算した。

ただし、国有・国家支配企業のデータの場合、上記式①を計算すると、新規増加固定資産がマイナスになる産業がある。そのため『中国固定資産投資年鑑』各年版で確認すると、国有企業は 2000 年以降、すべての産業において新規固定資産投資がなされている。すなわち、国有・国家支配企業の毎年の新規増加固定資産は正であるはずである。それでは、なぜ負のデータが出てきたかといえば、2000 年以降、民営化された国有企業が多いからである。『中国工業経済統計年鑑』のデータは、毎年各企業が統計局に申告したデータを集計したものである。たとえば、A 企業は 2000 年に国有企業であったとする。2000 年に A 企業が統計局に申告した固定資産関連のデータは、国有企業・国家支配企業のグループに集計される。しかし 2001 年に A

第Ⅱ部　実証研究

企業が民営化されたとすると、2001 年の A 企業が申告したデータは私営企業（本章では内資企業のグループに含まれる）のグループに集計される。2001年に国有・国家支配企業グループの企業数が減少したために、固定資産原価の集計値は 2000 年の固定資産原価よりも少なくなり、式①を計算すると、新規増加固定資産がマイナスになるわけである。

陳（2011）は、各産業のすべての所有制の企業の集計値を計算したために、上記の問題は発生しない。ここでは、上記①式の計算でマイナスとなる国有企業の新規投資の計算方法を、陳（2011）の方法に基づき、以下のとおり、さらに発展させた。

毎年退出した企業（民営化や倒産など）の固定資産原価がわかれば、新規増加固定資産が計算可能である。

（1）2000〜2007 年
⑦　固定資産原価$_t$＝累計減価償却$_t$＋純固定資産$_t$
⑧　退出固定資産原価$_t$＝退出累計減価償却$_t$＋退出純固定資産$_t$
　　⑦⑧の式より
⑨　累計減価償却$_{t-1}$－退出累計減価償却$_t$＋本年度減価償却$_t$＝累計減価償却$_t$
　　この式により退出累計減価償却$_t$が計算可能である。
⑩　退出累計減価償却$_t$＝累計減価償却$_{t-1}$－（累計減価償却$_t$－本年度減価償却$_t$）

退出企業の固定資産は、前年度の固定資産からのものなので、累計減価償却$_{t-1}$／固定資産原価$_{t-1}$の比率を利用し、以下の式⑪を仮定する。

⑪　退出累計減価償却$_t$／退出固定資産原価$_t$＝累計減価償却$_{t-1}$／固定資産原価$_{t-1}$
　　これにより退出固定資産原価$_t$が計算可能である。
⑫　退出純固定資産$_t$＝退出固定資産原価$_t$－退出累計減価償却$_t$
⑬　純固定資産$_{t-1}$－退出純固定資産$_t$＋新規増加固定資産$_t$＝純固定資産$_t$
式⑬から、新規増加固定資産$_t$が計算可能である。

⑭ 減価償却率$_t$＝本年度減価償却$_t$／（純固定資産$_{t-1}$－退出純固定資産$_{t-1}$）

⑮ 固定資産ストック$_t$＝新規増加固定資産$_t$＋（1－減価償却率$_t$）×（純固定資産$_{t-1}$－退出純固定資産$_{t-1}$）

　式⑮の新規増加固定資産を2000年の価格に実質化した後、固定資産ストックを計算する。

　実質化する際に、退出純固定資産$_t$も実質化する必要がある。t期に退出した純固定資産$_t$は（$t-1$）期の価格なので、

⑯ 退出純固定資産$_t$（名目値）／純固定資産$_{t-1}$（名目値）＝退出純固定資産$_t$（実質値）／純固定資産$_{t-1}$（実質値）

　　⑯の式より

⑰ 退出純固定資産$_t$（実質値）＝純固定資産$_{t-1}$（実質値）×退出純固定資産$_t$（名目値）／純固定資産$_{t-1}$（名目値）

　　以上の方法を用いて、退出純固定資産$_t$を実質化した。

（2）2008〜2013年

　2008〜2013年のデータに関しては、2000〜2007年の平均減価償却率を用い、上記手順で退出した純固定資産を計算し、各年の固定資産ストックを計算した。

3．研究開発関連データ

　研究開発関連データに関しては、主に『工業企業科技活動統計資料・年鑑』各年版を利用する。同年鑑では、2005年以降の全企業（全企業の産業13〜41に関しては、2000年からのデータを掲載）、国有・国家支配企業、香港・マカオ・台湾（HMT）投資企業、外国（非HMT）投資企業、内資企業の産業別の集計値が掲載されている。前記『中国工業経済統計年鑑』のデータと接続するために、HMT企業と非HMT企業を加算し、外資企業のカテゴリーを作った。2005〜2008年では、科学技術活動経費のうちの政府資金、企業資金、その他の資金のデータ、および享受した各級政府からの技

第Ⅱ部　実証研究

術開発を対象とする減免税のデータがある。2009 年からは、前記指標の代わりに、研究開発経費のうちの政府資金、企業資金、外国資金、その他の資金、使用した政府部門の科学技術活動資金、研究開発費の税控除、ハイテク・ニューテク企業を対象とする減免税などのデータが公開されている。

　研究開発費は科学技術活動経費に含まれるが、後者より範囲が狭い。また、2008 年までの各級政府からの技術開発を対象とする減免税データには、ハイテク・ニューテク企業を対象とする減免税が含まれているか否かは明確ではない。データの範囲が変わったために、本章では、研究開発措置が産業別の TFP 上昇に寄与したかを検証する際に、2008 年までの時期、および 2009 年以降の時期の 2 つの時期に分ける。

　全企業の産業 6〜10 および 44〜46 の 2000 年のデータは、『中国科技統計年鑑』、『2000 全国 R&D 資源清査工業資料匯編』による。内資、外資、国有・国家支配企業の 2000〜2004 年のデータに関しては、『中国科技統計年鑑』に科学技術活動経費のうちの政府資金、企業資金のデータが見られるが、政府からの技術開発を対象とする減免税のデータは掲載されていない。データの制限により、内資、外資、国有・国家支配企業については、2005 年以降のデータを用いることとする。

　研究開発費データの実質化について、多くの先行研究では、CPI（消費者物価指数）が使用されている。ところが、研究開発費には、R&D 人員の賃金・日常支出の他に、設備の購入など資本性支出も含まれており、CPI の使用は必ずしも適切とはいえない。前述した朱・徐（2003）論文では、日常支出を 55% とし、資本性支出を 45% とし、それぞれ CPI と固定資産投資価格指数を使って、研究開発費が実質化されている。しかし、日常支出と資本性支出のそれぞれの割合は厳密に計算されたものではない。実際に、中国の産業レベルの集計値を見ると、資本性支出は 45% よりはるかに低い。たとえば、2012 年に中国工業全体の研究開発費のうち、R&D 人員の賃金・日常支出は 88% を占めており、資本性支出はわずか 12% にすぎない。

　本章では、賃金・日常支出、資本性支出がそれぞれ研究開発費に占める割合を産業別・所有制別・年別に計算し、それぞれ CPI と固定資産投資価格

指数を使って加重平均し、研究開発費のデフレーターを作成した。2000～2008年の科学技術活動経費も、同様にデフレーターを作成し、2000年を基準年として実質化した。

また、研究開発関連データには、0値がある。より多くのサンプルを使うために、本章では、Jefferson, Bai, Guan and Yu（2006）の手法を参考にし、0値である場合は、0.0001とした。

こうして、研究開発関連データを、前述した『中国工業経済統計年鑑』のデータと接続した。

第4節　データにみる国有企業と非国有企業の相違

中国では、一般に国有企業は多方面において優遇されている。研究開発費の政府資金・税減免においても、国有企業は優遇されているのだろうか。本章では、整理したデータの記述統計を通じて、所有制別の相違を見てみよう。内資企業、外資企業と国有・国家支配企業のそれぞれの規模（産業レベルの集計値）には差があるために、ここではR&D・税減免データを売上高、労働者数で除して比較することとする。

RDEは研究開発費のうちの企業自己資金、STGは使用した政府部門の科学技術活動資金、RDTAXは研究開発費の税控除、HNTEはハイテク・ニューテク企業を対象とする減免税である。STGRDTAXはSTGとRDTAXの和である。

STAEは科学技術活動経費のうちの企業自己資金、STAGは科学技術活動経費の政府資金、STTAXは技術開発を対象とする減免税である。また、ALLGOVはSTAGとSTTAXの和である。ただし、2009年以後、ALLGOVはSTG、RDTAX、HNTEの和である。

労働者1人当たりの研究開発費・税金免除の比率では、国有・国家支配企業は内資、外資企業の1.3～5.7倍である（表2-1）。また、売上高に対する研究開発費・税金免除の比率を見るかぎり、国有・国家支配企業の平均値は内資・外資企業の平均値の1.2～7.7倍である（表2-2）。国有企業の研

第Ⅱ部　実証研究

表 2-1　所有制別の労働者 1 人当たり研究開発費・税減免$_t$

単位：人民元

	Variable	内資 Mean	外資 Mean	国有 Mean	国有／内資	国有／外資
	rde_l（企業資金）	4870	4549	8028	1.65	1.76
	stg_l（政府資金）	359	169	683	1.91	4.05
2009〜2013	rdtax_l（研究開発費税控除）	225	198	374	1.66	1.89
	hnte_l（ハイテク企業減免税）	388	490	958	2.47	1.95
	stgrdtax_l（政府資金＋税控除）	528	291	877	1.66	3.02
	allgov_l（政府資金＋税控除＋減免税）	737	555	1396	1.89	2.52
2000〜2008	stag_l（政府資金）	217	75	427	1.97	5.70
	stae_l（企業資金）	4718	6263	9091	1.93	1.45
	sttax_l（政府減免税）	183	113	237	1.30	2.09

出所：筆者作成。

究開発支出では自己資金も多いが、政府資金や税減免が国有・国家支配企業に偏っていることは明らかである。

第5節　分析方法とモデル

1．全要素生産性の計算

　本節では、政府資金・奨励措置が企業の産業レベルの全要素生産性（TFP）に影響しているかどうかを実証的に分析する。一般に、収穫一定のCobb-Douglas 型生産関数を仮定すれば、TFP は資本や労働では説明できない生産部分を意味するので、

42

表 2-2　所有制別の売上高に占める研究開発費・税減免の比率

	Variable	内資 Mean （%）	外資 Mean （%）	国有 Mean （%）	国有／ 内資	国有／ 外資
2009 〜 2013	rde_s（企業資金）	0.768	0.623	1.293	1.68	2.08
	stg_s（政府資金）	0.061	0.026	0.111	1.81	4.19
	rdtax_s（研究開発費税控除）	0.037	0.027	0.060	1.60	2.24
	hnte_s（ハイテク企業減免税）	0.069	0.073	0.171	2.49	2.32
	stgrdtax_s （政府資金＋税控除）	0.108	0.045	0.165	1.54	3.69
	allgov_s （政府資金＋税控除＋減免税）	0.145	0.084	0.258	1.78	3.05
2000 〜 2008	stag_s（政府資金）	0.082	0.014	0.109	1.33	7.72
	stae_s（企業資金）	1.497	0.934	2.048	1.37	2.19
	sttax_s（政府減免税）	0.043	0.019	0.050	1.16	2.65

出所：筆者作成。

$$TFP = \log(Y) - \beta_K \log(K) - (1 - \beta_K)\log(L)$$

と定義される。ここで、Y は工業総生産、K は資本投入量（固定資産ストック）、L は労働投入量（労働者数）、β_K は資本の投入係数を意味する。資本の投入係数 β_K は観察可能ではないので生産関数の推計により求める。収穫一定の生産関数を仮定しているので、労働単位当たりの工業総生産を資本装備率で回帰すれば資本の投入係数が求められる。すなわち、

$$\log(Y_{iot}/L_{iot}) = a + \beta_K \log(K_{iot}/L_{iot}) \tag{1}$$

である。ここで、i は産業、o は所有制、t は年を意味する。

　（1）の式に OLS、固定効果、ランダム効果を適用した推計結果を表 2-3 に示した。Hausman 検定により、ランダム効果が支持されたので、この結果 0.5772 を用いて TFP を推計する。

第Ⅱ部　実証研究

表2-3　TFP 推定結果

Dependent Variable: lnyl	OLS	Fixed	Random
lnkl	0.4714	0.6045	0.5772
	[33.11]***	[24.15]***	[25.87]***
Year dummies	Yes	Yes	Yes
Constant	1.7288	1.4401	1.5034
	[30.13]***	[24.51]***	[21.98]***
N	1971	1971	1971
R-sq：within	—	0.8641	0.8640
between	—	0.3927	0.3927
overall	0.5627	0.5543	0.5571
F test that all u_i=0：(OLS vs fixed effect)		F=93.69 Pr>F=0.000	
Breusch and Pagan Lagrangian multiplier test (OLS vs random effect)		chi-sq=9463.70 Pr>chi-sq=0.000	
Hausman test(random effect vs fixed effect)		chi-sq=5.74 Pr>chi-sq=0.9726	

注：[　] 内は t 値。*は 10%、**は 5%、***は 1% 有意を意味する。

産業・所有制別・年別の TFP 上昇率は、

$$TFPG_{iot} = TFP_{iot} - TFP_{iot-1}$$

によって求められる。以下では、政府資金・奨励措置が産業別の TFPG に与える影響を分析する。

2．政府資金・奨励措置が産業別の TFP 上昇率に与える影響

2009～2013 年のサンプルに関して、下記のモデルを基本モデルとする。

$$TFPG_{iot} = \beta_1 RDE_{iot-1} + \beta_2 STG_{iot-1} + \beta_3 RDTAX_{iot-1} + \beta_4 HNTE_{iot-1}$$

$$(2)$$

企業の自己資金や、政府から受けた研究開発費・税減免は当該年度の TFP

上昇率よりも、次年度の TFP の上昇率に影響を与えると考えられるために、1期のタイムラグをとる。

上記式の他に、下記の2つの式も用いて推定する。

$$TFPG_{iot} = \beta_1 RDE_{iot-1} + \beta_2 STGRDTAX_{iot-1} + \beta_3 HNTE_{iot-1} \quad (3)$$

$$TFPG_{iot} = \beta_1 RDE_{iot-1} + \beta_2 ALLGOV_{iot-1} \quad (4)$$

2000～2008年のサンプルについて、下記のモデルを推定する。

$$TFPG_{iot} = \beta_1 STAE_{iot-1} + \beta_2 STAG_{iot-1} + \beta_3 STTAX_{iot-1} \quad (5)$$

$$TFPG_{iot} = \beta_1 STAE_{iot-1} + \beta_2 ALLGOV_{iot-1} \quad (6)$$

上記の全ての説明変数は労働者数で割り、対数を取る。すべての式は OLS、固定効果、ランダム効果モデルで推定する。上述した回帰分析に使用される変数の記述統計および変数の相関はそれぞれ表2-4、表2-5にまと

表2-4 変数記述統計

Variable	Obs	Mean	Std. Dev.	Min	Max
tfpg（TFP上昇率）	1827	−0.0024	0.1040	−0.9075	0.7729
rde（企業資金）	676	7.9895	1.7528	−8.9273	10.4725
stg（政府資金）	676	4.7449	2.4784	−11.0121	8.4054
rdtax （研究開発費税控除）	676	3.7889	3.9049	−12.6314	8.7718
hnte （ハイテク企業減免税）	676	3.6116	5.3197	−15.2303	9.6501
stgrdtax （政府資金＋税控除）	676	5.4670	2.1750	−11.0122	8.9326
allgov （政府資金＋税控除＋減免税）	1400	5.3345	2.7512	−12.3407	9.8189
stae（企業資金）	1036	7.8046	2.3422	−9.6123	12.5265
stag（政府資金）	1036	3.6228	3.2876	−12.3408	8.2155
sttax（政府減免税）	724	2.1412	5.3780	−13.8344	7.4649

第Ⅱ部　実証研究

表2-5　変数相関

2009～2013年：

	tfpg	rde	stg	rdtax	hnte	stgrdtax	allgov2
tfpg （TFP上昇率）	1						
rde （企業資金）	− 0.0023	1					
stg（政府資金）	0.0465	0.6411	1				
rdtax （研究開発費税 控除）	0.0330	0.5559	0.4524	1			
hnte（ハイテク 企業減免税）	0.0689	0.4622	0.3950	0.6562	1		
stgrdtax （政府資金＋税 控除）	0.0365	0.7649	0.8513	0.6306	0.4793	1	
allgov2 （政府資金＋税 控除＋減免税）	0.0456	0.7707	0.8049	0.6464	0.5856	0.9674	1

2000～2008年：

	tfpg	stae	stag	sttax	allgov1
tfpg（TFP上昇率）	1				
stae（企業資金）	0.2805	1			
stag（政府資金）	0.2078	0.6375	1		
sttax（政府減免税）	0.0813	0.4217	0.5321	1	
allgov1 （政府資金＋減免税）	0.2091	0.6553	0.9746	0.6198	1

めた。

　allgovとstgのように、相関が0.8を超える変数は、同じ式の中で同時に使わない。

第2章　中国の研究開発支援政策

第6節　推定結果

1．全サンプル

　2009～2013年については（表2-6）、いずれのモデルにおいても、研究開発費のうちの企業の自己資金RDEがTFPの上昇率に1%の有意水準で正の影響を与えている。政府部門の科学技術活動資金STGは10%の有意水準で負の影響を与えている。研究開発費の税控除RDTAXのパラメーターは

表2-6　全サンプルの推定結果（2009～2013年）

| | (1) | | | (2) | | | (3) | | |
	OLS	Fixed	Random	OLS	Fixed	Random	OLS	Fixed	Random
rde （企業資金）	0.0114 [4.37]***	0.0015 [0.27]	0.0114 [4.34]***	0.0145 [4.60]***	0.0083 [1.42]	0.0147 [4.59]***	0.0137 [4.30]***	0.0083 [1.40]	0.0141 [4.32]***
stg （政府資金）	−0.0031 [−1.72]*	−0.0025 [−0.93]	−0.0031 [−1.72]*						
rdtax （研究開発 費税控除）	−0.0014 [−1.23]	−0.0012 [−0.61]	−0.0014 [−1.22]						
hnte （ハイテク企 業減免税）	0.0013 [1.68]*	0.0004 [0.28]	0.0014 [1.68]*	0.001 [1.52]	0 [0.01]	0.0011 [1.52]			
stgrdtax （政府資金 +税控除）				−0.0079 [−2.72]***	−0.0105 [−2.68]***	−0.0081 [−2.77]***			
allgov （政府資金 +税控除+ 減免税）							−0.0052 [−1.86]*	−0.0102 [−2.52]**	−0.0056 [−1.95]*
_cons	−0.0813 [−5.06]***	−0.0033 [−0.08]	−0.0815 [−5.03]***	−0.082 [−5.20]***	−0.0148 [−0.39]	−0.0828 [−5.12]***	−0.0836 [−5.55]***	−0.0104 [−0.28]	−0.0846 [−5.42]***
N	532	532	532	532	532	532	532	532	532
R-sq： overall	0.0536	0.0004	0.0536	0.0587	0.0046	0.0587	0.0497	0.0013	0.0497
Hausman test（ran- dom effect vs fixed effects）	chi-sq=6.09 Pr>chi-sq=0.1927			chi-sq=5.37 Pr>chi-sq=0.1464			chi-sq=7.61 Pr>chi-sq=0.0222		

注：[　]内はt値。*は10%、**は5%、***は1%有意を意味する。

47

第Ⅱ部　実証研究

負であるが、統計的に有意ではない。ハイテク・ニューテク企業減免税
HNTE のパラメーターはモデル（1）において、10% の有意水準で正であ
るが、モデル（2）では有意ではない。また、STG と RDTAX の和を見る
と、1% の有意水準で負である。さらに、STG、RDTAX、HNTE の和 ALL-
GOV のパラメーターを見てみると、10% の有意水準で負になっている。

　2000～2008 年に関しては（表 2 - 7）、科学技術活動経費のうちの企業自己
資金 STAE は TFP の上昇率に 1% の有意水準で正の影響を与えている。政
府資金 STAG に関しては、5% の有意水準で（モデル（4）のうち、採択
された固定効果モデル）負になっている。技術開発減免税 STTAX、および
STAG と STTAX の和 ALLGOV を見てみると、負であるが、統計的に有意
ではない。

表 2 - 7　全サンプルの推定結果（2000～2008 年）

| | (4) | | | (5) | | |
	OLS	Fixed	Random	OLS	Fixed	Random
allgov（政府資金＋政府減免税）				− 0.0019 [− 1.33]	− 0.0051 [− 2.06]**	− 0.0024 [− 1.54]
stae（企業資金）	0.0145 [6.96]***	0.0133 [5.06]***	0.0143 [6.65]***	0.0144 [6.80]***	0.0132 [5.02]***	0.0143 [6.53]***
stag（政府資金）	− 0.0005 [− 0.33]	− 0.0056 [− 2.14]**	− 0.0013 [− 0.79]			
sttax（政府減免税）	− 0.0013 [− 1.88]*	− 0.0001 [− 0.07]	− 0.0011 [− 1.40]			
_cons	− 0.1099 [− 7.61]***	− 0.0818 [− 4.08]***	− 0.1071 [− 6.99]***	− 0.1051 [− 7.46]***	− 0.0802 [− 3.98]***	− 0.1031 [− 6.84]***
N	724	724	724	724	724	724
R-sq: overall	0.0846	0.0605	0.0842	0.0808	0.0657	0.0805
Hausman test (random effect vs fixed effects)	chi-sq = 8.31 Pr＞chi-sq = 0.0400			chi-sq = 2.94 Pr＞chi-sq = 0.2296		

注：[　] 内は t 値。*は 10%、**は 5%、***は 1% 有意を意味する。

2．国有・国家支配企業の寡占度により分けたサンプル

　記述統計からもわかるように、政府資金や税減免は国有・国家支配企業に

48

偏っている。国有・国家支配企業の比重が高い産業では、推定結果が変わる可能性があることから、国有・国家支配企業の寡占度によって全サンプルを3つのグループに分けて、同じモデルで推定した。具体的な分け方は以下のとおりである。

① 産業別・年度別の国有・国家支配企業の工業総生産が全産業に占める比率を計算する。この比率が高ければ高いほど、国有・国家支配企業の寡占度が高い。
② 2000～2013年に、①で求めた産業別の比率の平均値を計算する。
③ 前記産業別の比率の平均値の高さに応じ、全サンプルを3つのグループに分ける。比率が最も低い12産業をグループ1、最も高い12産業をグループ3、残りの12産業をグループ2に分ける。

国有・国家支配企業の寡占度が最も高いグループ3のサンプルを抽出し、全サンプルと同じモデルで推定した。推定結果は表2-8のとおりである。

表2-8は2009～2013年の推定結果をまとめている。企業の自己資金RDEはやはり1％の有意水準で正の影響を与えている。政府部門の科学技術活動資金STGのパラメーターは-0.0031から-0.0092へと低下した他、有意水準は10％から1％へと高まった。RDTAXは、全サンプルの推定結果の場合、有意でなかったが、国有企業寡占度が高い産業では、5％で有意となった。このことは、寡占度の違いが研究開発費の税控除効果を左右する重要な要因となっていることを示唆している。モデル（1）においては、ハイテク・ニューテク企業減免税HNTEのパラメーターは、10％の有意水準から5％へと上昇したが、モデル（2）では有意ではない。また、STGRDTAXとALLGOVのパラメーターはいずれも低くなっている。

また、2000～2008年の推定結果を見ると、企業自己資金STAEは1％の有意水準で正である。政府資金STAGは固定効果では10％有意水準で負になっているが、ランダム効果では有意ではない。技術開発減免税STTAXとALLGOVに関しては、依然として負であるが、統計的に有意ではない

49

第Ⅱ部　実証研究

表2-8　国有・国家支配企業寡占度が高い産業の推定結果（2009〜2013年）

| | (1) | | | (2) | | | (3) | | |
	OLS	Fixed	Random	OLS	Fixed	Random	OLS	Fixed	Random
rde （企業資金）	0.0201 [5.65]***	0.0233 [1.78]*	0.0211 [5.41]***	0.019 [4.96]***	0.0191 [1.49]	0.0199 [4.76]***	0.0182 [4.75]***	0.0209 [1.64]	0.0199 [4.63]***
stg （政府資金）	−0.0085 [−2.82]***	−0.0106 [−2.75]***	−0.0092 [−2.99]***						
rdtax （研究開発 費税控除）	−0.0031 [−2.06]**	−0.0016 [−0.61]	−0.0029 [−1.77]*						
hnte （ハイテク企 業減免税）	0.0026 [2.22]**	0.0006 [0.38]	0.0023 [1.97]**	0.0017 [1.53]	0.0003 [0.23]	0.0015 [1.34]			
stgrdtax （政府資金 ＋税控除）				−0.0097 [−2.71]***	−0.0104 [−2.40]**	−0.01 [−2.72]***			
allgov （政府資金 ＋税控除＋ 減免税）							−0.0067 [−1.92]*	−0.0096 [−2.19]**	−0.0079 [−2.16]**
_cons	−0.1322 [−6.27]***	−0.1479 [−1.56]	−0.1377 [−5.91]***	−0.1186 [−5.77]***	−0.1133 [−1.21]	−0.1258 [−5.36]***	−0.1226 [−6.20]***	−0.1268 [−1.38]	−0.131 [−5.50]***
N	180	180	180	180	180	180	180	180	180
R-sq： overall	0.193	0.1757	0.1924	0.168	0.1582	0.1679	0.1466	0.1443	0.1464
Hausman test（ran- dom effect vs fixed effects）	chi-sq＝4.67 Pr＞chi-sq＝0.3226			chi-sq＝1.92 Pr＞chi-sq＝0.5887			chi-sq＝0.50 Pr＞chi-sq＝0.7769		

注：[　] 内は t 値。*は10％、**は5％、***は1％ 有意を意味する。

（表2-9）。

　さらに、決定係数を見てみると、いずれのモデルにおいても高くなった。すなわち、産業全体と比べ、国有・国家支配企業の寡占度が高い産業では、政府の研究開発資金や税減免が産業別の TFP の上昇率に与える負の影響は強くなったという結果となる。

第2章　中国の研究開発支援政策

表2−9　国有・国家支配企業寡占度が高い産業の推定結果（2000〜2008年）

| | (4) | | | (5) | | |
	OLS	Fixed	Random	OLS	Fixed	Random
allgov （政府資金＋政府減 免税）				− 0.0023 [− 0.93]	− 0.0094 [− 2.14]**	− 0.0036 [− 1.30]
stae （企業資金）	0.0147 [4.65]***	0.0128 [3.58]***	0.0138 [4.38]***	0.0145 [4.49]***	0.0129 [3.62]***	0.0138 [4.33]***
stag （政府資金）	− 0.0009 [− 0.32]	− 0.0091 [− 1.90]*	− 0.0023 [− 0.76]			
sttax （政府減免税）	− 0.0017 [− 1.14]	− 0.0012 [− 0.60]	− 0.0014 [− 0.91]			
_cons	− 0.131 [− 6.13]***	− 0.0875 [− 3.30]***	− 0.1231 [− 5.45]***	− 0.1258 [− 6.08]***	− 0.0833 [− 3.11]***	− 0.1189 [− 5.36]***
N	228	228	228	228	228	228
R-sq：overall	0.1222	0.0384	0.1202	0.1175	0.041	0.1155
Hausman test（random effect vs fixed effects）	chi-sq = 5.43 Pr＞chi-sq = 0.1427			chi-sq = 3.96 Pr＞chi-sq = 0.1382		

注：[　]内はt値。*は10%、**は5%、***は1%有意を意味する。

3．国有・国家支配企業の寡占度および政府資金・減免税の高さにより分けたサンプル

　前述したように、中国政府はハイテク産業や戦略的新興産業など、優先的に発展させる産業を指定している。そのため、優先産業と非優先産業の間には、政府資金・税減免のばらつきがある。本章はさらに産業別の労働者1人当たりの政府資金・税減免の高さに応じて、全サンプルを3つのグループに分けた。

① 2000〜2013年に、産業別の労働者1人当たりの政府資金・税減免の平均値を計算する。ここで、前述したSTG、RDTAX、HNTEの合計値（2000〜2008年ではSTAGとSTTAXの合計値）ALLGOVを使う。
② 前記ALLGOV／労働者数の平均値が最も低い12産業をグループ1、最も高い12産業をグループ3、残りの12産業をグループ2に分ける。

第Ⅱ部　実証研究

表2-10　国有・国家支配企業寡占度＆政府資金・減免税が高い産業の推定結果
（2009〜2013年）

| | (1) | | | (2) | | | (3) | | |
	OLS	Fixed	Random	OLS	Fixed	Random	OLS	Fixed	Random
rde （企業資金）	0.0247 [5.01]***	0.0555 [2.92]***	0.0247 [4.64]***	0.0238 [4.26]***	0.0579 [3.04]***	0.0231 [3.93]***	0.0244 [4.16]***	0.0601 [3.16]***	0.0253 [4.03]***
stg （政府資金）	−0.0095 [−1.92]*	−0.009 [−1.43]	−0.0089 [−1.75]*						
rdtax （研究開発 費税控除）	−0.008 [−2.49]**	−0.0037 [−0.57]	−0.0081 [−2.26]**						
hnte （ハイテク企 業減免税）	0.0068 [3.48]***	0.0032 [1.02]	0.0067 [3.25]***	0.0044 [2.58]**	0.0024 [0.87]	0.0045 [2.42]**			
stgrdtax （政府資金 ＋税控除）				−0.0134 [−2.36]**	−0.0111 [−1.73]*	−0.0121 [−2.12]**			
allgov （政府資金 ＋税控除＋ 減免税）							−0.0094 [−1.64]	−0.0114 [−1.75]*	−0.0098 [−1.67]*
_cons	−0.1685 [−6.71]***	−0.4313 [−2.90]***	−0.1709 [−6.24]***	−0.1589 [−6.26]***	−0.4461 [−3.06]***	−0.1619 [−5.73]***	−0.1684 [−6.64]***	−0.4501 [−3.09]***	−0.1764 [−5.68]***
N	116	116	116	116	116	116	116	116	116
R-sq： overall	0.3288	0.2615	0.3287	0.29	0.2496	0.2895	0.2419	0.2352	0.2419
Hausman test（ran- dom effect vs fixed effects）	chi-sq＝5.65 Pr＞chi-sq＝0.2269			chi-sq＝6.99 Pr＞chi-sq＝0.0721			chi-sq＝3.78 Pr＞chi-sq＝0.1512		

注：[　]内はt値。*は10%、**は5%、***は1%有意を意味する。

　前述した国有・国家支配企業の寡占度が最も高いグループ3のサンプルの中から、さらにALLGOV／労働者数グループ2と3に属するサンプル[3]を抽出し、同じモデルを推定した。推定結果は表2-10のとおりである。

　表2-10を見ると研究開発費のうちの企業の自己資金RDEはやはりTFP

3）ALLGOV／労働者数グループ3だけに属するサンプルを抽出すると、4個産業しかなく、サンプル数が少なすぎる。国有・国家支配企業の寡占度が最も高いグループ3のなかで、採鉱業や発電など研究開発をあまり行っていない産業が多いため、ALLGOV／労働者数も低い。より多いサンプルを使うために、ALLGOV／労働者数グループ2と3に属する計8個産業のサンプルを抽出した。

第2章　中国の研究開発支援政策

表2-11　国有・国家支配企業寡占度＆政府資金・減免税が高い産業の推定結果
（2000～2008年）

	(4)			(5)		
	OLS	Fixed	Random	OLS	Fixed	Random
allgov （政府資金＋政府減 免税）				0.0041 [1.21]	−0.0171 [−2.41]**	0.002 [0.48]
stae （企業資金）	0.0084 [2.19]**	0.0046 [0.92]	0.0049 [1.22]	0.0082 [2.06]**	0.0053 [1.06]	0.0047 [1.14]
stag （政府資金）	0.0001 [0.03]	−0.0167 [−2.19]**	−0.0007 [−0.15]			
sttax （政府減免税）	0.004 [1.61]	−0.0001 [−0.04]	0.0027 [1.10]			
_cons	−0.1122 [−4.38]***	0.0065 [0.21]	−0.0807 [−2.90]***	−0.1156 [−4.56]***	0.0154 [0.50]	−0.0819 [−2.98]***
N	160	160	160	160	160	160
R-sq: overall	0.1239	0.0582	0.1231	0.1115	0.0649	0.1114
Hausman test（ran- dom effect vs fixed effects）		chi-sq=27.61 Pr>chi-sq=0.0000			chi-sq=30.90 Pr>chi-sq=0.0000	

注：[　]内はt値。*は10%、**は5%、***は1%有意を意味する。

の上昇率に1%の有意水準で正の影響を与えている。政府部門の科学技術活動資金STGのパラメーターに大きな変化は見られなかった。RDTAXのパラメーターは−0.0029から−0.0081へ低くなった。モデル（1）では、ハイテク・ニューテク企業減免税HNTEのパラメーターは、正で高くなったことに加えて、有意水準も5%から1%へと高まった。ただし、モデル（2）のOLSとランダム効果モデルでは正かつ有意であるが、固定効果モデルでは有意ではない。Hausman検定では、5%にすれば、ランダム効果モデルが採択される。つまり、HNTEはある程度でTFPGに影響しているといえる。また、STGRDTAXに関しては、パラメーターが統計的に有意、若干低くなった。ALLGOVのパラメーターに関しては、ランダム効果の場合は−0.0079から−0.0098へ低くなった。

2000～2008年の推定結果（表2-11）を見ると、企業自己資金STAEは正で、OLSモデルで有意であるが、固定効果モデルで有意でなくなった。

第Ⅱ部　実証研究

政府資金STAGのパラメーターは固定効果では－0.0167へさらに低下した。技術開発減免税STTAXは統計的に有意ではないのに対し、ALLGOVは負であり、5%水準で有意になった。

さらに、決定係数に関しては、モデル（1）～（3）ではさらに高くなった。

つまり、国有・国家支配企業の寡占度が高い産業のなかで、さらに政府から受けた研究開発資金・税減免が高い産業に限定すると、政府の研究開発支援措置が産業別のTFPの上昇率に与える負の影響はさらに強まるという推定結果が得られた（表2-11）。

第7節　まとめ

全サンプルに関しては、いずれのモデルにおいても、研究開発費のうちの企業自己資金がTFP上昇率に寄与していることが明らかとなった。一方、研究開発費の政府資金に関しては、産業のTFP上昇率に負の影響を与えているという結果が得られた。研究開発費税控除は、全サンプルにおいて統計的に有意な影響が検出されなかった。ハイテク・ニューテク企業減免税は、モデル（1）において正の影響になっているが、モデル（2）においては、有意ではない。また、政府資金・税控除・減免税の集計値を見てみると、有意で負の影響になっている。

国有・国家支配企業の寡占度が最も高い産業に限定すると、上記の政府資金、政府資金・税控除・減免税の集計値のパラメーターは有意であったが係数の定量的な大きさはさらに低下し、研究開発費税控除のパラメーターも負で統計的に有意になった。ハイテク・ニューテク企業の優遇税率に関しては、推計方法や説明変数の変化によって、結果は大きく異なった。すなわち、頑健性は強くはなかった。

さらに、国有・国家支配企業の寡占度が最も高い産業のうち、労働者1人当たりの政府資金・税減免が高い産業に限定すると、政府資金、税控除のパラメーターはさらに低下した。ハイテク・ニューテク企業の優遇税率に関し

ては、固定効果モデルを除き、正で有意となった。政府の研究開発支援策が産業別 TFP に与える負の影響はますます高まるという結果となった。

　中国政府は投資に依存する「粗放型成長」の限界を認識したうえで、研究開発・イノベーションによる成長方式の転換を打ち出した。その意味で、研究開発の促進やイノベーションの強調は適切な判断といえる。ところが、本章の研究結果を見るかぎり、政府の研究開発資金や税減免が産業レベルの TFP の上昇率に大きく寄与することを支持する積極的な結果は得られなかった。

第Ⅱ部　実証研究

付録 1　産業コード

産業コード	産業
6	石炭採掘業
7	石油・天然ガス採掘業
8	黒色（鉄）金属採掘業
9	有色（非鉄）金属採掘業
10	非金属採掘業
13	農産食品加工業
14	食品製造業
15	飲料製造業
16	煙草製品業
17	紡績業
18	衣服・靴・帽子製造業
19	革・毛皮製品業
20	木材加工・木・竹・藤・草製品業
21	家具製造業
22	紙製品業
23	印刷
24	文化・教育・体育用品製造業
25	石油化工・核燃料加工業
26	化学原料・化学製品製造業
27	医薬製造業
28	化学繊維製造業
29	ゴム製品業
30	プラスチック製品業
31	非金属鉱物製品業
32	黒色（鉄）金属製錬・加工業
33	有色（非鉄）金属製錬・加工業
34	金属製品業
35	一般機械製造業
36	特殊機関製造業
37	交通輸送設備製造業
39	電器機械及び器材製造業
40	通信設備・コンピュータ・電子設備製造業
41	精密機械及びオフィス用機械製造業
44	電力・熱力生産・供給業
45	ガス生産・供給業
46	水道水生産・供給業

出所：『国民経済産業分類（GB/T4754-2002）』。

第3章　中国の知的財産権戦略

第1節　はじめに

　2000年代に入り、中国の発明特許出願数が急速に増加している。2000年以後、中国国家知的財産権局（SIPO：中華人民共和国国家知識産権局）への発明特許出願数は年平均28%の伸び率で急増し続けてきた。WIPO（World Intellectual Property Organization：世界知的所有権機関）の統計によれば、2014年に、中国国家知的財産権局は92.8万件の特許出願を受理し、特許出願の受理数では世界第1位となった。また、国別の国内・国際出願の合計数を見ると、2014年に中国の出願人[1]が83.78万件の特許を出願し、アメリカの50.95万件や日本の46.60万件を大幅に超え、世界第1位の特許出願国となった（World Intellectual Property Organization 2015、pp.23-26）。

　本節では中国国家知的財産権局とWIPOの統計を使い、1986年以降、中国の特許出願データおよび諸外国との比較を通じ、中国の特許出願の動向を観察する。また、中国では、特許には発明特許、実用新案、意匠の3種類があるが、発明特許の技術レベルが最も高いと考えられるため、本章では、発明特許のみのデータを利用する。

　本章の構成は以下のとおりである。第2節で先行研究を概観した後、検討課題を設定する。第3節で中国の特許制度について説明する。第4節で利用

1）第1出願人ベースでの統計データである。

第Ⅱ部　実証研究

するデータを説明し、第5節で各省政府が打ち出した特許補助政策をまとめる。第6節で特許補助が適用前後の特許料を試算し、第7節で計量分析を行う。最後に第8節で分析から得た結論をまとめる。

1．中国特許出願数

(1) 国内出願

図3-1は中国国家知的財産権局が受理した発明特許出願数の推移を示している。ここの出願数は、PCT（後述）特許出願のうち、中国へ移行した

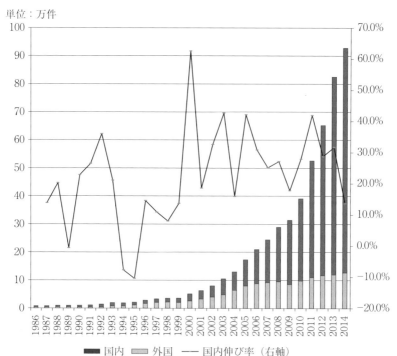

図3-1　中国への発明特許出願の推移（1986～2014年）

出所：国家知識産権局『専利統計年報』各年版（http://www.sipo.gov.cn/tjxx/tjnb/）、国家統計局・科学技術部編（1996-2015）『中国科技統計年鑑』各年版より作成。

出願数を含む。「特許法」が実施された直後の1986年に、中国国家知的財産権局は計8009件の発明特許出願を受理した。そのうち、中国出願人からの出願は計3494件であり、半分以下にとどまっていた。一方、外国からの出願は4515件で、全体の56%を占めていた。2000年以降、発明特許出願数は急増し、2014年には中国国家知的財産権局が受理した特許出願数は92.8万件に上り、28年間で116倍の増加となった。1986～2014年に、実質国内総生産は13.5倍に増加したにすぎないので、特許出願数の伸びは国内総生産の伸びをはるかに上回っている。

また、1986～2002年には、外国からの出願が5割を占めていたが、2003年には、合計10万5318件の出願のうち、中国国内出願人からの出願が5万6769件、54%と、外国からの出願を上回るようになった。その後、中国国内からの出願は急増し続け、2014年になると、合計92.8万件出願のうち、国内による出願は80.1万件であり、全体の86%を占めている。

（2）国際 PCT 特許出願

中国国家知的財産権局への出願のみならず、中国出願人による WIPO への PCT 特許出願も急増している。WIPO とは、世界知的所有権機関であり、特許権、実用新案権、著作権などの知的所有権を保護するために設立された国連の専門機関である。

PCT 特許出願は国際出願の重要なルートである。PCT とは、特許協力条約（Patent Cooperation Treaty）のことである。PCT に基づいて1つの国際特許を出願することで、PCT のすべての締約国に同時に出願したことと同じになる。WIPO によれば、2016年現在、PCT 締約国は150カ国である。複数の国に別々に出願することに比べ、PCT 特許出願は1つの国際特許出願により多数の国に出願できるため、企業にとっては有用性が高い。ただし、PCT 特許出願した場合、公開公報が公開されるのみで、WIPO では実体審査は行われず、登録もされない。各国で特許権利を獲得したい場合は、特許権利を獲得したい国へ PCT 特許出願を移行する必要がある。移行した後、各国の特許法に従い、審査請求や審査官とのやり取りなど、登録ま

第Ⅱ部　実証研究

でに必要な手続きをとる必要がある。

　中国の出願人による PCT 特許出願は急増している。図 3-2 は 2000〜2015 年の PCT 特許出願上位国の出願数の推移を示したものである。2000 年に、中国はわずか 781 件の PCT 特許出願しか行っておらず、世界（9 万 3238 件）の 0.8% にすぎなかった。アメリカ（3 万 8015 件）やドイツ（1 万 2581 件）の出願数と比べると、中国の PCT 特許出願数は無視できるほどの数字であった。しかし、2013 年になると、中国は計 2 万 1515 件の PCT 特許出

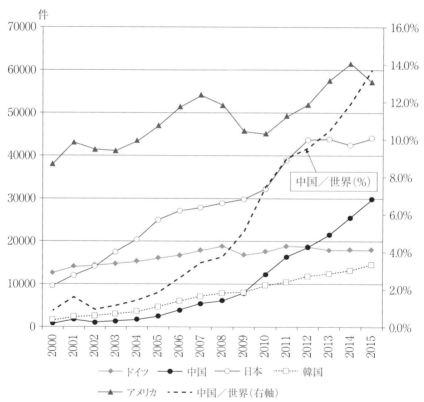

図 3-2　発明特許の国別 PCT 特許出願（2000〜2015 年）

出所：WIPO statistics database, Last updated: August 2016 の検索データに基づき作成。

願を行い、ドイツ（1万7920件）を超え、アメリカ（5万7458件）や日本
（4万3771件）に次ぎ、世界第3位のPCT特許出願国となった。2015年
に、中国からのPCT特許出願数はさらに2万9836件へと増加し、世界の
13.7%を占めるようになった。2000年から2015年にかけて、わずか15年
間のうちに中国のPCT特許出願数は実に38倍も増加した。同時期に、世
界のPCT特許出願数は2.3倍増にすぎないことを考慮すると、中国のPCT
特許出願が爆発的に増加していることがうかがえる。

2．諸外国との比較

　図3-3は世界5大特許庁（日本、アメリカ、欧州、韓国、中国）が受理
した発明特許出願数の推移である。5大特許庁は世界の特許出願件数の約8
割を受理している。

　1986年に、中国が受理した8009件の特許出願件数が世界に占める割合は
わずか0.8%であった。2000年になっても、中国の割合は3.8%にすぎな
かった。2010年に中国は39万件の出願数となり日本を超え、また2011年
には52.6万件となりアメリカを上回り、世界第1位の特許出願の受理国と
なった。2014年になると、中国に出願された特許件数はさらに92.8万件に
上り、世界全体の35%を占めることとなった。前述したように、2014年中
国国内における出願は80.1万件であったため、中国国内の特許出願数は世
界全体の30%を占めている。2000年代に入ってからわずか十数年のうちに
中国は世界第1位の発明特許出願国へと躍進したのである。

3．特許出願の研究開発費弾力性の計測

　近年、中国の経済成長に伴い、研究開発（R&D）支出は確実に伸び続け
ている。表3-1は1995～2014年の中国の国内出願人による特許出願数およ
び全国の研究開発費をまとめている。なお、CPI（消費者物価指数）を用
い、研究開発費支出を1995年の価格に実質化した。

　特許出願数と全国研究開発費との関係を見てみよう。図3-4は中国の国
内からの特許出願数の対数値と実質研究開発費の対数値との相関を観察した

第Ⅱ部　実証研究

図3-3　5大特許庁（日米欧韓中）の特許出願受理件数（1986～2014年）

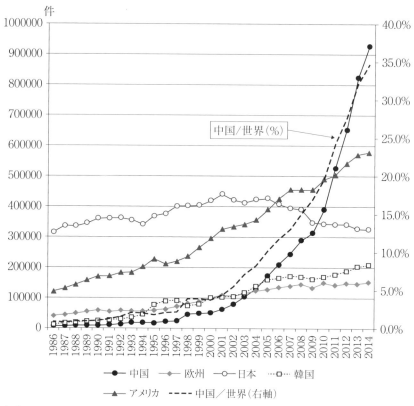

出所：WIPO statistics database, December 2015の検索データに基づき作成。

ものである。特許出願数と実質研究開発費は非常に高い相関関係を示している。

　そこで、研究開発費を知識生産のインプットとし、特許出願数をそのアウトプットとし、多くの研究者はさまざまな「特許生産関数(patent production function)」を推計している。ここでは、最も単純な特許生産関数、つまり特許出願数の対数値を被説明変数とし、実質研究開発費の対数値を説明変数とする以下のような特許生産関数を推計してみよう。

表 3 - 1　中国の国内特許出願数と研究開発費支出（1995〜2014 年）

Year	国内特許出願数（件）	全国 R&D 支出（億元）	R&D 支出の年伸び率
1995	10,018	349	
1996	11,471	373	7%
1997	12,713	457	22%
1998	13,726	499	9%
1999	15,596	623	25%
2000	25,346	819	31%
2001	30,038	947	16%
2002	39,806	1,179	25%
2003	56,769	1,393	18%
2004	65,786	1,712	23%
2005	93,485	2,096	22%
2006	122,318	2,531	21%
2007	153,060	2,984	18%
2008	194,579	3,505	17%
2009	229,096	4,437	27%
2010	293,066	5,228	18%
2011	415,829	6,101	17%
2012	535,313	7,050	16%
2013	704,936	7,904	12%
2014	801,135	8,514	8%

出所：国家統計局・科学技術部編（1996 – 2015）『中国科技統計年鑑』各年版より作成。

$$log(patent) = a + \beta \, log(R\&D) \qquad (1)$$

　ここで、$log(patent)$は特許出願数の対数値であり、$log(R\&D)$は研究開発費支出の対数値を意味する。対数線形モデルを推計するので、β は特許出願数の研究開発費弾力性となる。推計結果は表 3 - 2 のようになった。

　1995〜2014 年の全期間において、研究開発費の弾力性は 1.36 と推計された。つまり、研究開発費が 1% 増加すると、特許出願数は 1.36% 増加する。また、全期間を 6 年ごとに分け、研究開発費の弾力性を計測してみた。

第Ⅱ部　実証研究

図 3-4　特許出願数と全国研究開発費

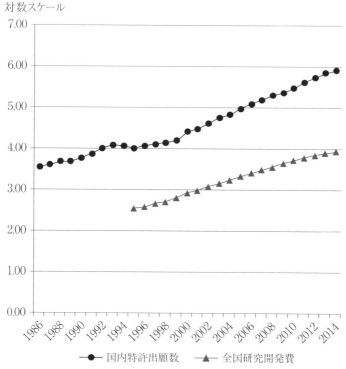

出所：『中国科技統計年鑑』各年版のデータに基づき作成。

1995～2000 年にその弾力性は 0.98 であったが、2000～2005 年では弾力性は 1.39 となり 1 を超えている。2005～2010 年には 1.21 となり 2000～2005 年と比べて若干低下したが、2009～2014 年に 1.96 へと急激に上昇している。すなわち、2000 年以降、中国の研究開発費の弾力性は 1 を上回るようになり、中国の特許出願は加速し始めていることがわかる。

一方、山田（2009）は日本の国内特許出願数と研究開発費支出を使い、同じ特許生産関数を推計している。日本では、1960～2002 年の特許出願の研究開発費弾力性は 0.849 と推計されている（山田 2009、p.21）。先進国では、研究開発費の弾力性は 1 以下が一般的であることを考慮すれば、中国特

表3-2　特許出願の研究開発費弾力性

	特許出願数対数				
R&D 支出対数	1995～2014	1995～2000	2000～2005	2005～2010	2009～2014
_cons	1.36	0.98	1.39	1.21	1.96
	[52.14]**	[7.99]***	[19.84]**	[18.78]**	[33.63]***
	*	1.51	*	*	-1.82
	0.46	[4.56]**	0.35	0.95	[-8.18]***
	[5.39]***		[1.61]	[4.18]**	
R-squared	0.993	0.941	0.990	0.989	0.996
Adj-R-squared	0.993	0.926	0.987	0.986	0.996
N	20	6	6	6	6

注：[　] 内は t 値。*は 10％、**は 5％、***は 1％ 有意を意味する。

許出願の加速効果、すなわち研究開発費の増大だけでは説明できない特許出願増加の要因が存在していることが示唆される。そこで本章では、中国の特許出願の急増要因を解明する。

第2節　先行研究

1．先行研究のサーベイ

　中国の特許急増要因を実証的に分析した研究はすでに幾つか存在している。Li（2012）は中国の各省政府が初めて特許補助政策を実施した年をダミー変数とし、省レベルの特許出願数の集計データを使い、各省政府が実施した特許補助金が特許出願数へ与えた影響を検証している。Li によれば、省政府が実施した特許補助政策は、大・中規模の工業企業[2]、大学、個人、研究機関の特許出願数の増加に対し統計的に正の有意な影響を及ぼしている。

---

2 ）大・中規模の工業企業の定義については、第 1 章第 1 節を参照。

第Ⅱ部　実証研究

　Dang and Motohashi（2015）は大・中規模の工業企業の個票データを使い、省別の特許補助金を出願補助、審査補助、および登録補助に分け、補助金額に応じて0、0.5、1のカテゴリー変数を作り、特許出願数および登録数への影響を検証した。出願補助金と登録補助金は特許の出願数、登録数への正の影響が検出された。また、補助政策が特許の質に与えた影響についても分析している。一般に、請求項が長い特許ほど、特許権利請求範囲が狭くなるので、特許の質は低いと考えられている。そこで、Dang and Motohashiは第1請求項[3]の名詞数を特許の質の代理変数と見なし、これを被説明変数とした回帰分析も行っている。その結果、登録補助は特許請求の範囲に負の影響、つまり、登録補助は特許請求の範囲を狭くさせる影響のあることが明らかとなった。これは、特許補助が特許の質を低下させる傾向にあることを示唆している。

　伊藤・李・王（2014）は中国四川省成都市のデータを用いて、各政府レベルと、各カテゴリーの政策が、企業の知的財産権出願数、新製品数、工程改善数にどのような影響を与えているかを傾向スコアマッチング法によって推計している。傾向スコアマッチング法とは、政策措置が行われる以前の企業状態を推測して、措置後の企業状態から政策効果を抽出する方法である。その結果、全政策の平均として、知的財産権出願数を約2件増加させる効果のあることが報告されている。

　Hu and Jefferson（2009）は1995〜2001年の中国大・中規模の工業企業の個票データを使い、発明特許数、実用新案および意匠の出願数の集計値を被説明変数とし、中国の広義の特許生産関数を推定した。その結果、研究開発費支出、外国からの直接投資（FDI）、WTO加盟のために2000年に実施された中国特許法の改訂ダミー、国有企業改革ダミーなどが特許出願数にプラスの影響を及ぼしていることが明らかとなった。

　Hu（2010）は中国国家知的財産権局のデータベースおよびアメリカ特許

3）「請求項」とは、特許権利の請求範囲の項目を意味する。一般的には、1つの特許出願には複数の請求項があるが、特許権利の最初に記載される請求項が第1請求項と呼ばれる。

庁（USPTO）のデータベースを用い、外国から中国への特許出願の増加要因を分析した。それによると、日本、韓国、台湾の登録特許の増加は、中国の実用新案出願を増加させる傾向にあり、アメリカやドイツの登録特許からは影響を受けていないことが指摘されている。その原因として、中国は対米貿易が黒字であり、対日本・韓国・台湾貿易が赤字であるため、中国企業は日本・韓国・台湾の技術を模倣していると解釈している。

　上記のように中国の特許出願の爆発的な増加に関して、実証分析が行われているが、幾つかの課題も残されている。

　中国の各省はいずれも特許補助政策を実施しているが、その政策の中身は著しく異なっている。第1に、権利化プロセスにおける補助の仕方が省によって異なっている。出願を条件に補助金を支出する省もあれば、登録された特許のみに補助金を支出する省もある。また、出願、審査請求と登録のそれぞれの時点で補助金を支出している省もある。第2に、特許費用の補助の仕方の違いがある。権利化プロセスにおける、出願・審査請求・登録・登録維持には特許料が課されるが、これらの特許料のすべてを補助する省もあれば、一部のみを補助する省もある。また、各段階の特許料の全額を補助する省もあれば、その一部しか補助しない省もあり、一部しか補助しない省においてはその金額も異なる。第3に、補助政策の改定が頻繁に行われている。同じ省の特許補助政策は変わらないわけではなく、ほぼすべての省が特許補助政策を何度か改定した。出願の時点で補助金を出す政策から、登録時点で補助金を出す政策に変更する場合もあれば、または補助金額が変わる場合もある。

　しかし、Li（2012）は補助金の種類や補助金の金額、または同じ省の補助金政策の時系列での変化を考慮しておらず、単純に初めての特許補助政策の実施年を境に、実施前を0、実施後を1にするというダミー変数を政策変数として用いている。出願すれば補助金を受けられる政策と、登録された特許のみが補助金を受けられる政策は、特許出願行動に異なった影響をもたらすことが予想される。そのため、Liの研究はこの点で、各省の特許補助政策の効果を厳密に検出した分析とはいいがたい。

第Ⅱ部　実証研究

Dang and Motohashi（2015）は、政策変数を出願、審査、登録補助金に分けているので Li（2012）の分析を発展させていることになる。ただし、第1請求項の名詞数のみを特許の質の代理変数と見なしてよいかは疑問が残る[4]。また、近年、中国は国内への出願のみならず、WIPO への国際出願（PCT 特許出願）も増加させている。それにもかかわらず、中国の各省の補助金政策が PCT 特許出願の増加に与えた影響は検証されていない。

伊藤・李・王（2014）は、傾向スコアマッチング法によって中国のイノベーション政策全般が知的財産権出願数（発明特許、実用新案、意匠を含む）に与えた影響を分析しているが、中国四川省成都市に限定され、全国レベルに関する推計は行われていない。

また、第1節で述べたように、中国の特許出願数は 2000 年から急増し始めた。しかし、Hu and Jefferson（2009）は 1995〜2001 年のデータを使っているため、2002 年以降の特許出願数の急増を説明できない。さらに、発明特許とは異なり、実用新案は無審査主義であり、意匠はデザインなので、いずれも発明特許ほどの技術革新や技術改善を意味するとはいえない。ところが、Hu and Jefferson（2009）は発明特許、実用新案、意匠の集計値を特許の出願数としているため、発明特許出願数のみの分析とはなっていない。そこで、イノベーションに直接関係する発明特許出願数のみで分析する必要がある。

2．本章の課題

本章では、前述した中国の特許出願関数についての先行研究を参考にして、以下のような分析を行う。

第1に、中国の各省が実施した特許補助政策を詳しく調べ、出願後補助や登録後補助、補助金額など、より詳細に政策の変化を補足できる政策変数を

4）一般に、被引用回数、権利存続年数、請求項数、ファミリー数（同一の特許出願を複数の国に出願する場合のすべての特許出願国数である）などは、特許の質の代理変数としての有用性が確認されている。たとえば、Lanjouw and Schankerman（1999、2004）、山田（2009）などを参照。

作成する。

第2に、各省の特許補助適用前の期待特許料と特許補助適用後の期待特許料を計算して比較することにより、省別の特許料補助に関する定量的効果を確認する。

第3に、以上の政策変数を用いて、中国の各省の特許補助政策が企業の国内特許出願行動に与える影響をパネルデータ分析により明らかにする。

第4に、近年、中国企業はWIPOへの国際特許出願も増やしているため、各省の特許補助政策がPCT特許出願に影響を与えているかどうかを検証する。

第3節　中国の特許制度

1．中国特許制度の設立経緯

ここでは、実証分析に先立ち中国特許制度設立の経緯を概観しておこう。中国の主な知的財産権法律・法令は1980年代から整備されてきた。

1950年8月17日に、中国政務院（当時、現在の国務院に相当する）は「発明権・特許権の保障に関する暫定条例」（原文「保障発明権与専利権暫行条例」）を公布した。しかし、当条例に基づき、4件の特許権と6件の発明権が登録されたにすぎなかった。しかし、同条例は1956年以降事実上停止された（楊・馮　2014、p.157）。

1963年11月3日に、国務院は「発明奨励条例」を公布した。同奨励条例の公布により、上記「発明権・特許権の保障に関する暫定条例」は廃止されることとなった。それ以後、1984年までに、中国には特許制度は存在しなかったのである。

1984年3月12日に、第6次全国人民代表大会[5]常務委員会第4回会議で「中国人民共和国特許法」（原文「中国人民共和国専利法」）が可決された。

5）全国人民代表大会は国会に相当する。憲法上、国家の最高権力機関および立法機関として位置づけられている。

69

第Ⅱ部　実証研究

そして、1985 年 4 月 1 日より前記「特許法」は施行され、本格的な特許制度が導入されることになった。特許には発明特許、実用新案と意匠を含むことが「特許法」によって明確にされた。1984 年版の「特許法」では、発明特許の保護期間は申請日より 15 年間となっていた。実用新案および意匠の保護期間は申請日より 5 年間であり、また特許権利人が 3 年間の保護期間の延長を申請することが可能であった。

　1992 年に、1984 年版「特許法」は改定され、同法第 45 条により発明特許の保護期間は申請日より 20 年間に、実用新案および意匠の保護期間は申請日より 10 年間に改められた。2000 年 8 月 25 日には、2 回目の改定が行われ、2001 年 7 月 1 日より改正版が施行された。2008 年 12 月 27 日には、第 3 回目の改訂が行われ、2009 年 10 月 1 日より施行された。

　このように、中国の「特許法」は幾度かの改定を経て、保護範囲、保護期間、処罰の強化や侵害による損害賠償額の算定方法などの内容が明確化されていった。

　また、中国は 1980 年代から 1990 年代にかけて主要な知的財産権保護に関する国際機関や国際条約に加盟してきた。たとえば、1980 年に、中国は WIPO（世界知的所有権機関）に加盟し、1984 年にパリ条約（工業所有権保護）に加入し、1993 年に PCT（特許協力条約）に加入した。また、2001 年に、中国は知的所有権の貿易関連の側面に関する協定である TRIPS 協定（Agreement on Trade-Related Aspects of Intellectual Property Rights）にも加入した。

　このように、1980 年代以降、中国は特許制度を設立し、知的財産権の保護に関する国際条約にも加盟していった。

2．特許出願から権利維持までの基本プロセス

　中国における特許出願から登録までのプロセスは、基本的に日本とほぼ同様であり、世界 5 大特許庁に類似している（図 3－5）。以下では、図 3－5 を参考にして、特許出願から権利維持までのプロセスを概観しておく。

第3章 中国の知的財産権戦略

図3-5 世界5大特許庁の特許出願～権利維持プロセス

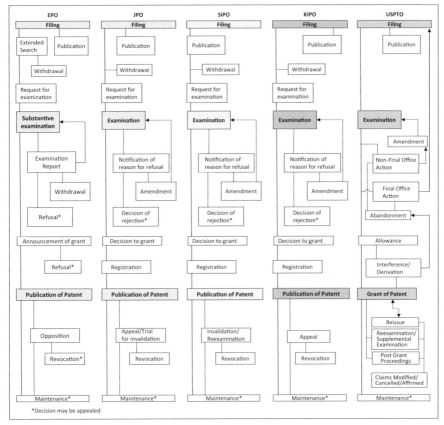

出所：Five IP Offices（2015）p.68.
注：EPO は欧州特許庁、JPO は日本特許庁、SIPO は中国国家知的財産権局、KIPO は韓国特許庁、USPTO は米国特許商標庁である。

（1）出願（Filing）

出願人は中国国家知的財産権局に特許を出願し、出願費用を納付する。

（2）公開（Publication）

知的財産権局は出願を受理してから18カ月後に、出願人、住所、発明者

71

第Ⅱ部　実証研究

名、出願番号、特許請求の範囲、発明の詳細な説明などを記載する「公開特許公報」（図3-6）を公開する。日本でも、通常出願から18カ月後に公開される。

　ただし日本と異なり、中国では「早期公開制度」を採用している。すなわち、出願人が申請すれば、出願から18カ月を待たずして公開することができる（中国特許法第34条、特許法実施細則第46条）。他方、公開された後でも、出願人はその特許出願を取り下げることが可能である。

（3）審査請求（Request for Examination）・実体審査（Examination）
　公開後、出願人は特許権を取得したい場合、知的財産権局に実体審査を請求し、審査費用を納付する。知的財産権局は、出願人の申請を受けて初めて実体審査をする。審査請求の可能な期間は出願から3年間と定められている。ただし、審査請求後においても、出願人は審査請求を取り下げることができる。また、出願から3年以内に出願人が審査請求をしなかった場合は取り下げと見なされる。

（4）登録（Registration）
　当該出願が新規性・進歩性が認められるなど特許要件を満たした場合、知的財産権局は出願人に通知する。出願人は登録手続きを行い登録費用や年金を納付すれば、出願が特許として登録され特許権が発効する。また、知的財産権局は登録された特許の「登録特許公報」（図3-7）を公開する。

　また、特許要件を満たさず審査官が拒絶理由を見出した場合、出願人に拒絶理由通知を送付する。ただし、出願人は拒絶理由に対し、反論や追加補正を提出したうえで、再審査を請求することができる。審査官は再審査し、拒絶査定または登録査定を最終的に行う。

（5）権利維持（Maintenance）
　特許維持年金は毎年発生し、3年おきに上昇する。また、特許権の存続期間は出願日から20年と定められている。出願人が維持年金を納付しない場

第3章　中国の知的財産権戦略

図3-6　公開特許公報のサンプル

(19) 中华人民共和国国家知识产权局

(12) 发明专利申请

(10) 申请公布号 CN 103026406 A
(43) 申请公布日 2013.04.03

(21) 申请号 201080022195.X
(22) 申请日 2010.09.28
(85) PCT申请进入国家阶段日
　　 2011.11.25
(86) PCT申请的申请数据
　　 PCT/CN2010/077385 2010.09.28
(87) PCT申请的公布数据
　　 WO2012/040897 EN 2012.04.05
(71) 申请人 华为技术有限公司
　　 地址 518129 中国广东省深圳市龙岗区坂田
　　　　 华为总部办公楼
(72) 发明人 大卫・维雷特　郎玥　苗磊
　　　　　 吴文海

(51) Int.Cl.
G10L 19/008 (2013.01)
G10L 21/02 (2013.01)

权利要求书 3 页　说明书 22 页　附图 8 页

(54) 发明名称
　　用于对已解码多通道音频信号或已解码立体声信号进行后处理的装置和方法

(57) 摘要
　　用于对已解码多声道音频信号或已解码立体声信号进行后处理的装置和方法根据本发明，介绍了一种用于对多声道信号的多个声道信号当中的至少一个进行后处理的装置(101,101')，要接受后处理的声道信号由低比特率音频编码／解码系统从已解码下混信号生成；该装置包括：一个接收器(103;103')，用于接收从已解码下混信号生成的至少一个声道信号、已解码下混信号的时间包络以及指示至少一个声道信号的瞬态类型的分类指示，其中所述分类指示与至少一个声道信号相关；以及一个后处理器(105;105')，用于根据已解码下混信号的时间包络（通过相应的加权因子以依赖于分类指示的方式进行加权）对至少一个声道信号进行后处理。

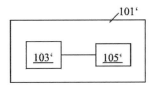

出所：中国国家知的財産権局データベースより　注：第1頁のみ。

第Ⅱ部　実証研究

図3-7　登録特許公報のサンプル

(19) 中华人民共和国国家知识产权局

(12) 发明专利

(10) 授权公告号 CN 103026406 B
(45) 授权公告日 2014.10.08

(21) 申请号 201080022195.X
(22) 申请日 2010.09.28
(85) PCT国际申请进入国家阶段日
　　 2011.11.25
(86) PCT国际申请的申请数据
　　 PCT/CN2010/077385 2010.09.28
(87) PCT国际申请的公布数据
　　 WO2012/040897 EN 2012.04.05
(73) 专利权人　华为技术有限公司
　　 地址 518129 广东省深圳市龙岗区坂田华为
　　　　　总部办公楼
(72) 发明人　大卫・维雷特　郎玥　苗磊
　　　　　　吴文海
(51) Int.Cl.
　　 G10L 21/02 (2013.01)

G10L 19/008 (2013.01)
(56) 对比文件
　CN 1985544 A, 2007.06.20,
　CN 101578658 A, 2009.11.11,
　CN 101460997 A, 2009.06.17,
　US 2009/0319282 A1, 2009.12.24,
　US 4077294 A, 1978.03.07,

审查员　丁匡正

权利要求书2页　说明书22页　附图8页

(54) 发明名称
　用于对已解码多通道音频信号或已解码立体声信号进行后处理的装置和方法
(57) 摘要
　用于对已解码多声道音频信号或已解码立体声信号进行后处理的装置和方法根据本发明，介绍了一种用于对多声道信号的多个声道信号当中的至少一个进行后处理的装置 (101, 101')，要接受后处理的声道信号由低比特率音频编码／解码系统从已解码下混信号生成；该装置包括：一个接收器 (103；103')，用于接收从已解码下混信号生成的至少一个声道信号、已解码下混信号的时间包络以及指示至少一个声道信号的瞬态类型的分类指示，其中所述分类指示与至少一个声道信号相关；以及一个后处理器 (105；105')，用于根据已解码下混信号的时间包络（通过相应的加权因子以依赖于分类指示的方式进行加权）对至少一个声道信号进行后处理。

出所：中国国家知的財産権局データベースより　　注：第1頁のみ。

74

合、特許権利は消滅する。年金未納の他、出願人が特許権を放棄することなどにより特許権利が消滅する場合もある。

第4節　データの説明

本節では、本章の実証分析で利用するデータを説明する。

1．企業財務データ

電子通信産業の企業財務データについて、中国統計局の工業企業データベース（1998～2009年）を利用する。中国では、「工業企業報表制度」という制度がある。同制度は、一定規模以上の工業企業[6]が毎年当該年度の工業粗生産や売上などの財務データを統計局に申告する制度である。工業企業データベースは全国企業が統計局に申告した個票データを収録したデータベースである。企業の売上高や労働者数などは毎年公開されているが、企業研究開発費データは2005～2007年版のみで公開されている。

本章では、中国の通信設備・コンピュータ・電子設備製造業（産業コード40、第2章付録を参照）を対象とし、その中でR&D活動を行っている企業を分析の範囲に限定する。まず、データベースより2005～2007年の期間に連続3年間研究開発費を支出した大・中規模の工業企業[7]を抽出した。工業企業データベースには、企業ごとにIDが付与されているので、抽出した2005～2007年のそれを利用し、1998年から2009年までのデータベースより、同じ企業のデータを抽出してマッチングした。ただし、2008年のデータベースには、企業IDが存在しない。そこで、2008年のデータに関しては、企業名、企業住所、電話番号を使ってマッチングした。データを抽出後、聶・江・楊（2012）を参考し、データクリーニングを行い、以下のような異常なデータを除外した。

6）一定規模以上の工業企業の定義については第1章第1節注2を参照。
7）大・中規模の工業企業の定義については第1章第1節注1を参照。

第Ⅱ部　実証研究

① 研究開発費がマイナスのデータ（2005 年と 2007 年に 2 社、2006 年に
　 1 社）
② 経営状況が休業の企業のデータ
③ 従業員数が 10 人以下のデータ
④ 工業粗生産が 0 のデータ
⑤ 固定資産合計が 0 のデータ
⑥ 前年度と比べ、データの変化が激しいデータ（たとえば、従業員数や
　 工業粗生産が前年度データの 50％以下のデータ。前年度の 2 倍以上の
　 データについては、幾つかの主要な指標を比較して判断する。たとえ
　 ば、前年度または 2 年前に設立したばかりの企業であり、従業員数、
　 工業粗生産、売上の伸び率が近いデータの場合は、企業が正常稼働に
　 入ったと考えられるため、データを残す。ただし、従業員数が 10 倍増
　 加したのに、工業粗生産がそれに見合う伸び率に達していない場合
　 は、データを除外する）

　以上の作業を経て、計 538 の企業をデータの分析範囲とすることができ
た。ただし、工業企業データベースが一定規模以上の企業を収録しているた
め、ある年にその条件を満たしていない企業は収録されていない。また、前
述のように異常なデータを除外したので、分析対象の 538 社のデータはアン
バランスパネルデータ（Unbalanced Panel Data）となる。なお、本章の推
計では、PPI（生産者物価指数）を利用して売上高の名目値を実質化した
（2000 年基準）。

2．企業の特許データ

　企業の特許出願データに関しては、中国知的財産権出版社（IPPH）の特
許検索データベース CNIPR を利用した。このデータベースでは、毎週水曜
日に新しく公開された、あるいは登録された特許公告のすべてが公開されて
いる。この他に、知的財産権局のデータベースもあるが、中国知的財産権出
版社の特許検索データベースの方が、収録情報が豊富であり利便性も高い。

特許データベースには、当然工業企業データベースの企業 ID も産業コードも存在しない。特許には技術分野 IPC コードが付与されているが、それはその特許の技術分類に割り振られたコードであり、経済統計の一般的な産業分類には対応していない。たとえば、ある自動車部品メーカーが自動車用圧力センサーの発明特許を出願したとする。その圧力センサーが自動車に取り付ける位置に関するものであれば、輸送機械（B 分類）の自動車関連の IPC コードを割り振られる。圧力センサーの核となる基板は半導体であるために、その基板の構造に関するものであれば、半導体の IPC コードに分類される可能性がある。すなわち、経済統計においてこうした出願企業は自動車産業に分類されるが、出願した特許は技術分野によって、他の産業（半導体産業）に分類される。そのために、特許の IPC コードと産業分類を簡単に対応させることはできない。

公開特許の書誌情報には企業名が記載されているので、企業名称を使い、前述した 538 社の 1986〜2016 年 6 月に公開された発明公開特許を特許データベースにより検索した。ただし、企業名称が変更となる場合があるために、正確な特許出願数を把握できないこともある。前述した企業の財務データの場合には、企業 ID を利用して 1998〜2009 年のデータをマッチングしたため、企業名称が変更になった場合であっても、企業 ID によって追跡ができる。特許データの集取の際には、旧名称と新名称を同時に使用して検索し、特許出願データの取得漏れがないようにした。その結果、538 社が 1986 年から 2016 年 6 月に公開した 17 万 3519 件の特許出願データが取得できた。

第 5 節　特許補助政策

第 1 章第 2 節で述べたように、中国中央政府は 2000 年代半ばから「国家知的財産権戦略」を制定し、2008 年に「国家知的財産権戦略綱要」を公布した。ただし、中央政府が「国家知的財産権戦略」を公布する前に、各地方政府はすでに特許出願を奨励する政策を打ち出していた。

第Ⅱ部　実証研究

1999 年に、上海市政府は上海の企業・大学・研究機関または住民を対象とし、出願費用や実体審査請求費用を補助する政策を打ち出した。その後、他の地方政府も同様に特許補助政策を公布した。2007 年までに、全国の 31 の省・直轄市・自治区のうち、寧夏および甘粛を除き 29 の省・直轄市・自治区が特許出願に補助金を支出することになった。なお、寧夏は 2011 年まで省レベルの特許補助政策を実施していなかったが、省都の銀川は 2007 年にすでに特許補助政策を打ち出していた。

　さらに、多くの省では、特許補助のための専用資金枠（専項資金と呼ばれる）を設立し、特許出願数や登録数を行政目標として各省の「5 カ年計画」に定めた。たとえば、北京市は 2007 年 1 月に「北京市第 11 次 5 カ年計画期の知的財産権事業の発展計画」（原文「北京市『十一五』時期知識産権事業発展規画」（2006～2010 年））を公布した。同「計画」では、2010 年の目標として、①北京市の 1 万人当たりの特許出願数が 18 件に達すること（うち：発明特許は 12 件）、② 1 万人当たりの特許登録数が 8 件に達すること（うち：発明特許は 5 件）、③ 300 社の特許実施デモンストレーション企業の育成、④ 20～30 社の自主的知的財産権を有するグローバル大企業グループを重点的に育成することが掲げられた。さらに、自主知的財産権の取得件数は、ハイテク・ニューテク企業の発展の重要な基準とされ、特許出願数は北京市の財政資金投入計画によるイノベーション政策成果を評価するための重要な指標とされることとなった（北京市知識産権局 2007）。

　序章で述べたように、中国政府が公布した「第 12 次 5 カ年計画」（2011～2015）では、2015 年までに 1 万人当たりの発明特許取得件数を 3.3 件に高めることが目標とされた。実際に、国家知識産権局（2015）による「中国有効特許年度報告 2014」（原文「中国有効専利年度報告 2014」）によれば、2014 年には 1 万人当たりの発明特許取得件数が 4.9 件に達しすでに目標を上回った。

　前述したように、特許補助政策は省によって異なっている。出願する時点で補助する省があれば、登録後に補助する省もある。また、出願費用、審査費用、登録費用に加え、維持年金や弁理士の代理費用までも補助する省があ

78

れば、一部の費用のみを補助する省もある。しかも、ほぼすべての省は特許補助政策を頻繁に改定している。

ここでは、一部の省が実施した特許補助政策の例を見てみよう。

（1）広東省の例

2000年に、広東省は「広東省発明特許の申請費用を補助する暫定措置」（原文「広東省発明専利申請費用資助暫行弁法」）を公布した。同「暫行弁法」によれば、広東省のすべての企業、行政機関、研究機関、あるいは住民個人が特許を出願する場合、特許出願費用および審査費用の全額補助を申請できる（広東省知識産権局 2000）。

（2）上海市の例

上海市は1999年に初めて特許補助政策を打ち出し、2002年2月に「上海市特許費用補助方法」（原文「上海市専利費資助弁法」）を改定した（上海市知識産権局 2002）。この改定により、上海市のすべての企業・機構・団体・住民が補助の対象とされ、特許（発明特許、実用新案、意匠をすべて含む）の出願費用、審査費用、登録費用、および登録年の維持年金が実費で補助される。

2005年7月に、上海市は上記「上海市専利費資助弁法」を再び改定し、発明特許のみ登録後1年目の維持年金補助が3年間に延長された（上海市知識産権局 2005）。

第6節 特許料補助効果

本節では、各省特許補助金適用前後の「期待特許料」を試算することにより、特許補助政策の定量的効果を確認する。ここで、期待特許料とは、平均的な権利化プロセス（審査請求時点、権利維持期間など）を想定した場合に出願人が支払うと予想される出願時点における全特許料の割引現在価値を意味する。

第Ⅱ部　実証研究

表3-3　中国発明特許諸費用

単位：人民元

	費用項目	施行日 1985.01	施行日 1992.10.01	施行日 1993.01.01	施行日 1994.09.01	施行日 2001.03.01
出願標準費用	出願費	150	300	340	450	900
	書類印刷費		40		40	50
出願付加費用	説明書の第31頁より（元／頁）		15	15	25	50
	説明書の第301頁より（元／頁）		30	30	50	100
	請求項第11項より（元／項）		20	20	30	150
	優先権主張（元／件）			50	80	80
	出願維持費*／年	100	200	200	300	300
実体審査費用	審査請求費	400	800	800	1,200	2,500
	拒絶査定後再審請求	200	400	400	600	1,000
登録費用	特許登録費	100	150	190	205	255
年金 登録年＝ 第1年目	第1～3年目（元／年）	200	400	400	600	900
	第4～6年目	300	600	600	900	1,200
	第7～9年目	600	800	800	2,000	2,000
	第10～12年目	1,200	1,500	1,500	2,000	4,000
	第13～15年目	2,400	3,000	3,000	4,000	6,000
	第16～20年目			6,000	8,000	8,000

出所：中華人民共和国専利局（1985、1992a、1992b、1994）、国家知識産権局（2001）より整理。

注：*①「中華人民共和国専利法実施細則」（1985年）第86条によれば、出願日より2年以内に登録されない場合、第3年目より出願維持費が発生する。また、第3年目より毎年納付する。

②「中華人民共和国専利法実施細則」（2001年）第94条によれば、出願維持費を登録時にまとめて一括納付するように変更された。

③「中華人民共和国専利法実施細則」（2010年）により出願維持費は廃止されることとなった。

中国の基本特許料は何度か改定されている。表3-3は1985年「特許法」実施以降の発明特許に関する出願から登録維持までの費用をまとめたものである。

第3章　中国の知的財産権戦略

期待特許料を試算するには、審査請求時点、審査期間、権利保持期間など
に加え、審査請求率や登録率などのシミュレーション値が必要になる。以下
では、各省が実施した特許補助政策の適用前後の期待特許料の推計手順を詳
述する。

（1）基準料金の確定

表3-3に見るように、出願時に課される特許料には、標準費用と出願付
加費用がある。出願標準費用は、すべての特許出願について発生する費用で
ある。出願付加費用は請求項が10項を超える場合、第11項から付加的に課
される費用である。また、説明書は30頁を超えた場合、第31頁より付加費
用が発生する。ここでは、出願標準費用のみを基準料金として考慮し、付加
費用は金額が少なく適用される特許も少ないので除外する。

実体審査費用のうち、審査請求費はすべての実体審査を請求した特許に発
生する費用である。拒絶査定後再審請求費用は、知的財産権局が拒絶査定を
出した後、出願人が再審を申請した場合に発生する費用である。ここでは、
拒絶査定後再審請求費用を基準料金より除外する。

（2）サバイバルレート（生存率）の計算

期待特許料を試算するには、サバイバルレート、あるいは残存率のシミュ
レーション値を仮定する必要がある。まず、この2つの用語の意味を定義し
ておこう。

S_t＝第 t 年目のサバイバルレート＝第 t 年目に権利維持中の特許数／第 $t-$
1年目に権利維持中の特許数

M_t＝第 t 年目の残存率＝第 t 年目に権利維持中の特許数／出願数

すなわち、両者の関係は、次のとおり表される。

$$M_t = \prod_{i=1}^{t} S_i$$

本章では、電子通信産業の計538社の1986～2016年6月に公開された発

第Ⅱ部　実証研究

明特許のデータを利用する。また、特許の最大存続年数は出願から20年間である。すなわち、1996年6月以前に出願された特許は2016年6月までにすべて権利消滅したはずである。1996年以前のある年を基準年とし、出願数、審査請求数、登録数、および登録後の存続年数がわかれば、出願年から20年後まで、毎年のサバイバルレートが計算可能である。ところが、中国は1985年より特許制度を施行したため、当初数年間の出願数は極めて少なかった。整理した538社の特許出願データによると、1986〜1996年[8]の合計出願数は28件にすぎない。28件のデータだけで平均的なサバイバルレートを正確に推測するのは難しい。また、他の産業の1996年までのデータを追加して計算する方法もあるが、産業間の差異が存在するはずなので、バイアスは大きい。そこで、本章では1986〜1998年における前記538社の特許出願データを用いて、各年のサバイバルレートを計算する。

　まず、出願から特許登録されるまでのサバイバルレートを計算する。1998年までに、538社は合計88件の特許を出願した。そのうち、75件は実体審査が請求され、66件は登録された。また、出願から審査請求までの平均年数は1.1年であり、出願から登録までの平均年数は4年であった。出願年を第0年とすれば、審査請求は第2年目に発生し、また登録は第4年目に発生することとなる。すなわち、第0年のサバイバルレートは100％であり、第2年目の対前年のサバイバルレートは「審査請求数75件／出願数88件＝85％」であり、第4年目の対前年のサバイバルレートは「登録数66件／審査請求数75件＝88％」となる。また、第2年目の対出願年の残存率は100％×85％＝85％であり、第4年目の対出願年の残存率は100％×85％×88％＝75％となる（表3－4を参照）。

　次に、登録後から特許権利消滅までのサバイバルレートを計算する。まず、登録された後、何年間存続したかを調べ、第 t 年目に権利維持中の特許数をカウントする。次に、第 t 年目の対（$t-1$）年目のサバイバルレートを計算する。たとえば、1996年に計10件の特許が出願され、そのうち9件

8）実際には1986年の特許出願が0であったために、データは1987年からである。

第3章　中国の知的財産権戦略

表3-4　サバイバルレート・割引現在価値料金の計算

割引率　　　0.04　　　　　　　　　　　　　　　　単位：人民元

適用年金テーブル	経過年数	イベント	権利維持中件数	サバイバルレート	残存率（対出願年）	割引現在価値料金*
	0	出願	88	1	1	950
	2	審査請求	75	0.85	0.85	1,970
	4	登録	66	0.88	0.75	740
1～3	5		65	0.98	0.74	546
	6		58	0.89	0.66	469
	7		54	0.93	0.61	560
4～6	8		45	0.83	0.51	448
	9		38	0.84	0.43	364
	10		34	0.89	0.39	522
7～9	11		32	0.94	0.36	472
	12	権利存続	27	0.84	0.31	383
	13		24	0.89	0.27	655
10～12	14		21	0.88	0.24	551
	15		20	0.95	0.23	505
	16		20	1.00	0.23	728
13～15	17		19	0.95	0.22	665
	18		15	0.79	0.17	505
16～20	19		14	0.93	0.16	604
	20		13	0.93	0.15	539

期待特許料　　　12,178

＊：四捨五入処理を行っている。
出所：筆者作成。

が審査請求され、9件とも登録されたとしよう。そして、登録後3件の特許は4年間権利維持されたとしよう。登録後第5年目、すなわち出願後第8年目（平均で第4年目に登録されるため）に、権利維持中の特許は「9－3＝

第Ⅱ部　実証研究

6 件」であり、第 8 年目の対前年のサバイバルレートは「6 ／ 9 ＝
66.7%」となる。

　このように、1987～1998 年のすべての登録特許の存続年数を調べた後、
第 t 年目に権利維持中の特許数をカウントした。また、第 t 年目に権利維持
中の件数を加算し、対（t － 1）年目のサバイバルレートを計算した。さら
に、各年の対（t － 1）年目のサバイバルレートを掛け合わせ、出願から第
20 年目までの残存率を計算した。

　ただし、66 件の登録特許のうち、2016 年 8 月末までに、12 件はまだ権利
維持中である。この 12 件の特許については、第 20 年目まで権利が存続する
と仮定し上記残存率を推計した。この 12 件の権利維持中の特許について
は、第 20 年目に入る前に権利消滅する可能性があるので、上記残存率の計
算精度に影響を与える。そこで、この 12 件の特許の年金納付情報を調べ
た。12 件のうち、1997 年出願されたのは 5 件であり、1998 年に出願された
のは 6 件であり、残りの 1 件は 1989 年に出願されたものである。1989 年の
1 件は 20 年を超えたため、すでに権利消滅したはずである。ただし、この 1
件の特許は秘密特許のため、年金納付データは公開されていない。そのため
に、権利消滅データも公開されていない可能性がある。ただし、第 20 年目
に存続していたことは確実であるので、上記の残存率の計算には影響がな
い。1997 年に出願された 5 件の特許はすでに第 20 年目の年金を支払い済み
なので、残存率の計算にも影響がない。1998 年に出願された 6 件の特許の
うち、4 件は第 19 年目の年金を支払い済みであり、1 件は第 18 年目の年金
を支払い済みである。残りの 1 件は年金納付情報が公開されていない。第 16
年目から第 20 年目までの年金の金額は同じであり、企業はすでに 18～19 年
間権利を維持してきたことを考慮すると、第 20 年目に権利を放棄する可能
性は低い。すなわち、上記残存率の計算には影響が少ないと考えられる。

（3）補助金適用前の期待特許料の計算

　上記のように計算した第 t 年目の残存率を用いて、第 t 年目の料金の割引
現在価値を計算する。各年の現在価値料金は以下のとおりである。

84

現在価値料金$_t$＝（割引なしの料金$_t$×残存率$_t$）／（1 ＋割引率）＾経過
年数

　第0年〜第20年目の割引現在価値料金の合計は、企業が予想する特許出
願1件当たりの期待特許料になる。

　ここで、割引率については、中国の5年預金金利を用いることとする。
『中国統計年鑑』各年版より2000〜2016年の5年預金金利を入手し、その平
均値0.04（最大値＝0.053、最小値＝0.028）を割引率とした。

　表3-4は2001年以降の特許諸料金の出願時点での割引現在価値の計算例
である。出願時点（第0年）で発生した費用は、前掲表3-3の出願標準費
用（900＋50＝950元）である。第2年目に実体審査を請求したので、第2
年目の割引現在価値料金は、（審査請求費2500×残存率85％）／（1 ＋0.04）
＾2＝1970元となる。そして、第4年目に登録され、年金が発生する。した
がって、第4年目の割引現在価値料金は（年金900×残存率75％）／（1 ＋
0.04）＾4＝740元となる。このように、第20年目までの毎年の年金の割引現
在価値を計算する。そして、各年の割引現在価値を加算し、出願時点での期
待特許料1万2178元と計算される。

　以上の計算方法で、2000〜2016年の補助金適用前の期待特許料を計算し
た。

（4）補助金適用後の期待特許料の計算

　各省が2000年以降実施した特許補助金の詳細を調べ、費用項目別のリス
トを作成する。補助金が出願費用や審査請求費用別に分けられている場合
は、それぞれの費用項目に入れる。出願する時点で定額の補助金が出された
場合は、その補助金の金額すべてを出願補助金に入れ、審査請求と登録補助
を0にする。また、登録後補助金が出る場合は、登録補助に入れ、出願と審
査請求を0にする。たとえば、浙江省は2000〜2005年に、出願すれば4000
元の補助金を支給する政策を採用していた。2006年以降、登録後に4000元
の補助金を支給する政策に変更された。この場合は、2000〜2005年に、浙

第Ⅱ部　実証研究

江省の出願補助を 4000 元にし、審査請求と登録を 0 にする。また、2006 年
以降、出願と審査請求を 0 にし、登録を 4000 元にする。

　各省の年別の費用項目別の補助金詳細リストを整理した後、表 3 - 4 の補
助金なしの標準料金より各省の補助金を控除し、補助金適用後の特許費用項
目リストを作成した。また、上記②で計算した残存率を用いて、上記③と同
様に補助金適用後の期待特許料の割引現在価値料金を計算した。

（5）特許料補助効果率の推計

　以上で、補助金適用前の期待特許料および補助金適用後の期待特許料を計
算し、以下の関係式を用いて、特許料補助効果率を試算する。

　　　　　　特許料補助効果率＝｛（補助金適用前の期待特許料－補助金適用後の
　　　　　　期待特許料）／補助金適用前の期待特許料｝×100％

　上記式の計算結果の値が大きいほど、補助金効果は高いことを意味する。
　表 3 - 5 は各省の推計された特許料補助効果率を示している。また、第 4
節で検索した 538 社の発明特許出願数を企業所在地別に分け、省別・年別の
集計値を計算した。表 3 - 5 は 1986〜2016 年の各省の特許出願数の降順で並
べている。また、第 7 行目の成都は四川省の省都であるが、2005 年以降、
成都は四川省よりも高い特許補助金を打ち出したために、ここでは成都の特
許料補助効果率も別項目にしてまとめた。

　出願数の多さに応じ、省を 5 つのグループに分け、各グループの省別の特
許料補助効果率を見てみよう。全体の平均値は 17％ であった。各グループ
の 2000〜2016 年の特許料補助効果率の平均値を計算してみると、第 1 グ
ループが 24.3％ であり、5 つのグループの中で補助金効果率が最も高い。

　省別に見ると、特許出願数が最も多いのは広東省であり、計 12.2 万件の
特許を出願し、538 社の合計 17 万 3519 件の 70％ を占めている。ちなみ
に、中国で特許出願数が最も多い 2 つの企業、すなわち華為（Huawei）と
中興（ZTE）はいずれも広東省に立地している。この 2 社だけで約 8.5 万
件の特許を出願しており、全国の約半分を占めている。上海は広東に次ぎ、

図3-8 省別の特許料補助効果率（第1グループ）

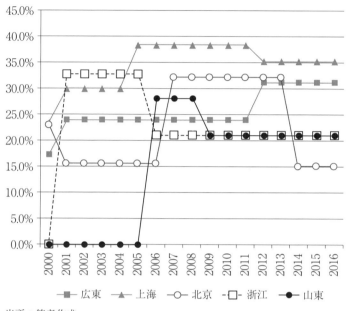

出所：筆者作成。

1.6万件の出願数で全国第2位である。北京は1.4万件の出願数で全国第3位である。この3つの省・直轄市は全国で最も早く特許補助金を支給した地域である。上海では1999年、全国で最も早く特許補助政策を打ち出した。その後、2000年から広東・北京が特許補助政策を打ち出した。図3-8からもわかるように、広東・上海・北京の特許料補助効果は最も高い。第4番目の浙江省は2001年に特許補助政策を実施し始めた。また、山東省は2006年になって特許補助金を出すようになったが、特許料補助効果が高い。

第2グループについて見てみよう（図3-9）。第2グループの特許料補助効果率の平均値は19.9％であり、5つのグループのなかで2番目に高い。また、特許補助を開始した時期も早い。2001年に四川省と江蘇省は特許補助を始めた。福建省と天津は2002年に補助し始め、安徽省も2003年に特許補助を開始した。また、天津だけは特許料補助効果率が平均で15％以下で

第Ⅱ部　実証研究

表 3 - 5　省別・年別の

省	出願数 （件）	2000	2001	2002	2003	2004	2005	2006	2007
広東	122,101	17.3	24.0	24.0	24.0	24.0	24.0	24.0	24.0
上海	16,034	23.5	30.1	30.1	30.1	30.1	38.4	38.4	38.4
北京	13,897	22.8	15.6	15.6	15.6	15.6	15.6	15.6	32.1
浙江	6,135	0.0	32.8	32.8	32.8	32.8	32.8	21.1	21.1
山東	4,974	0.0	0.0	0.0	0.0	0.0	0.0	28.2	28.2
四川	3,320	0.0	32.8	32.8	32.8	32.8	32.8	8.1	8.1
成都		0.0	32.8	32.8	32.8	32.8	26.3	26.3	26.3
江蘇	3,306	0.0	32.8	32.8	32.8	32.8	32.8	24.0	24.0
福建	1,254	0.0	0.0	24.0	24.0	24.0	24.0	30.1	30.1
天津	703	0.0	0.0	4.9	6.6	6.6	6.6	4.1	4.1
安徽	438	0.0	0.0	0.0	15.8	15.8	15.8	15.8	15.8
貴州	396	0.0	0.0	0.0	0.0	0.0	0.0	12.6	12.6
陝西	308	0.0	0.0	0.0	40.8	40.8	40.8	40.8	40.8
湖南	188	0.0	0.0	0.0	0.0	14.5	14.5	14.5	10.5
河南	171	0.0	0.0	14.5	14.5	14.5	14.5	14.5	14.5
重慶	101	0.0	0.0	0.0	0.0	0.0	0.0	18.3	18.3
湖北	68	0.0	0.0	0.0	0.0	0.0	0.0	0.0	10.5
新疆	54	0.0	0.0	—	—	—	—	—	—
甘粛	34	0.0	0.0	0.0	0.0	0.0	0.0	0.0	0.0
雲南	23	0.0	0.0	0.0	32.3	14.4	14.4	14.4	14.4
江西	4	0.0	0.0	16.8	16.8	16.8	16.8	17.3	17.3
広西	3	0.0	0.0	0.0	0.0	26.1	26.1	26.1	26.1
遼寧	3	0.0	0.0	0.0	0.0	0.0	0.0	21.0	21.0
海南	3	0.0	5.9	5.9	5.9	5.9	5.9	5.9	5.9
河北	1	0.0	0.0	0.0	0.0	0.0	9.2	11.8	16.1
山西	0	0.0	0.0	0.0	0.0	0.0	16.9	16.9	16.9
黒竜江	0	0.0	—	—	—	—	—	—	—

出所：筆者作成。
注：黒竜江と新疆はそれぞれ 2001 年と 2002 年に特許補助政策を打ち出したが、金額が不

第3章　中国の知的財産権戦略

特許料補助効果率

単位：％

2008	2009	2010	2011	2012	2013	2014	2015	2016	グループ平均
24.0	24.0	24.0	24.0	31.2	31.2	31.2	31.2	31.2	
38.4	38.4	38.4	38.4	35.2	35.2	35.2	35.2	35.2	
32.1	32.1	32.1	32.1	32.1	32.1	15.2	15.2	15.2	24.3
21.1	21.1	21.1	21.1	21.1	21.1	21.1	21.1	21.1	
28.2	21.1	21.1	21.1	21.1	21.1	21.1	21.1	21.1	
8.1	8.1	16.8	16.8	16.8	16.8	16.8	16.8	16.8	
26.3	26.3	26.3	26.3	26.3	26.3	26.3	26.3	26.3	
24.0	24.0	24.0	24.0	24.0	24.0	24.0	24.0	24.0	
30.1	38.4	38.4	38.4	26.3	26.3	26.3	26.3	26.3	19.9
4.1	4.1	4.1	3.7	12.9	12.9	12.9	12.9	12.9	
15.8	15.8	26.3	26.3	26.3	26.3	26.3	26.3	26.3	
12.6	12.6	12.6	12.6	13.7	13.7	13.7	13.7	13.7	
40.8	40.8	24.6	24.6	24.6	24.6	24.6	24.6	24.6	
10.5	10.5	10.5	10.5	15.8	15.8	15.8	15.8	15.8	14.1
14.5	14.5	14.5	14.5	14.5	14.5	14.5	14.5	14.5	
18.3	18.3	18.3	18.3	18.3	18.3	18.3	18.3	18.3	
10.5	10.5	13.2	13.2	13.2	26.3	26.3	26.3	26.3	
—	—	—	23.5	23.5	23.5	23.5	23.5	23.5	
0.0	0.0	0.0	0.0	0.0	0.0	0.0	10.5	10.5	10.8
14.4	14.4	14.4	14.4	14.4	14.4	14.4	14.4	14.4	
17.3	17.3	17.3	17.3	17.3	17.3	19.9	19.9	19.9	
35.0	35.0	38.2	38.2	57.7	57.7	57.7	57.7	57.7	
21.0	21.0	21.0	18.2	18.2	18.2	18.2	18.2	18.2	
5.9	5.9	21.1	21.1	21.1	21.1	21.1	21.1	21.1	
12.8	12.8	12.8	12.8	18.7	18.7	18.7	24.0	24.0	15.0
16.9	16.9	16.9	16.9	16.9	16.9	16.9	16.9	16.9	
—	—	—	5.7	5.7	5.7	5.7	5.7	5.7	

全体平均　17.0

明なため、2010年までの特許料補助効果率は推計していない。

第Ⅱ部　実証研究

図3-9　省別の特許料補助効果率（第2グループ）

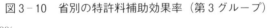

出所：筆者作成。

図3-10　省別の特許料補助効果率（第3グループ）

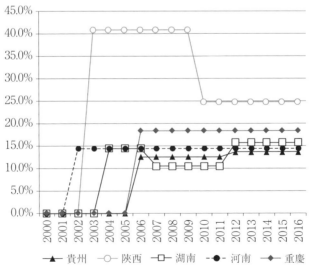

出所：筆者作成。

90

第3章　中国の知的財産権戦略

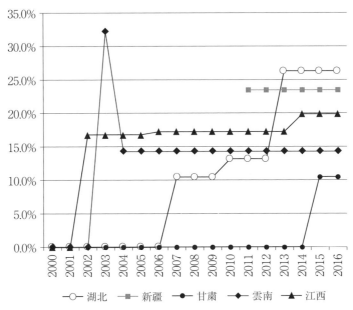

図3-11　省別の特許料補助効果率（第4グループ）

出所：筆者作成。
注：新疆は2002年に特許補助政策を打ち出したが、金額が不明なため、2002～2010年までの特許料補助効果率は推計していない。

あるが、他の省はいずれも特許料補助効果率が高い。第2グループの出願数も5つのグループのなかで2番目に高い。

　第3グループの特許料補助効果率を見てみよう（図3-10）。第3グループは特許料補助効果率の平均値が14.1％である。図3-10を見ると明らかなように、陝西だけは突出し、他の4つの省は15％前後である。また、第3グループは特許補助を開始した時期も第1、2グループより遅れている。ただし、河南省だけは2002年に特許補助政策を打ち出した。続いて、2003年に陝西省、2004年に湖南省が補助し始め、貴州省と重慶は2006年に開始した。

　また、第4グループは特許料補助効果が平均値10.8％で一番低い。湖北省や新疆は2011年以降の特許料補助効果が25％前後ではあるが、第4グ

91

第Ⅱ部　実証研究

図 3-12　省別の特許料補助効果率（第 5 グループ）

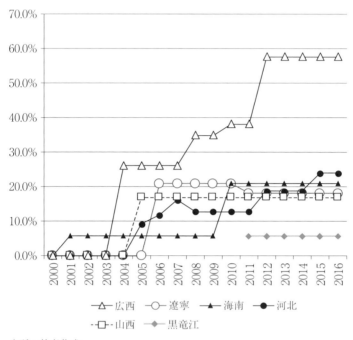

出所：筆者作成。
注：黒竜江は 2001 年に特許補助政策を打ち出したが、金額が不明なため、2001～2010 年までの特許料補助効果率は推計していない。

ループ全体から見れば、開始時期が遅れているために、平均値は低い。江西省と雲南省はそれぞれ 2002 年と 2003 年に特許料を補助し始め、湖北省は 2007 年に開始した（図 3-11）。

最後に、第 5 グループの 6 つの省は特許出願数が最も少なく、山西省と黒竜江省では特許出願がない（図 3-12）。特許料補助効果率の平均値は 15% で、第 4 グループの 10.8% よりは高いが、第 5 グループの省では、電子通信産業が弱く、企業数はもともと少ない。『中国工業経済統計年鑑』各年版が掲載したデータに基づいて計算すると、1999～2009 年に、第 5 グループの 6 つの省の電子通信産業の工業粗生産の合計値は全国のわずか 2～4% を占めているにすぎない。つまり、特許補助効果率が低くなくても、本章の研

92

第3章　中国の知的財産権戦略

究対象である電子通信産業でもともと特許出願している企業が少ない。また、第5グループの省は特許補助の開始時期も遅い。

　以上の5つのグループについての分析をまとめると、各省の特許料補助効果が高いほど、その省の特許出願数も多くなる。また、特許補助政策の開始時期が早いほど、出願数も増加する傾向にある。

第7節　特許補助政策効果の推計

　本節では、各省政府が実施した特許補助政策が企業の特許出願に与えた影響を推計する。

　第6節では、サバイバルレートを計算し、補助金適用前と補助金適用後の期待特許料を計算した。1999年以降、各省の特許補助政策の実施内容により、サバイバルレートは影響を受ける可能性があると考えられる。たとえば、出願補助金と比べ、登録後補助金の場合は、審査請求率を高める可能性がある。また、年金が補助される場合は、権利存続期間が長くなる可能性もある。前節では、特許補助政策が実施される前の1986～1998年のサバイバルレートを計算し、それを利用して各省の特許料補助効果を計算した。このため、本章で試算した特許料補助効果率は過小推計になっている可能性がある。ただし、相対的な比較ではそれほど深刻な問題にはならないと考えられる。そこで、推計に用いる政策変数としては、特許料補助効果率にはサバイバルレートの変化が考慮されていないため、特許補助があったかどうかのダミー変数を用いることとする。

　補助金の種類や支給される時点に応じて、出願補助ダミー、審査補助ダミー、登録補助ダミーを作成する。ダミーの作成手順は以下のとおりである。

① 登録前に、出願費や審査請求費を補助する場合は、出願補助ダミーや審査補助ダミーを1にする。登録後、登録費用が補助される場合は、

93

第Ⅱ部　実証研究

登録補助ダミーを1にする。

② 登録後、出願費や審査請求費が補助される場合、登録補助ダミーを1にし、出願補助ダミーと審査補助ダミーを0にする。

③ 定額補助の場合は、登録される前に補助を受けられる場合は、出願補助ダミーを1にし、審査補助ダミーと登録補助ダミーを0にする。

④ 登録後、定額の補助金が支給される場合は、登録補助ダミーを1にし、出願補助ダミーや審査補助ダミーを0にする。

⑤ 補助政策が改定された場合は、改定年から以上の①～④に従い、ダミーを修正する。

1．国内出願

538社の特許出願数はばらつきが大きい。前述した華為（Huawei）と中興（ZTE）のように、1社が4万件前後を出願した企業もあれば、出願が0の企業もある。企業の出願数の集計値に基づき、200件以上を出願した企業43社についてはパネルデータモデルを用いて、200件以下を出願した企業495社についてはカウントデータモデルを用いることとする。

(1) 推計パターン1：パネルデータモデル

パネルデータに関しては、下記のモデル式（2）を推計する。

$$E[\log(APPLICATION_{it})] = \alpha + \beta_1 \cdot APPLYDUM_{it} + \beta_2 \cdot GRANTDUM_{it} + \gamma \cdot X_{it} \qquad (2)$$

ここで、被説明変数$\log(APPLICATION_{it})$は企業iがt年に出願した特許数に1を加算した後の対数値である。出願が0の企業があるので、対数を取るために1を加算した。$APPLYDUM_{it}$は出願補助ダミー変数であり、$GRANTDUM_{it}$は登録補助ダミー変数である。政府が特許出願補助政策を公布した後、企業は研究開発を行い、出願書類を作成するなど、出願するまでには時間を要する。すなわち、補助金政策の公布から、企業の特許出願に影響を与えるまでにはタイムラグがある。また、一部の省政府の政策を見る

と、補助対象は政策が公布後に出願されたものだけでなく、政策が公布された時点ですでに出願・登録された特許も補助対象になる場合がある。たとえば、河北省は 2007 年 7 月 17 日に「2007 年度の特許出願補助に関するガイド」（原文「2007 年度専利申請資助工作指南」）を公布し、2006 年 7 月 1 日〜2007 年 6 月 30 日に実体審査を請求した特許出願および登録された特許も補助対象としている（河北省知識産権局 2007）。この政策が公布された時点で補助対象となる特許はすでに出願または登録されているので、前記政策に影響を受けていない。ただし、特許補助政策は毎年実施されると見込まれるので、その後の特許出願は影響される。そのために、推計モデルでは、出願補助ダミー変数 $APPLYDUM_{it}$ と登録補助ダミー変数 $GRANTDUM_{it}$ に関しては、2 期のタイムラグをとることにした。

X_{it} は企業属性による出願行動の違いをコントロールするための変数群である。具体的なコントロール変数の候補として、売上高の対数値 $SALES$、企業が初めて特許出願してからの経験年数 $EXPYEAR$、企業の年齢 AGE などとした。特許出願数と研究開発費の間に明確な正の相関があることを初めて実証したのは Pakes and Griliches（1984）であった。したがって、売上高よりも研究開発費を用いることがより望ましいが、研究開発費のデータは 3 年間（2005〜2007 年）しかなく、サンプル数が少ない。研究開発費は売上高と強い正の相関があることが知られているため、ここでは、売上高を研究開発費の代理変数とする。

中国では、特許制度の歴史が浅いので、出願経験のない企業も少なくない。出願経験のある企業は、特許出願書類の書き方や、審査官とのやり取りなどの経験を持ち、次の出願にプラスの影響があると考えられる。そのため、Dang and Motohashi（2015）を参考にし、初めて特許出願してからの経験年数を説明変数に加えた。

中国では、国有企業が優遇されることが多い。そのために、企業の所有制形態をコントロールする必要がある。国家統計局（1998）が公布した「統計上経済成分の区分に関する規定」（原文「関於印発『関於統計上劃分経済成分的規定』的通知」）によれば、中国の企業は主に①内資企業、②香港・マ

第Ⅱ部　実証研究

カオ・台湾が投資した企業（合弁または独資）、③外国が投資した企業（合弁または独資）に分けられる。①内資企業はさらに国有企業、集体企業（資産を当該企業の労働者全体が所有する企業）、聯営企業（2つまたは2つ以上の同じまたは異なる所有制の法人が共同出資で設立した企業）、有限責任企業、株式企業、私営企業、その他の企業などに分けられ、それぞれの企業には登記コードが付与されている。表3-6は中国の企業所有制登記形態をまとめたものである。

内資企業のうち、国有企業（コード110）、国有聯営企業（コード141）、国有と集体聯営企業（コード143）、国有独資企業（コード151）を国有企業とし、こうした国有企業のダミー変数 statedum を作成した。

また、内資企業のうち、私営企業（コード170〜174）を対象とし、私営企業のダミー変数 privatedum を作成した。

さらに、香港・マカオ・台湾投資企業（コード200〜240）および外国投資企業（コード300〜340）について、外資企業のダミー変数 fiedum を作成した。

内資企業のうち、上記国有企業や私営企業以外の企業、すなわち集体企業やその他の企業等はベース企業とするので、ダミー変数は作成しない。

以上は企業所有制を登記する場合の所有制形態である。第2章第3節でも述べたように、国有企業と外国企業が設立した合弁企業の場合、外資比率が25%以上（上場企業の場合、10%以上）であれば、企業所有制を登記する際に、外資企業として登記される。前記合弁企業の資本金の中で、国有資本が外資より多い場合、登記上外資企業であるが、実際には国家資本がその企業を支配する。民間企業と外国企業が設立した合弁企業も同様である。

徐（2013）は、上記の登記所有制形態を用いる場合、中国国内企業の過小評価および外資企業の過大評価を招くという欠点があるので、企業の所有制形態を正しく反映させるためは、登記形態ではなく、資本支配を用いるべきであると指摘している。本書では、徐（2013）、劉（2014）を参考にし、資本支配状況に基づく企業所有制形態のダミー変数も作成した。劉（2014）は同じ中国統計局の工業企業データベースを用いて、各企業の出資総額のう

第3章　中国の知的財産権戦略

表3-6　中国の企業所有制登記形態（1998〜2010年）[9]

コード	企業登記形態
100	内資企業
110	国有企業
120	集体企業
130	株式合作企業
140	聯営企業
141	国有聯営企業
142	集体聯営企業
143	国有と集体聯営企業
149	その他聯営企業
150	有限責任会社
151	国有独資会社
159	その他有限責任会社
160	株式有限会社
170	私営企業
171	私営独資企業
172	私営合作企業
173	私営有限責任会社
174	私営株式有限会社
190	その他の企業
200	香港・マカオ・台湾投資企業
210	合資経営企業（香港・マカオ・台湾資金）
220	合作経営企業（香港・マカオ・台湾資金）
230	香港・マカオ・台湾独資経営企業
240	香港・マカオ・台湾投資株式有限会社
300	外国投資企業
310	中国・外国合資経営企業
320	中国・外国合作経営企業
330	外資企業
340	外国投資株式有限会社

出所：国家統計局（1998）。

ち、国、集体、個人、外資などからの出資額を利用して、それぞれの出資
シェアを算出し、出資シェアが最大の出資主体によって企業の所有制形態を
決めている。

97

第Ⅱ部　実証研究

　工業企業データベースには、企業支配状況（原文「控股情況」または「国有控股」）の項目が公開されている。本書では、劉（2014）と違い、工業企業データベースに掲載されている企業支配状況を利用することとする。企業支配状況が国家支配であれば、ダミー変数 *majorstate* を作成し、私営支配であれば、ダミー変数 *majorprivate* を作成した。また、香港・マカオ・台湾支配と外資支配をまとめて、ダミー変数 *majorfie* を作成した。残りの集体支配とその他はダミー変数を作らず、ベースとする。資本支配による企業所有制と登記上の企業所有制を比較してみると、国家支配の企業（ダミー変数 *majorstate*）は大幅に増加している。一方、私営支配の企業（ダミー変数 *majorprivate*）は若干増加し、外資支配企業（ダミー変数 *majorfie*）は大幅に減少した。こうした傾向は、表 3- 7 の企業所有制ダミー変数の平均値をみれば明らかである。

① 　パネルデータの基本統計量

　表 3-7 に、パネルデータモデルで推計用 43 社のデータベースの基本統計量を示している。前述したように、売上高など企業の財務データは 1998～2009 年のアンバランスパネルデータ（Unbalanced Panel Data）であるため、サンプル数は 406 となる。推計モデルには出願補助ダミー、登録補助ダミーに 2 期のタイムラグをとるので、すべての財務データを利用するためには、特許出願や補助金ダミーの変数を 1998～2009 年のバランスパネルデータ（Balanced Panel Data）とした。そのため、特許出願数、出願補助ダミーと登録補助ダミーはサンプル数が 516 であり、売上高などの財務データよりもサンプル数が多い。また、財務データは 1998 年から始まるが、補助

---

9) 2011 年 9 月 30 日に、国家統計局・国家工商行政管理総局（2011）は連名で「企業登記類型の区分の規定の調整に関する通知（国統字［2011］86 号）」（原文「関於割分企業登記注冊類型的規定調整的通知」）を公布し、1998 年版の企業登記類型を修正した。香港・マカオ・台湾投資企業にその他の香港・マカオ・台湾投資企業（コード 290）、外国投資企業にその他の外国投資企業（コード 390）が追加され、内資企業の分類は修正されていない。そのために、本章のダミー変数の作成には影響を与えない。

第3章　中国の知的財産権戦略

表3-7　パネルデータの基本統計量（1998〜2009 年）

変数	平均	標準偏差	最小値	最大値	サンプル数
application	143. 105	611. 385	0	5831	N = 516
pctdum	0. 066	0. 248	0	1	N = 516
logsales	6. 405	0. 806	4	8	N = 406
applydum	0. 733	0. 443	0	1	N = 516
grantdum	0. 221	0. 415	0	1	N = 516
expyear	3. 671	4. 281	0	21	N = 516
age	13. 254	13. 099	0	73	N = 406
majorstate	0. 298	0. 458	0	1	N = 406
majorfie	0. 202	0. 402	0	1	N = 406
majorprivate	0. 067	0. 249	0	1	N = 406
statedum	0. 081	0. 274	0	1	N = 406
fiedum	0. 596	0. 491	0	1	N = 406
privatedum	0. 042	0. 201	0	1	N = 406
rd	312, 220	867, 764	77	6, 268, 782	N = 127
sales	11, 700, 000	31, 100, 000	9, 789	279, 000, 000	N = 406
labor	7, 174	19, 050	48	198, 971	N = 406

金のダミーはタイムラグをとるために、1996〜1997 年の出願補助ダミーおよび登録補助ダミーもデータベースに追加した。地方政府は1999 年から特許補助を打ち出しているため、1996〜1997 年の出願補助ダミー・登録補助ダミーはいずれも 0 となる。表3-7 は1998 年以降の出願補助ダミーと登録補助ダミーを示している。

　また、表3-7 のうち、*pctdum*（後述する国際出願の有無のダミー変数）、*rd*（研究開発費）、*sales*（売上高）、*labor*（従業員数）は推計モデルには使わないが、後述するカウントデータモデルを用いるグループの企業と比較するために、ここでは表にまとめておく。

②　推計結果

　表3-8 は推計式（2）に関する OLS モデルと固定効果モデルの推計結果を示したものである。F 検定ではいずれも固定効果モデルが採択されたた

第Ⅱ部　実証研究

表3-8　企業特許生産関数の推計（パネルデータ）

パネルデータ	OLS [1]	固定効果 [2]	OLS [3]	固定効果 [4]	OLS [5]	固定効果 [6]
	log（application）		log（application）		log（application）	
logsales	0.4992 [11.02]***	0.3766 [5.79]***	0.503 [10.92]***	0.3266 [5.02]***	0.5697 [12.56]***	0.3774 [5.89]***
applydum (−2)	0.5591 [7.54]***	0.1476 [2.11]**	0.4671 [5.99]***	0.1737 [2.50]**	0.4823 [6.54]***	0.1306 [1.88]*
grantdum (−2)	0.3661 [3.82]***	0.1937 [1.93]*	0.2892 [3.04]***	0.2065 [2.11]**	0.4148 [4.38]***	0.2211 [2.23]**
expyear	0.0718 [8.12]***	0.1331 [10.47]***	0.0797 [8.60]***	0.1032 [7.44]***	0.0671 [7.28]***	0.1168 [8.57]***
age			−0.0094 [−3.24]***	0.017 [2.99]***	−0.0118 [−4.20]***	0.0201 [3.53]***
majorstate			0.029 [0.32]	0.1116 [1.26]		
majorfie			0.2563 [2.77]***	0.2278 [3.15]***		
majorprivate			0.1814 [1.31]	0.1937 [1.69]*		
statedum					−0.6098 [−4.67]***	0.0302 [0.21]
fiedum					−0.3542 [−4.24]***	−0.2639 [−1.42]
privatedum					−0.4628 [−2.71]***	−0.346 [−1.51]
_cons	−2.8968 [−10.39]***	−2.0655 [−5.36]***	−2.8283 [−10.03]***	−1.9529 [−5.04]***	−2.8477 [−10.58]***	−2.0898 [−5.31]***
R-squared	0.557	0.611	0.581	0.636	0.604	0.629
Adj-R-squared	0.553	0.561	0.573	0.585	0.596	0.576
N	406	406	406	406	406	406

*p<0.1、**p<0.05、***p<0.01。
注：［　］内はt値。*は10%、**は5%、***は1%有意を意味する。

め、以下では主に固定効果モデルの推計結果を説明する。

　推計［1］と［2］は特許出願数を売上高、出願補助ダミー、登録補助ダミー、特許出願経験年数で説明したものであり、企業の所有制はコントロールしていない。また、推計［1］はOLSモデル、推計［2］は固定効果モデルを適用した結果である。売上高の対数値 logsales のパラメーターは0.3766と推計され、1%水準で有意となった。つまり、企業の売上高が1%

100

増加すると、特許出願は 0.377% 増加する関係にある。出願補助ダミー *apply-dum* は正で、5% 水準で有意である。登録補助ダミー *grantdum* も正で、10% 水準で有意である。すなわち、地方政府が打ち出した特許補助政策は企業の特許出願に正の影響を与えている。また、特許出願経験年数は 1% の有意水準で企業の出願数に強く影響している。

推計［3］と［4］は企業年齢および資本支配上の所有制ダミー変数 *major-state*、*majorfie*、*majorprivate* を説明変数に追加した推計結果である。売上高、出願補助ダミー、登録補助ダミー、特許出願経験年数はいずれも統計的に有意である。出願補助ダミーと登録補助ダミーのパラメーターは推計［2］より若干大きく推計されたが、売上高と特許出願経験年数は若干小さくなった。資本支配上の国有企業ダミー *majorstate* のパラメーターは正であるが、統計的に有意ではない。資本支配上の外資企業ダミー *majorfie* のパラメーターは正であり、1% で有意である。私営企業ダミー *majorprivate* も正であり、10% で有意である。つまり、集体企業・その他の企業と比べて、外資企業と私営企業は多くの特許を出願している。また、国有企業は集体企業・その他の企業と比べて、特許出願数に変化がない。また、企業年齢 *age* は 1% の有意水準で正であるが、パラメーターは他の説明変数よりかなり小さい。

さらに、推計［5］と［6］は資本支配上の所有制ダミー変数 *major-state*、*majorfie*、*majorprivate* の代わりに、登記上の企業所有制ダミー *state-dum*、*fiedum*、*privatedum* を説明変数として推計したものである。売上高、出願補助ダミー、登録補助ダミー、特許出願経験年数はやはり統計的に有意であり、パラメーターの大きさは若干変わるが、大きな変化は見られない。登記上の企業所有制ダミー変数、つまり、国有企業 *statedum*、外資企業 *fiedum*、私営企業 *privatedum* はいずれも統計的に有意ではない。前述したように、登記上の企業所有制の場合は、外資企業数が大幅に増加したが、実際に企業を支配しているのは国内企業である場合がある。国家資本が支配する合弁企業と外資が支配する合弁企業は特許出願行動が異なると考えられる。

第Ⅱ部　実証研究

中国はもともと計画経済であり、改革開放まで、ほぼすべての企業は国有企業であり、私営企業は極めて限定的であった。そのために、企業年齢 *age* の長い企業はすべて国有企業である。つまり、企業年齢 *age* と国有企業ダミーとの相関が高い。そのために、推計［３］、［４］、［５］、［６］から *age* を説明変数から除外した推計を行ったが、推計結果に大きな違いは見られなかった。

（２）推計パターン２：カウントデータモデル

カウントデータモデルに関しては、下記の式（３）を推計する。

$$\log[E\,(APPLICATION_{it})] = a + \beta_1 \cdot APPLYDUM_{it} + \beta_2 \cdot GRANTDUM_{it} + \gamma \cdot X_{it} \qquad\qquad （３）$$

被説明変数 *APPLICATION*$_{it}$ は企業 *i* が *t* 年に出願した特許数である。パネルデータのモデルと同様に、*APPLYDUM*$_{it}$ と *GRANTDUM*$_{it}$ はそれぞれ出願補助ダミー変数と登録補助ダミー変数であり、２期のタイムラグをとる。また *X*$_{it}$ も同様に企業属性による出願行動の違いをコントロールするための変数群である。企業所有制ダミーに関しても、登記上の所有制ダミーと資本支配上の所有制ダミーを作成した。なお、推計には固定効果を適用した。

①　カウントデータモデルの基本統計量

表３－９に、カウントデータモデルで利用した495社のデータベースの基本統計量を示している。パネルデータと同様に、企業の財務データは1998～2009年のアンバランスパネルデータ（Unbalanced Panel Data）であり、特許出願数、出願補助ダミーおよび登録補助ダミーはバランスパネルデータ（Balanced Panel Data）である。また、表３－９は1998年以降の出願補助ダミーと登録補助ダミーを示しているが、推計する際には1996～1997年の出願補助ダミーおよび登録補助ダミー（いずれも０）をデータベースに追加した。

第3章　中国の知的財産権戦略

表3‑9　カウントデータの基本統計量（1998〜2009年）

変数	平均	標準偏差	最小値	最大値	サンプル数
application	0.511	2.561	0	63	N＝5940
pctdum	0.002	0.047	0	1	N＝5940
logsales	5.524	0.676	3	8	N＝4215
applydum	0.655	0.475	0	1	N＝5940
grantdum	0.203	0.402	0	1	N＝5940
expyear	1.126	2.664	0	23	N＝5940
age	13.746	12.752	0	70	N＝4215
majorstate	0.309	0.462	0	1	N＝4215
majorfie	0.186	0.389	0	1	N＝4215
majorprivate	0.088	0.283	0	1	N＝4215
statedum	0.146	0.353	0	1	N＝4215
fiedum	0.498	0.500	0	1	N＝4215
privatedum	0.078	0.268	0	1	N＝4215
rd	15,407	59,124	1	1,599,415	N＝1485
sales	1,457,145	5,654,903	745	120,000,000	N＝4215
labor	1,411	2,156	12	78,625	N＝4215

　表3‑9において、研究開発費を *rd*、売上高を *sales*、従業員数を *labor* と表記している。前掲したパネルデータの基本統計量と比較してみると、研究開発費（2005〜2007年のみ）に関しては、パネルデータにおけるデータベースの平均値は3億1222万元であり、これに対してカウントデータにおける平均値は1541万元で20分の1である。売上高の場合は、パネルデータにおける平均値は117億元で、カウントデータにおける平均値は14億5715万元で8分の1である。また、従業員数に関しても、パネルデータの平均値は7174人で、カウントデータの平均値の5倍である。さらに、売上高に対する研究開発費の割合を計算してみても、パネルデータの企業は2.7%であり、カウントデータのグループの企業の1.1%よりはるかに高い[10]。

　すなわち、出願数の多い企業グループ（パネルデータ）は、平均的に出願数の少ない企業グループ（カウントデータ）よりも企業規模が大きく、研究

第Ⅱ部　実証研究

開発費も多い。

②　推計結果

　表3-10は式（3）の推計結果を示している。各モデルはカウントデータ
分析における確率分布は、ポアソン分布（Poisson）と負の二項分布（Negative
Binomial）を仮定した。また、推計用データは495社のアンバランスパネル
データ（Unbalanced Panel Data）のため、いずれも固定効果モデルにより
推計した。

　前述したパネルデータの推計モデルと同様に、推計［1］と［2］は特許
出願数を売上高、出願補助ダミー、登録補助ダミー、特許出願経験年数で説
明したものであり、企業の所有制はコントロールしていない。また、推計
［1］はポアソン分布を仮定した推計結果であり、推計［2］は負の二項分
布を仮定した推計結果である。売上高の対数値 logsales は推計［1］と推計
［2］でいずれも正で1% 水準で有意である。出願補助ダミー applydum に
関しては、ポアソン分布の場合、正で1% 有意である。負の二項分布の場合
は、正で5% 有意である。登録補助ダミー grantdum は正で、いずれも1%
水準で有意である。また、特許出願経験年数は1% の有意水準で正である。
すなわち、カウントデータに関しても、地方政府が打ち出した特許補助政策
は企業の特許出願に強い影響を与えている。

　次に、推計［3］と［4］は企業年齢および資本支配上の所有制ダミー変
数 majorstate、majorfie、majorprivate を説明変数に追加して推計したもの
である。売上高、出願補助ダミー、登録補助ダミーはいずれも正で1% 有意
であり、推計［1］、［2］と比べて、パラメーターに大きな変化は見られな
かった。特許出願経験年数はパラメーターが若干小さくなったが、1% また
は5% 有意である。資本支配上の国有企業ダミー majorstate、外資企業ダ

---

10) 売上高に対する研究開発費の割合＝（2005～2007 年の研究開発費平均値）／（1998～
　　2009 年の売上高平均値）。データ期間が違うために、正確な値ではない。ただし、パ
　　ネルデータとカウントデータのそれぞれの企業の相違を見るにはある程度まで参考に
　　なるため、計算した。

第3章　中国の知的財産権戦略

表3-10　企業特許生産関数の推計（カウントデータ）

カウント データ	Poisson [1]	Negative Binomial [2]	Poisson [3]	Negative Binomial [4]	Poisson [5]	Negative Binomial [6]
	application		application		application	
logsales	1.6636	0.9247	1.5039	0.8539	1.572	0.9134
	[19.29]***	[8.59]***	[16.62]***	[7.71]***	[17.83]***	[8.31]***
applydum	0.4831	0.2724	0.5401	0.3147	0.5019	0.2611
(−2)	[6.35]***	[2.45]**	[6.94]***	[2.78]***	[6.49]***	[2.33]**
grantdum	1.0675	0.7636	1.07	0.7566	1.0551	0.7463
(−2)	[12.58]***	[6.37]***	[12.30]***	[6.23]***	[12.24]***	[6.18]***
expyear	0.0744	0.1537	0.0316	0.1059	0.0751	0.1484
	[5.21]***	[8.44]***	[1.98]**	[5.24]***	[5.08]***	[7.90]***
age			0.0202	0.0062	0.02	0.0121
			[3.43]***	[1.00]	[3.41]***	[1.97]**
majorstate			0.3604	0.428		
			[3.51]***	[2.90]***		
majorfie			0.3531	0.5186		
			[4.37]***	[3.95]***		
majorprivate			0.3277	0.708		
			[3.56]***	[4.57]***		
statedum					0.2032	−0.2619
					[0.90]	[−0.94]
fiedum					0.5218	0.012
					[4.02]***	[0.08]
privatedum					0.2025	0.1716
					[1.33]	[0.69]
_cons		−7.0664		−6.926		−7.1232
		[−11.83]***		[−11.18]***		[−11.71]***
log likelihood	−2237.39	−1626.03	−2213.55	−1609.40	−2220.06	−1623.54
N	2249	2249	2249	2249	2249	2249

*p＜0.1、**p＜0.05、***p＜0.01。
注：[　]内はz値。*は10％、**は5％、***は1％有意を意味する。

ミー *majorfie*、私営企業ダミー *majorprivate* のパラメーターはいずれも正
に推計され、1％で有意である。このように、集体企業・その他の企業と比
べて、国有企業、外資企業と私営企業は多くの特許を出願している。また、
企業年齢 *age* に関して、ポアソン分布を仮定した場合には1％の有意水準で
正であるが、負の二項分布を仮定した場合には有意とならなかった。パラ
メーターも他の説明変数よりはるかに小さい。

第Ⅱ部　実証研究

さらに、推計［5］と［6］は登記上の企業所有制ダミー *statedum*、*fiedum*、*privatedum* を説明変数として推計したものである。売上高、出願補助ダミー、登録補助ダミー、特許出願経験年数は依然として統計的に有意であり、パラメーターにも大きな変化が見られない。登記上の企業所有制ダミー変数に関しては、外資企業ダミー *fiedum* のみはポアソン分布を仮定した場合には有意であるが、国有企業 *statedum* と私営企業 *privatedum* はいずれも統計的に有意ではない。これらの推計結果は、当初予想されたように中国の企業所有制を考慮する場合、登記上の企業所有制よりも、資本支配上の企業所有制を用いるべきであることを示唆している。

また、企業年齢 *age* を説明変数から除外して推計してみたが、推計結果はあまり変化が見られなかった。

つまり、パネルデータモデルにおいても、カウントデータモデルにおいても、各省政府が打ち出した特許補助政策は企業の特許出願の増加に強く寄与している。

２．国際出願

本章第1節で述べたように、2013年から中国は世界第3位の PCT 特許出願国となった。そこで、ここでは、各省政府が実施した特許補助政策は企業の PCT 特許出願の急増に影響を与えたか否かを検討する。一般に、外国特許出願は、特許の質を表す指標と考えられている。そこでここでは、特許補助政策が特許の質に与えた影響を分析するため、PCT 特許出願と特許補助政策の関係を検討する。

ここでの分析では、各企業が各年に国内に出願した特許のうち、WIPO にも出願した場合[11]は件数を問わずその企業のその年の PCT 特許出願を1とし、出願がなければ0とする *pctdum* 変数を被説明変数とする。*pctdum* はダミー変数なので、バイナリデータモデルを利用する。仮定される確率分布

---

11) WIPO 出願には2つのケースがある。①先に国内に出願し、その後 WIPO に出願する。②先に WIPO に出願し、その後30カ月（30カ月は基本である。国によって変わる場合がある）以内に国内に移行する。

106

は正規分布（Probit モデル）とロジット分布（Logit モデル）とした。また、サンプルは538社のアンバランスパネルデータ（Unbalanced Panel Data）のため、推計には企業ごとの個別効果（ランダム効果）を入れ、企業ごとの特性をコントロールしている。他の売上高や企業の所有制別ダミーは前述したパネルデータモデルやカウントデータモデルと同じである。

① 基本統計量

表3-11に、全サンプル538社のデータベースの基本統計量を示している。前述したパネルデータモデルやカウントデータモデルと同様に、売上高など企業の財務データは1998〜2009年のアンバランスパネルデータ（Unbalanced Panel Data）であり、特許出願数、出願補助ダミーおよび登録補助ダミーはバランスパネルデータ（Balanced Panel Data）である。

表3-11　バイナリデータの基本統計量（1998〜2009年）

変数	平均	標準偏差	最小値	最大値	サンプル数
application	11.908	176.985	0	5831	N = 6456
pctdum	0.007	0.085	0	1	N = 6456
logsales	5.601	0.732	3	8	N = 4621
applydum	0.661	0.473	0	1	N = 6456
grantdum	0.204	0.403	0	1	N = 6456
expyear	1.329	2.910	0	23	N = 6456
age	13.703	12.782	0	73	N = 4621
majorstate	0.308	0.462	0	1	N = 4621
majorfie	0.187	0.390	0	1	N = 4621
majorprivate	0.086	0.280	0	1	N = 4621
statedum	0.140	0.347	0	1	N = 4621
fiedum	0.506	0.500	0	1	N = 4621
privatedum	0.075	0.263	0	1	N = 4621
rd	38,791	261,750	1	6,268,782	N = 1612
sales	2,360,213	11,100,000	745	279,000,000	N = 4621
labor	1,918	6,222	12	198,971	N = 4621

第Ⅱ部　実証研究

② 推計結果

　表3-12はバイナリデータ分析の推計結果を示している。推計［1］と［2］ではPCT特許出願が行われる確率を売上高、出願補助ダミー、登録補助ダミー、特許出願経験年数で説明したものであり、企業の所有制はコントロールしていない。また、推計［1］はProbitモデルの推計結果であ

表3-12　国際出願の特許生産関数の推計（HWZTEダミーなし）

バイナリ データ	Probit [1]	Logit [2]	Probit [3]	Logit [4]	Probit [5]	Logit [6]
	pctdum		pctdum		pctdum	
logsales	2.2036 [4.15]***	4.3179 [4.27]***	3.2988 [4.71]***	5.6253 [4.69]***	2.2781 [4.31]***	4.1259 [4.08]***
applydum (−2)	1.3155 [1.75]*	2.3022 [1.61]	1.4686 [1.65]*	2.5701 [1.65]*	1.3825 [1.75]*	2.4092 [1.69]*
grantdum (−2)	−0.2399 [−0.30]	−0.3539 [−0.23]	−0.1024 [−0.11]	−0.0782 [−0.05]	−0.1503 [−0.18]	−0.2686 [−0.18]
expyear	0.2485 [3.27]***	0.4815 [3.22]***	0.2535 [2.26]**	0.4381 [2.29]**	0.2924 [3.21]***	0.5258 [3.12]***
age			−0.0671 [−1.02]	−0.1099 [−0.94]	−0.047 [−0.94]	−0.0792 [−0.91]
majorstate			1.041 [1.05]	1.7503 [1.03]		
majorfie			1.138 [1.89]*	1.8375 [1.77]*		
majorprivate			3.3366 [2.49]**	5.6877 [2.43]**		
statedum					omitted	omitted
fiedum					−0.7979 [−1.08]	−1.3867 [−1.02]
privatedum					omitted	omitted
_cons	−23.7657 [−6.00]***	−46.4092 [−5.99]***	−33.0043 [−6.05]***	−56.4601 [−5.96]***	−23.3344 [−6.12]***	−42.2126 [−5.57]***
lnsig2u _cons	2.5025 [7.76]***	3.8712 [11.85]***	2.9198 [10.51]***	3.9802 [14.02]***	2.525 [8.11]***	3.6934 [10.93]***
log likelihood	−97.01	−96.93	−92.57	−92.64	−94.91	−94.84
N	4621	4621	4621	4621	3626	3626

*p<0.1、**p<0.05、***p<0.01
注：[　]内はz値。*は10％、**は5％、***は1％有意を意味する。

108

り、推計［2］はLogitモデルの推計結果である。売上高の対数値 *logsales* は推計［1］と［2］いずれも正で1%水準で有意である。出願補助ダミー *applydum* に関しては、Probitモデルの場合は正で10%有意であったが、Logitモデルの場合は有意ではない。登録補助ダミー *grantdum* はいずれも有意ではない。特許出願経験年数 *expyear* は1%の有意水準で正である。

次に、前述したパネルデータモデルやカウントデータモデルと同様に、推計［3］と［4］は企業年齢 *age* および資本支配上の所有制ダミー変数 *majorstate*、*majorfie*、*majorprivate* を説明変数に追加して推計したものである。売上高はやはり1%有意であり、パラメーターも大きくなった。出願補助ダミーはProbit、Logitモデルともに正で10%有意である。ただし、登録補助ダミーは有意ではない。特許出願経験年数のパラメーターはあまり変化がなく、5%有意である。資本支配上の国有企業ダミー *majorstate* は有意ではないが、外資企業ダミー *majorfie* と私営企業ダミー *majorprivate* はいずれも正のパラメーターに推計され、10%または5%有意である。とりわけ、私営企業ダミー *majorprivate* は外資企業ダミー *majorfie* よりもパラメーターがはるかに大きい。つまり、集体企業・その他の企業と比べて、外資企業と私営企業は多くの特許を出願し、私営企業の国際出願数は顕著に多い。国有企業は集体企業・その他の企業と比べて、PCT特許出願は統計的な有意性に差がない。また、企業年齢 *age* に関してはいずれも有意ではない。

さらに、推計［5］と［6］は資本支配上の所有制ダミー変数 *majorstate*、*majorfie*、*majorprivate* の代わりに、登記上の企業所有制ダミーを説明変数として推計したものである。売上高、出願補助ダミー、特許出願経験年数はやはり統計的に有意であり、パラメーターが若干変わるが、大きな変化はない。ただし、登録補助ダミーは有意ではない。登記上の企業所有制ダミー変数、つまり国有企業 *statedum*、外資企業 *fiedum*、私営企業 *privatedum* はいずれも統計的に有意ではない。とくに国有企業 *statedum* と私営企業 *privatedum* は、他のいずれかのダミー変数と重複してしまったので除外されている。

以上の推計結果から、各省政府の出願補助金はPCT特許出願にプラスに

第Ⅱ部　実証研究

図 3‒13　2014 年 PCT 特許出願の世界上位 20 社

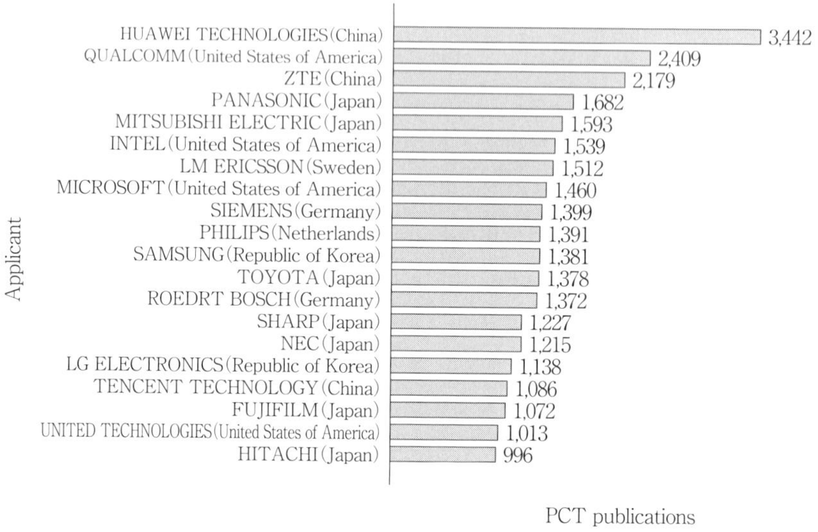

Applicant	PCT publications
HUAWEI TECHNOLOGIES(China)	3,442
QUALCOMM(United States of America)	2,409
ZTE(China)	2,179
PANASONIC(Japan)	1,682
MITSUBISHI ELECTRIC(Japan)	1,593
INTEL(United States of America)	1,539
LM ERICSSON(Sweden)	1,512
MICROSOFT(United States of America)	1,460
SIEMENS(Germany)	1,399
PHILIPS(Netherlands)	1,391
SAMSUNG(Republic of Korea)	1,381
TOYOTA(Japan)	1,378
ROEDRT BOSCH(Germany)	1,372
SHARP(Japan)	1,227
NEC(Japan)	1,215
LG ELECTRONICS(Republic of Korea)	1,138
TENCENT TECHNOLOGY(China)	1,086
FUJIFILM(Japan)	1,072
UNITED TECHNOLOGIES(United States of America)	1,013
HITACHI(Japan)	996

注：2014 年に公開されたものである。
出所：World Intellectual Property Organization（2015）p.55.

影響しており、ある程度質の改善にもつながっている可能性が示唆された。

　前述したように、企業の出願数のばらつきはかなり大きい。華為（Huawei）と中興（ZTE）は PCT 特許出願の世界上位出願人ランキングにも入っている。World Intellectual Property Organization（2015）によれば、2014 年に、中国の華為は 3442 件の PCT 特許出願（公開ベース）で、世界第 1 位の PCT 特許出願人となり、中興は 2179 件の PCT 特許出願で世界第 3 位となった（図 3‒13）。また、World Intellectual Property Organization（2016）によれば、2015 年に、華為は 3898 件の PCT 出願で、2 年連続で世界第 1 位の PCT 特許出願人となり、中興は 2155 件の PCT 特許出願で引き続き世界第 3 位となった。

　そのために、この 2 つ企業をコントロールする必要がある。そこで、華為と中興の 2 社のダミー変数 *hwzte* を上記モデルに追加して推計した。推計結果は表 3‒13 に示されている。

第3章 中国の知的財産権戦略

表3-13 国際出願の特許生産関数の推計（HWZTE ダミーあり）

バイナリデータ	Probit [1]	Logit [2]	Probit [3]	Logit [4]	Probit [5]	Logit [6]
	pctdum		pctdum		pctdum	
logsales	1.6569	3.2016	2.2316	4.6616	1.6721	3.1206
	[3.54]***	[3.70]***	[3.11]***	[3.98]***	[3.46]***	[3.49]***
applydum	1.8164	3.2315	2.0333	3.6428	1.8425	3.2728
(−2)	[2.13]**	[2.01]**	[2.13]**	[2.02]**	[2.12]**	[2.01]**
grantdum	−0.0132	0.0286	0.1309	0.469	0.021	0.0709
(−2)	[−0.02]	[0.02]	[0.17]	[0.32]	[0.03]	[0.05]
expyear	0.1999	0.3792	0.1716	0.3341	0.2282	0.4212
	[2.90]***	[2.98]***	[1.84]*	[1.88]*	[2.78]***	[2.83]***
age			−0.0393	−0.0813	−0.0256	−0.0447
			[−0.68]	[−0.67]	[−0.57]	[−0.56]
majorstate			0.6822	1.5812		
			[0.73]	[0.92]		
majorfie			1.0337	1.9491		
			[1.85]*	[1.88]*		
majorprivate			2.7195	5.5746		
			[2.13]**	[2.40]**		
statedum					omitted	omitted
fiedum					−0.2397	−0.3067
					[−0.34]	[−0.23]
privatedum					omitted	omitted
hwzte	6.2834	11.674	7.2396	14.176	5.9405	10.8948
	[2.68]***	[2.66]***	[2.68]***	[2.70]***	[2.46]**	[2.46]**
_cons	−19.5474	−37.2517	−24.4307	−49.9705	−19.2544	−35.7439
	[−5.44]***	[−5.59]***	[−4.05]***	[−5.31]***	[−5.37]***	[−5.25]***
lnsig2u						
_cons	2.0602	3.3435	2.2156	3.6741	2.0867	3.302
	[5.26]***	[8.73]***	[4.67]***	[10.92]***	[5.36]***	[7.88]***
log likelihood	−93.19	−93.14	−88.56	−88.68	−91.81	−91.76
N	4621	4621	4621	4621	3626	3626

*p＜0.1、**p＜0.05、***p＜0.01。
注：[ ] 内は z 値。*は 10%、**は 5%、***は 1% 有意を意味する。

　推計［1］と［2］では売上高、出願補助ダミー、登録補助ダミー、特許出願経験年数で PCT 特許出願を説明したものである。前掲表3-12と比べてみると、売上高の対数値 *logsales* はパラメーターが若干小さくなったが、

111

第Ⅱ部　実証研究

いずれも正で1%水準で有意である。出願補助ダミー *applydum* に関しては、Probit モデルと Logit モデルで両方とも正で5%有意となり、パラメーターも大きくなった。登録補助ダミー *grantdum* はいずれも有意ではない。また、特許出願経験年数はパラメーターが若干小さく推計されたが、依然として1%の有意水準で正である。2社のダミー変数 *hwzte* は1%で有意であり、パラメーターは他の説明変数のパラメーターよりはるかに大きい。たとえば、Logit モデルでは、売上高 *logsales* のパラメーターは3.2であるが、2社のダミー変数 *HWZTE* は11.67であり、かなり高い。すなわち、この2社のダミーは PCT 特許出願の有無を定量的に強く説明している。

　次に、推計［3］と［4］は企業年齢 *age* および資本支配上の所有制ダミー変数 *majorstate*、*majorfie*、*majorprivate* を説明変数に追加して推計した。*hwzte* ダミーなしの前掲表3-12と比べ、売上高 *logsales* と特許出願経験年数 *expyear* はパラメーターが若干小さく推計されたが、いずれも正で有意である。出願補助ダミーはパラメーターが大きくなり、有意水準が10%から5%へと強くなった。登録補助ダミーは変わらず有意ではない。資本支配上の国有企業ダミー *majorstate* は有意ではないが、外資企業ダミー *major-fie* と私営企業ダミー *majorprivate* はいずれも正のパラメーターに推計され、10%または5%有意である。私営企業ダミー *majorprivate* は外資企業ダミー *majorfie* よりもパラメーターが大きい。つまり、私営企業の国際出願数が多いことが説明されている。国有企業は集体企業・その他の企業と比べて、PCT 特許出願は統計的に有意な差がない。また、企業年齢 *age* に関してはいずれも有意ではない。2社のダミー変数 *hwzte* は正で1%有意であり、パラメーターはさらに大きくなった。

　第3に、推計［5］と［6］は登記上の企業所有制ダミーを説明変数として推計したものである。売上高、出願補助ダミー、特許出願経験年数はやはり統計的に有意である。ただし、登録補助ダミーは有意ではない。国有企業 *statedum*、外資企業 *fiedum*、私営企業 *privatedum* はいずれも統計的に有意ではない。2社のダミー変数 *hwzte* は正で5%有意であり、パラメーターは依然として最も大きい。

第3章　中国の知的財産権戦略

　以上の推計から、中国企業の PCT 特許出願は、主に企業の売上高、地方政府の出願補助ダミー、華為と中興の2社のダミー変数 *hwzte* および特許出願経験年数で説明できる。すなわち、華為と中興の2社をコントロールしても、登録補助ダミーに有意性が見出せず、パネルデータモデルおよびカウントデータモデルの推計ほどには頑健とはいえないが、各省政府が実施している特許出願補助政策はおおむね中国企業の PCT 特許出願に正の影響を与え、ある程度質の改善にも貢献しているとことが実証された。

第8節　まとめ

　本章では、中国の各省政府が実施している特許補助政策を整理し、特許補助金適用前後の期待特許料を試算することにより、特許補助政策の定量的な効果を確認した。また、中国統計局の工業企業データベースの企業個票データおよび中国知的財産権出版社のデータベースを利用し、パネルデータモデル、カウントデータモデル、およびバイナリデータモデルを用いた実証分析を行い、各省政府の特許補助政策が企業の国内特許出願数および国際 PCT 特許出願数に与えた影響を検証した。その結果、本章では以下のような結論が得られた。

　第1に、特許補助金適用前後の期待特許料の分析によれば、各省の特許料補助効果率が高いほど、その省の特許出願数は多くなる。また、特許補助政策の開始時期が早いほど、出願数も多くなる。

　第2に、出願数が多い企業から構成されるパネルデータモデルにおいても、出願数が少ない企業から構成されるカウントデータモデルにおいても、各省政府が打ち出した特許補助政策は企業の特許出願に強くプラスに寄与している。また、カウントデータモデルでは、企業所有制を実質的な資本支配で見た国有企業、外資企業、私営企業ダミーはいずれも正で有意に推計されている。とりわけ、負の二項分布モデルでは、私営企業ダミーのパラメーターが最も大きい。すなわち、規模が小さい企業に対し、政府の特許補助政策の効果は一層大きい。

113

第Ⅱ部　実証研究

　第3に、各省政府の特許補助政策のうち、出願補助ダミーは国際PCT特許出願に正で有意な影響が検出された。また、出願数が最も多い2社華為と中興をコントロールしても、出願補助ダミーはやはり国際PCT特許出願に正に寄与し、パラメーターも大きくなり、有意水準も強くなった。さらに、資本支配上の企業所有制の外資企業ダミーと私営企業ダミーはいずれも正で有意に推計されており、私営企業ダミーのパラメーターは最も大きい。

　以上の分析から、政府の特許補助政策は、中国の特許出願急増の重要な要因であることがわかった。このような結果は、次のような政策含意を持つと考えられる。

　まず、特許を企業の研究開発の成果と見なせば、特許出願数を見るかぎり、中国政府の特許補助政策は企業のイノベーション活動を促進させたといえよう。今日の中国では、経済成長の牽引役をイノベーションに転換させることがますます重要となっている。その意味では、政府の特許補助政策はある程度企業のイノベーション活動の活性化に寄与しているといえる。

　次に、パネルデータモデルによる規模が大きい企業に比べ、カウントデータモデルによる規模が小さい企業の所有制ダミーが特許出願数に与える影響はより頑健であった。すなわち、規模が小さく、もともと研究開発費が少ない企業において政策の効果がより強いことが明らかとなった。また、パネルデータモデルとバイナリデータモデルでは、資本支配上の国有企業ダミーは有意ではなかった。つまり、集体企業と比べ、国有支配企業の特許出願数については統計的な差が見出せなかった。中国では、国有企業は政府より補助金以外にも多くの優遇を受けられるため、特許補助金は大型国有企業にとってはあまり魅力的なものではないことが推察される。一方、国際PCT特許出願を分析したバイナリデータモデルでは、私営企業ダミーのパラメーターが最も大きく推計された。すなわち、政府からのその他の優遇をあまり受けられない私営企業において、特許補助政策の効果が一層強い。中国の所有制に着目した企業に関する数多くの研究では、国有企業よりも私営企業のほうが生産性が高いことが実証されている。これからの中国の経済成長において私営企業の役割はますます重要となることは必至である。その意味では、私

営企業に対してより強い効果をもたらしている特許補助政策は評価されよう。

　また、国際 PCT 特許出願に対し、各省政府の出願補助金は PCT 特許出願にプラスに影響していることが検証された。一般に、外国出願がある特許は質が高いと考えられているため、各省政府の特許出願補助政策は特許の質の改善に寄与している可能性が示唆された。その意味では、政府の特許補助政策は特許の質にもある程度は効果を与えたと評価されよう。

　しかし、本章では、幾つかの課題が残されている。まず、本章では、単に特許出願数の増加を実証分析し、特許の質に関する分析はまだ十分とはいえない。

　第1に、PCT 特許出願を分析したモデルでは、出願補助ダミーのみ有意であり、登録補助ダミーは有意ではなかった。したがって、国内特許出願関数の推計ほど、頑健な結果とはいえなかった。

　第2に、国際 PCT 特許出願に伴う諸費用を中国政府が補助している可能性が大きいということである。一般に、国際特許出願が質の代理指標と見なされるのは、出願先国の特許料負担や翻訳費用などが発生するためである。しかし、これらの経費についても中国政府は補助金を出している可能性がある。したがって、経費負担の側面から特許の質を計測することには問題を伴う。特許の質の代理指標として、被引用回数、権利維持期間、請求項数などの指標と補助金政策との関連を検討することが今後必要となろう。

　次に、電子通信産業に限定しており、他の産業に対する分析はなされていない。さらに、大・中規模の工業企業に限定しており、大学や研究機関に関する分析も行っていない。政策変数の精緻化をはじめとして、これらが次の課題である。

第Ⅲ部　事例研究

第4章 風力発電産業の育成

第1節 はじめに・先行研究

　前述したように、中国政府は「自主イノベーション」による成長方式の転換を打ち出し、ハイテク産業や戦略的新興産業を指定した。ハイテク産業・戦略的新興産業の中で、風力発電および太陽光発電産業に代表される新エネルギー産業は急速な成長を遂げ、中国の生産量はわずか数年間のうちに世界トップの座に躍り出た。

　新エネルギー産業はどのように成長したか。戦略的新興産業の育成政策、つまり「自主イノベーション」による成長方式への転換を提唱する産業政策とはいかなるものなのか。それにはどのような効果があり、またいかに評価すべきなのか。

　本章では風力発電産業を取り上げ、また次章では太陽光発電産業を取り上げ、事例研究をする。本章の構成は以下のとおりである。まず、政府が打ち出した風力発電産業の育成政策を取りまとめる。次に、同産業の成長の経緯を明らかにしたうえで、成長過程における問題点を考察し、成長要因を分析する。そして、「自主イノベーション」による成長であるか否かを考察する。このような事例研究を通じ、現時点での中国政府のイノベーション政策のうち、重要なハイテク産業・戦略的新興産業の育成政策の実態を考察する。

　また、本章でいう風力発電産業には、風力を利用して発電する産業（発電

119

第Ⅲ部　事例研究

業）および風力発電設備を製造する産業（風力発電設備製造業）が含まれる。

　中国の風力発電産業に関する先行研究としては、李（2010）、堀井（2010、2013）が挙げられる。李（2010）は、「再生可能エネルギー法」やフィード・イン・タリフ（FIT、固定価格買取制度）の導入などの制度設計が世界トップ3[1]にランクインされた中国の風力発電産業の成長要因であると指摘している。

　また、堀井（2010）は、中国最大の風力発電設備メーカー華鋭風電[2]の事例を取り上げ、華鋭風電の急成長を、中国政府の大型設備・海上風力発電の導入を重視する産業政策を察知し、必要な技術の導入を迅速に進め、部品のサプライヤーネットワークを構築したことに求めている。

　中国の風力発電産業の成長要因として、①風力発電に対する企業所得税の優遇策、②風力発電設備メーカーおよび部品メーカーへの補助金、③基幹部品・原材料の輸入関税・増値税（value-added tax、付加価値税）の還付・免除、④巨大な資金力を持つ国有企業のバックグラウンドを無視することはできない。しかし、李（2010）および堀井（2010）のこれらの要因に関する言及はかなり限られている。

　そこでは、本章では、これらの優れた先行研究を参考にしながら、上述した部分を補填しつつ、議論を進めることとする。

第2節　風力発電産業の位置づけと育成政策

　第1章で述べた総合的な政策の他に、新エネルギー産業、あるいは風力発電産業のみに関する政策も多く打ち出された。本節は、風力発電産業に関する法律や政策、あるいは風力発電産業の成長と関連がある政策を取りまとめる。また、議論を明確にするために、総合的な政策、風力発電所向けの優遇政策、または発電機製造業向けの政策などの目的別でまとめて述べる。

1）2009年の順位である。
2）2008年の順位である。

1．風力発電産業の位置づけ

　第1章第2節でも取り上げたが、2005年12月に、国務院は「産業構造調整の推進に関する暫定規定」と「産業構造調整指導目録（2005年）」を公布した。風力発電産業は重点的に発展させる産業や奨励類産業に指定された（国務院弁公庁 2005）。

　2006年2月13日に、国務院は「装置製造業の振興の加速に関する国務院の若干の意見（摘要）（国発［2006］8号）」（原文「国務院関於加快振興装備製造業的若干意見」）を公布し、風力発電設備を重要技術装置分野に指定した（国務院 2006）。

　また、2007年4月に、国家発展改革委員会は「高技術（ハイテク）産業発展の第11次5カ年計画（2006～2010）」を公布した。風力発電産業は同「計画」によってハイテク産業に指定された。

　さらに、2010年10月10日に、国務院は、「戦略的新興産業の育成と発展の加速に関する国務院の決定（国発［2010］32号）」を公布した。風力発電産業は戦略的新興産業に指定された。

　2011年3月27日に、「産業構造調整指導目録（2011年）」は修正され公布された。風力発電産業は引き続き奨励類産業に指定された。

　2011年12月30日に、国務院は「工業転換・昇級計画（2011～2015年）（国発［2011］47号）」を公布した。風力発電産業は重点的に発展させる先進的な装置製造業として指定された（国務院弁公庁 2012）。

　このように、中国政府は、風力発電産業を奨励類産業、重要技術装置製造業、ハイテク産業、戦略的新興産業、先進的な装置製造業として指定した。風力発電産業に対しては、政府が「自主イノベーション」を強調し、成長方式の転換という大きな期待を寄せている。ハイテク産業や戦略的新興産業を指定することには、これらの産業の成長によって先進国にキャッチアップ、さらに先進国を追い越す狙いもある。

第Ⅲ部　事例研究

2．風力発電産業の育成政策

風力発電を導入するために、中国政府は法律や法規を制定した。

(1)「中華人民共和国再生可能エネルギー法」

　再生可能エネルギーに関する基本的な法律は「中華人民共和国再生可能エネルギー法」(「中華人民共和国可再生能源法」) である。同法は、2005 年 2 月 28 日に第 10 回全国人民代表大会常務委員会第 14 次会議において、可決・公布され、2006 年 1 月 1 日から施行された。同法は、中国最初の再生可能エネルギーの開発・導入・普及を図る法律である。

　「再生可能エネルギー法」によると、再生可能エネルギーは、風力、太陽エネルギー、水力、バイオマスエネルギー、地熱エネルギー、海洋エネルギー等、非化石エネルギーを指す。再生可能エネルギー法の中で、本章の研究に関わる内容は次のとおりである。

　　　第 3 章第 11 条　国務院標準化行政主管部門は国家再生可能エネルギー電力に関する系統連系[3]技術標準とその他の全国範囲で技術要求を統一する必要のある再生可能エネルギーに関係する技術と産品の国家標準を制定し、公表する。

　　　第 4 章第 14 条　送電線網企業は、法に基づいて行政許可を取得し、又は報告して登録を受けた再生可能エネルギー発電企業と系統連系協定を締結し、当該送電線網企業の送電線網がカバーする範囲内の系統連系した再生可能エネルギー発電プロジェクトから送電線網に送電される電力を全量購入し、再生可能エネルギー発電のために送電サービスを提供する。

3）系統連系とは、再生可能エネルギー発電システムを、電力会社の送電線網に接続する形態である。

第5章第20条　送電線網企業が本法第19条の規定に基づいて確定した送電線網への卸売電気料金で再生可能エネルギーの電力量を購入する費用が、従来型エネルギーによる発電の平均卸売電気料金に基づいて計算した費用を上回る場合、その差額は小売電気料金に上乗せする。

　このように、「中華人民共和国再生可能エネルギー法」は、再生可能エネルギーによって発電された電力の全量買取制度や電気料金の上乗せを法律で定め、系統連系サービスを送電企業に義務付けた。同法の公布により、中国の再生エネルギー産業は本格的に成長し始めた。李（2010）が述べたように、「再生可能エネルギー法」の施行を受け、風力発電の建設は大発展期を迎えた（李 2010、p.183）。

（2）「再生可能エネルギー法（2009年修正版）」
　2006年に施行された「再生可能エネルギー法（2005年版）」は、その後、いくつかの条例・項目が修正され、2009年12月26日に「再生可能エネルギー法（2009年修正版）」として公布され、2010年4月1日から施行された。前記第4章第14条は以下のように修正された。

　　送電線網企業は、法に基づいて行政許可を取得し、又は報告して登録を受けた再生可能エネルギー発電企業と系統連系協定を締結し、当該送電線網企業の送電線網がカバーする範囲内の系統連系技術標準に満たす再生可能エネルギー発電プロジェクトから送電線網に送電する電力を全量購入する。発電企業は送電企業と協力し、送電線網の安全を確保する義務がある（新華社 2009b、下線部は修正部分）。

　この修正は、送電企業のみならず、発電企業に対しても送電線網の安全を確保することを義務付けた。
　また、最初に公布された時点から同法では、国務院標準化行政主管部門は国家再生可能エネルギー電力の系統連系技術標準、および他の全国範囲で再

第Ⅲ部　事例研究

生可能エネルギー技術と製品に関する技術要求を統一する国家標準を制定し公布する、と明確に定められた。しかし、後述するように、2012年6月1日まで風力発電所の系統連系に関する国家技術標準は存在しなかった。

（3）「再生可能エネルギー産業発展指導目録」

　2005年11月29日、国家発展改革委員会は「再生可能エネルギー産業発展指導目録」（原文「国家発展改革委関於印発『可再生能源産業発展指導目録』的通知（発改能源〔2005〕2517号）」）を公布した。同「目録」において、国家発展改革委員会は再生可能エネルギーの利用および関連製造業に関する88の技術分野を、持続可能かつエネルギー産業の発展方向に合致するものと見なし、各地方、関連部門および企業に上記指定された分野から比較優位のある技術を選択し、積極的に技術開発および投資活動を行うことを指示した。同「目録」によって指定された技術分野に対して、国務院の関連部門が技術開発、財政税制、製品価格、販売および輸出入などの面において優遇政策を制定することとなり、風力および太陽光発電産業では合計58の技術分野が指定された（国家発展改革委員会 2005b）。

（4）「送電線網企業の再生可能エネルギー電力の全量買取に関する監督管理弁法」

　再生可能エネルギーにより発電した電力の全量買取制度を実施させるために、国家電力監管（監督管理）委員会は、前記「中華人民共和国再生可能エネルギー法」に基づき、「送電線網企業の再生可能エネルギー電力の全量買取に関する監督管理弁法」（原文「電網企業全額収購可再生能源電量監管弁法」）を制定し、2007年7月25日に公布した。同弁法は、送電線網企業と再生可能エネルギー発電所を系統連系するための送電線（すなわち、発電所から送電線網までを接続するための送電線）の計画・建設を義務づけ、さらに再生可能エネルギーの電力の優先的な全量買取に関する具体的な実施方法を定めた（国家電力監管委員会 2007）。

124

（5）「再生可能エネルギー中長期発展計画」（～2020 年）

2007 年 8 月 31 日、国家発展改革委員会は「再生可能エネルギー中長期発展計画」（～2020 年）（原文「国家発展改革委関於印発可再生能源中長期発展規画的通知（発改能源［2007］2174 号)」）を公布した。同「計画」は、風力発電の総設備容量が 2010 年までに 5000MW、2020 年までに総設備容量が 3 万 MW に達する目標を掲げた（国家発展改革委員会 2007b）。

（6）「再生可能エネルギー発展の第 11 次 5 カ年計画」（2006～2010）

2008 年 3 月 3 日、国家発展改革委員会は「再生可能エネルギー発展の第 11 次 5 カ年計画」（2006～2010）（原文「国家発展改革委関於印発可再生能源発展 "十一五" 規画的通知（発改能源［2008］610 号)」）を公布した。同「計画」は、前記「再生可能エネルギー中長期発展計画」において掲げられた目標を上方修正し、2010 年までに風力発電の総設備容量が 1 万 MW に達するという目標を掲げた。また、「三北地域」と言われている西北地域、華北地域、および東北地域を風力発電導入の重点地域と指定した（国家発展改革委員会 2008）。

3．風力発電プロジェクト特別許可経営権入札制度

以上の政策のほかに、2003 年から、風力発電プロジェクト特別許可経営権入札制度が導入された。入札条件としては、最も安い電力価格および 70% 以上の風力発電機の国産化率が定められた。

さらに、2006 年 4 月に行われた第 4 回の入札は、以上の条件に加え、入札者について、風力発電設備製造企業、あるいは風力発電設備製造企業と他の投資者の共同事業体のみが入札できる、といった条件がつけられた。また、風力発電機の国産化計画およびそれを実現するための具体的な措置は、重要な落札条件と定められた（国家発展改革委員会 2006a）。

この条件付きの入札制度の目的は、中国の風力発電設備製造企業に安定した国内市場を提供することである。その入札制度を通じて、中国の風力発電設備製造業の育成や中国製造企業の自主イノベーション能力および導入技術

第Ⅲ部　事例研究

の消化・吸収能力の増強を狙ったものである。

　一方、中央政府の他に、地方政府も風力発電産業を発展させる政策を多数打ち出した。たとえば、江蘇省は「江蘇省風力発電発展計画（2006～2020年）」を策定した。内モンゴルは「内モンゴル風力発電発展の第11次5カ年計画および2020年長期目標」を公布したほか、すべての市、県、旗[4]が風力発電産業の発展計画を制定すべきである、という方針を明らかにした（Li et al. 2010, p.75）。

　このように、中国政府は、風力発電産業を発展させるために、風力発電企業や発電設備メーカーに対して、手厚い優遇政策を打ち出した。後述のように、これらの政策があって初めて、中国の風力発電産業は急速な発展を見た。

第3節　中国の風力発電設備容量

　本節は、中国が導入した風力発電設備容量の推移を確認し、省別の設備容量を通じて風力発電の主な地域を明らかにする。また、国際比較を通じ、中国の風力発電設備容量の推移を見ることとする。

1．中国の風力発電設備容量の推移

　中国は1958年から揚水や発電の目的で小型風力発電装置の研究開発をスタートし、1978年に100Wと250Wの風力発電設備を導入した。しかし、それらは構造が簡単で価格も安く、主に過疎・無電化地域の電化を目的としたものであった（海外電力調査会 2006、p.211）。その後、中国は国外から風力発電設備を輸入し、いくつかの風力発電所を建設した。

　しかし、2003年まで、中国の風力発電の累計設備容量は546MWにとど

4）旗は内モンゴルにおいて県に相当する行政単位である。

126

第 4 章　風力発電産業の育成

図 4-1　2001〜2012 年中国新規・累計風力発電設備容量

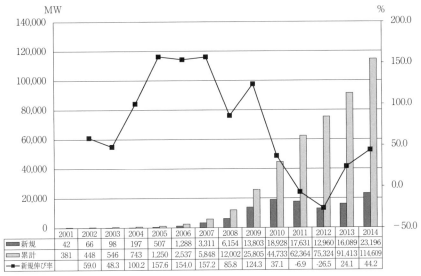

注：設置された設備容量。系統連系した、あるいは稼働中の設備容量ではない。
出所：中国可再生能源学会風能専業委員会（2013、2015）。

まっていた。中国の風力発電設備導入容量が急速に増え始めたのは、2004年以降である（図 4-1）。2003 年から風力発電プロジェクト特別許可経営権入札制度が導入されたのに加え、2006 年に「再生可能エネルギー法」が施行され、全量買取制度や FIT 制度[5]が導入されたために風力発電所の建設はブームになった。

　2007 年 8 月 31 日に、国家発展改革委員会は「再生可能エネルギー中長期発展計画」を公布した。同「計画」は、2010 年までに風力発電の総設備容量が 5000MW、2020 年までに 3 万 MW に達する目標を掲げた（国家発展改革委員会 2007b）。

　2008 年 3 月 3 日に、国家発展改革委員会は「再生可能エネルギー発展の第 11 次 5 カ年計画」（2006〜2010）を公布し、前記「再生可能エネルギー中

5）中国の風力発電の FIT に関しては、李（2010）を参照。

第Ⅲ部　事例研究

長期発展計画」において掲げられた目標を上方修正し、2010 年までに風力
発電の総設備容量が 1 万 MW に達するという目標を掲げた。また、「三北地
域」と言われている西北地域、華北地域、および東北地域を風力発電導入の
重点地域と指定した（国家発展改革委員会 2008）。

　2010 年に累計設備容量はすでに 4 万 4733MW に達し、目標の約 4.5 倍を
実現した。また、2011 年には、累計設備容量はさらに 6 万 2364MW に達
し、2007 年に掲げられた 2020 年の目標の 2 倍以上を実現することとなっ
た。このように、中国の風力発電設備容量は目標をはるかに超えるスピード
で急増しつつあり、まさに躍進的な成長を遂げた。

　2010 年以降、伸び率が低下したのは、後述するように、国産風力発電設
備の品質による事故の多発、および系統連系できない、あるいは系統連系し
ても送電線網の送電容量を大幅に超えるために発電が制限されるからであ
る。いわゆる「棄風現象」（風力発電を放棄、あるいは制限する現象）が深
刻化したために、風力発電所の建設ブームが冷却化したからである。

2．省別の風力発電設備容量

　前述したように、「再生可能エネルギー発展の第 11 次 5 カ年計画」（2006
～2010）は、「三北地域」（西北、華北、東北地域）を風力発電設備導入の重
点地域と指定した。同「計画」によると、2010 年までに、河北省（華北地
域にある）と内モンゴル（東部は東北地域、西部は華北地域に属する）にお
いて導入する風力発電設備容量はそれぞれ 2000MW と 3000MW 以上、建設
中の風力発電所を加えれば、それぞれ 3000MW と 4000MW とする目標が示
された。甘粛省（西北地域にある）の目標は、風力発電設備容量 1000MW
以上、建設中の風力発電所を加えれば 4000MW である。吉林省、遼寧省
（東北地域にある）の目標は同じく 500MW、建設中を加えれば 1000MW で
ある（国家発展改革委員会 2008）。

　2010 年および 2011 年に省別の新規および累計風力発電設備容量の実績を
確認しておこう。

　表 4 - 1 から明らかなように、風力発電設備導入容量の上位省はいずれも

128

第4章　風力発電産業の育成

表4-1　2011年省別新規・累計風力発電設備容量（上位10カ省）

位	省・自治区・直轄市	2010年目標（MW）	2010年累計（MW）	達成度（2010累計／目標）（%）	2011年新規（MW）	2011年累計（MW）	2011累計／全国（%）
1	内モンゴル	3,000	13,858	462	3,736	17,594	28.2
2	河北	2,000	4,794	240	2,176	6,970	11.2
3	甘粛	1,000	4,944	494	465	5,409	8.4
4	遼寧	500	4,067	813	1,183	5,249	8.4
5	山東	200	2,638	1,319	1,925	4,562	7.3
6	吉林	500	2,941	588	623	3,563	5.7
7	黒竜江	100	2,370	2,370	1,076	3,446	5.5
8	寧夏	300	1,183	394	1,704	2,886	4.6
9	新疆	400	1,364	341	953	2,316	3.7
10	江蘇	n.a.	1,595	n.a.	372	1,968	3.2
	その他	n.a.	4,980	n.a.	3,420	8,400	13.5
	合計	10,000	44,733	447	17,631	62,364	100.0

出所：2010年までの目標は国家発展改革委員会（2008）、2010年累計、2011年新規、および2011年累計は中国可再生能源学会風能専業委員会（2012）、達成度と2011年累計の全国に占める割合は筆者算出。

注：「再生可能エネルギー発展の第11次5カ年計画」（2006～2010）により、江蘇省と上海の合計目標は1000MWであり、江蘇のみの目標は明記されていない。

「再生可能エネルギー発展の第11次5カ年計画」（2006～2010）により定められた目標を大幅に超過し、目標の数倍規模を実現した。なかでも黒竜江は目標の23.7倍を達成し、一番低い河北省でも、目標の約2.4倍を達成した。

　また、風力発電設備導入容量の上位10省・自治区（自治区は行政レベルで省に相当する）の中で、第5位の山東省を除き、他の内モンゴル、河北や甘粛などの省・自治区はいずれも政策によって指定された風力発電の重点地域の「三北地域」である。2012年までに、「三北地域」に導入された風力発電設備容量はすでに全国の8割を占めるに至った。

　しかし、このような飛躍的な成長速度や「三北地域」を重点とする風力発

129

第Ⅲ部　事例研究

表4-2　世界風力発電設備容量の上位10カ国（新規）

順位	2006			2009			2011		
	国	容量（MW）	%	国	容量（MW）	%	国	容量（MW）	%
1	アメリカ	2,454	16.1	中国	13,803	36.0	中国	17,631	43.5
2	ドイツ	2,233	14.7	アメリカ	9,996	26.1	アメリカ	6,810	16.8
3	インド	1,840	12.1	スペイン	2,459	6.4	インド	3,019	7.4
4	スペイン	1,587	10.4	ドイツ	1,917	5.0	ドイツ	2,086	5.1
5	中国	1,347	8.9	インド	1,271	3.3	イギリス	1,293	3.2
6	フランス	810	5.3	イタリア	1114	2.9	カナダ	1,267	3.1
7	カナダ	776	5.1	フランス	1088	2.8	スペイン	1,050	2.6
8	ポルトガル	694	4.6	イギリス	1077	2.8	イタリア	950	2.3
9	イギリス	634	4.2	カナダ	950	2.5	フランス**	830	2.0
10	イタリア	417	2.7	ポルトガル	673	1.8	スウェーデン	763	1.9
	その他	2,405	15.8	その他	3,994	10.4	その他	4,865	12.0
	上位10カ国	12,792	84.2	上位10カ国	34,349	89.6	上位10カ国	35,699	88.0
	世界	15,197	100.0	世界	38,343	100.0	世界	40,564	100.0

注：**は暫定値。
出所：Global Wind Energy Council（2007、2010、2012）.

電の導入計画は後に深刻な送電問題をもたらした。この点に関しては、第5節で詳述する。

3．世界における中国の風力発電設備容量

　近年、多くの国々が再生可能エネルギーの導入を進めている。そこで風力発電設備容量の上位国との比較を通じて、世界に占める中国の風力発電設備容量の比重を確認しておきたい。

　表4-2からわかるように、2006年に世界の風力発電設備の新規導入容量は1万5197MWであり、その中で、中国の新規導入容量は1347MW[6]であ

130

第4章　風力発電産業の育成

表4-3　世界風力発電設備容量の上位10カ国（累計）

順位	2006			2009			2011		
	国	容量(MW)	%	国	容量(MW)	%	国	容量(MW)	%
1	ドイツ	20,622	27.8	アメリカ	35,064	22.1	中国	62,364	26.2
2	スペイン	11,615	15.6	中国	25,805	16.3	アメリカ	46,919	19.7
3	アメリカ	11,603	15.6	ドイツ	25,777	16.3	ドイツ	29,060	12.2
4	インド	6,270	8.4	スペイン	19,149	12.1	スペイン	21,674	9.1
5	デンマーク	3,136	4.2	インド	10,926	6.9	インド	16,084	6.8
6	中国	2,604	3.5	イタリア	4,850	3.1	フランス**	6,800	2.9
7	イタリア	2,123	2.9	フランス	4,492	2.8	イタリア	6,737	2.8
8	イギリス	1,963	2.6	イギリス	4,051	2.6	イギリス	6,540	2.7
9	ポルトガル	1,716	2.3	ポルトガル	3,535	2.2	カナダ	5,265	2.2
10	フランス	1,567	2.1	デンマーク	3,465	2.2	ポルトガル	4,083	1.7
	他の国	11,005	14.8	他の国	21,391	13.5	他の国	32,143	13.5
	上位10カ国	63,218	85.2	上位10カ国	137,114	86.5	上位10カ国	205,526	86.5
	世界	74,223	100.0	世界	158,505	100.0	世界	237,669	100.0

注：**は暫定値。
出所：Global Wind Energy Council（2007、2010、2012）.

り、世界の新規増設の8.9％を占めていた。2009年に中国の新規導入容量は急激に1万3803MWに上がり、世界第1位（新規）の風力発電導入国となった。2011年になると、中国の新規導入容量はさらに世界の43.5％を占めるようになった。

6）中国には3つの風力発電設備容量統計があり、それぞれのデータ源や統計ベース（設置ベース、系統連系ベース）が異なる。前掲図4-1は中国可再生能源（再生可能エネルギー）学会風能（風力エネルギー）専業委員会の統計（設置ベース）に基づく。Global Wind Energy Council は2009年以降、中国可再生能源学会風能専業委員会の統計データを用いている。そのために、表4-2、表4-3と図4-1の2006年の中国のデータは一致しない。

第Ⅲ部　事例研究

　また、表4-3を通じて世界の累計設備容量を見てみよう。2006年に中国の風力発電の累計設備容量は世界の3.5%にすぎなかった。しかし、2009年に中国は2万5805MW（累計）となり、世界の16.3%を占め、世界第2位の風力発電導入国となった。さらに、2011年になると、中国の風力発電設備容量は世界の26.2%を占め、アメリカやヨーロッパなど伝統的な風力発電大国を追い抜き、世界第1位の風力発電設備導入国となった。ちなみに、表4-3では2010年のデータを取り上げなかったが、同年に中国はすでに世界第1位（22.7%）となった。

　世界的に見ても、中国の風力発電設備容量は実に著しく伸びた。わずか数年間のうちに、中国は風力発電設備容量の新規・累計両面において、世界第1位の風力発電導入国となった。

第4節　中国の風力発電設備製造業の急成長

1．中国メーカーの国内市場シェアの急上昇

　2000年までに設置された風力発電設備の中で、国産品は10%以下にとどまっていた（李俊峰等 2010、p.34）。後述するように、70%の国産化率が定められたために、中国の風力発電設備製造業は急速な成長期に入り、国産品は急激に市場シェアを拡大した（図4-2）。

　2004年に中国メーカーの市場シェアはわずか25%であった。その後、中国メーカーの市場シェアは年々拡大し、2009年に中国メーカーはすでに87%のシェアを獲得した。また、2010年に、国産の市場シェアはさらに90%まで上がった（人民日報 2011）。

　中国の風力発電設備メーカーも次々と誕生し、一部は世界上位メーカーにまで成長した。2004年には中国の風力発電設備メーカーは6社しかなかったが、2009年末現在、約90社に増えた。それに加えて、風力発電設備の部品メーカーは100社以上あり、風力発電設備の翼を生産するメーカーも50社余りとなった（人民網 2010a）。

132

図4-2 中国風力発電設備市場における中国、外国メーカーの市場シェア（新規）の推移

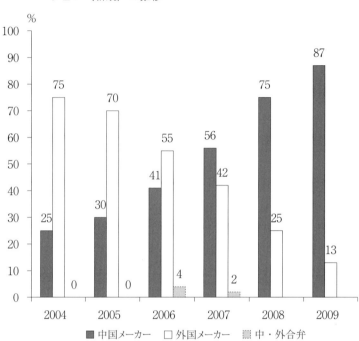

出所：李俊峰等（2010）p.37（原資料はBTM、「2004-2009年全球統計報告」、施鵬飛「2004-2009年中国風電装機統計」）。

次に、2009～2011年の中国における市場シェア（新規）上位10社の風力発電設備メーカーの変化を見てみよう（表4-4）。

2009年に中国新規市場シェアの上位10位の風力発電設備メーカーのうち、中国メーカーは6社、外国メーカー（網かけ）は4社であった。2010年には上位10社に8社の中国メーカーがランクインし、外国メーカーは2社へと減少した。2011年になると、中国メーカーはさらに9社に増加し、外国メーカーはデンマークのVestasだけが残ることになった。また、中国可再生能源学会風能専業委員会（2015）によれば、2014年には、Vestasはさらに第18位まで落ち、市場シェアも1.1％のみとなった。中国メーカー

第Ⅲ部　事例研究

表4-4　2009〜2011年中国市場（新規）における風力発電設備メーカー上
位10社

単位：MW、%

順位	2009			2010			2011		
	メーカー	新規	%	メーカー	新規	%	メーカー	新規	%
1	華鋭	3,495	25.3	華鋭	4,386	23.2	金風	3,600	20.4
2	金風	2,722	19.7	金風	3,735	19.7	華鋭	2,939	16.7
3	東汽	2,036	14.8	東汽	2,624	13.9	連合動力	2,847	16.1
4	連合動力	768	5.6	連合動力	1,643	8.7	明陽	1,178	6.7
5	明陽	749	5.4	明陽	1,050	5.5	東汽	946	5.4
6	Vestas	609	4.4	Vestas	892	4.7	湘電風能	713	4.0
7	湘電風能	454	3.3	上海電気	598	3.2	上海電気	708	4.0
8	GE	323	2.3	Gamesa	596	3.1	Vestas	662	3.8
9	Suzlon	293	2.1	湘電風能	507	2.7	瀋陽華創	626	3.5
10	Gamesa	276	2.0	瀋陽華創	486	2.6	南車風電	451	2.6
	その他	2,080	15.1	その他	2,412	12.7	その他	2,962	16.8
	合計	13,803	100.0	合計	18,928	100.0	合計	17,631	100.0

出所：2009年は李俊峰等（2010）p.35、2010年、2011年は李俊峰等（2012）p.41。

は中国市場の98%以上を獲得した。

　このように、中国メーカーは急成長を続け、国内市場における外国メー
カーの市場シェアを奪った。2009年に中国に進出していた外国メーカーは24
社あった。しかし、中国メーカーの台頭に伴い、その大多数は中国市場から
撤退せざるをえなくなり、残りは10社以下になった（Li et al. 2010, p.
37）。

2．世界上位に躍進した中国メーカー

　表4-5は2011年に世界新規市場における風力発電設備メーカーの上位
10社のランキングである。上位10社の中で、4社は中国メーカーである。2011
年に中国のトップメーカー金風は3789MWの新規容量で、世界第2位の

第4章　風力発電産業の育成

表4-5　2011年世界風力発電設備メーカー上位10社（新規容量）

単位：MW、%

順位	メーカー	2010年累計	2011年新規	新規(%)	2011年累計	累計(%)
1	Vestas（デンマーク）	45,547	5,213	12.9	50,760	20.9
2	金風（中国）	9,055	3,789	9.4	12,844	5.3
3	GE（アメリカ）	26,871	3,542	8.8	30,413	12.5
4	Gamesa（スペイン）	21,812	3,309	8.2	25,121	10.3
5	Enercon（ドイツ）	22,644	3,188	7.9	25,832	10.6
6	Suzlon（インド）	17,301	3,104	7.7	20,405	8.4
7	華鋭（中国）	10,044	2,945	7.3	12,989	5.3
8	連合動力（中国）	2,435	2,859	7.1	5,294	2.2
9	Siemens（デンマーク）	13,538	2,540	6.3	16,078	6.6
10	明陽（中国）	1,799	1,178	2.9	2,977	1.2
	その他	34,882	8,693	21.5	43,575	17.9
	合計	205,928	40,358	100.0	246,288	100.0

出所：李俊峰等（2012）、p.12（原資料はBTM Consult-A part of Navigant Consulting、*World Market Update 2011*）。
注：Siemensはデンマークに風力発電設備工場を持つ。

メーカーとなった。また、2006年に設立されたばかりの中国の新興メーカー華鋭[7]は7.3%の市場シェアとなり、世界第7位にランクインした。

　前掲表4-2によれば、2011年に中国の新規風力発電設備容量は世界の43%を占めていた。また、前述したように、中国新規風力発電設備容量の90%以上は中国メーカーが占めている。つまり、2011年に中国メーカーは世界市場（新規）の38%以上を獲得したと推計できる。表4-5では上位10社のシェアしか示されていないが、以上の推計によれば、デンマークなどの風力発電設備生産大国の生産量が中国を上回っているとは考えられない。このように、2000年代半ばから成長し始めたばかりの中国の風力発電設備メー

7）華鋭の急成長に関しては、堀井（2010）を参照。

第Ⅲ部　事例研究

カーは、2011 年に世界市場の約 4 割の風力発電設備を生産することになった。

　表 4 - 4 と表 4 - 5 を比較してみると、2011 年に中国第 1 位のメーカー・金風は 3789MW の新規市場を獲得したが、そのうちの 3600MW は国内市場であった。すなわち、中国の風力発電設備メーカーが世界上位 10 社にランクインしたのは、巨大な国内市場を獲得したからである。かくして中国は風力発電の導入・発電設備の製造両面において、5～6 年のうちに世界第 1 位の座に躍り出たのである。

第 5 節　中国の風力発電産業の問題点

　中国の風力発電産業は急速な成長を遂げたが、繁栄の裏ではさまざまな問題が深刻化している。本節では、中国の風力発電産業の成長における問題点を考察する。

１．国産風力発電設備の品質問題

　前述したように、中国は 5～6 年のうちに、世界第 1 位の風力発電機生産国となった。しかし、国産風力発電機の品質問題はますます深刻となった。ここでは、中国で多数発生した事故のケースを取り上げ、風力発電機の品質問題を詳述する。

（1）倒壊・火災・故障

　国際的に見れば、風力発電設備は必ず 3 年間試運転させてから市場投入するのが一般的である。しかし、中国は試運転に関する規定を大幅に緩和した（人民網 2009）。2010 年には、中国の「三北地域」において品質問題による風力発電機の倒壊事故が多数発生した。倒壊した風力発電機は華鋭、東汽、連合動力、浙江運達など中国の上位メーカー（表 4 - 4 参照）が生産したものである。たとえば、2010 年初、遼寧省凌河風力発電所において、華鋭が生産した 2 台の風力発電機の事故が発生し、倒壊した。8 月中旬に、甘粛省

136

第4章　風力発電産業の育成

酒泉に華鋭の1台の風力発電機が倒壊した（人民網 2010b）。

2011年になると、風力発電機の品質問題による事故はさらに増加した。国家電力監管委員会（2011d）によると、一部の国産の新型風力発電設備は試運転しないまま本格的な生産に入ったために、建設中あるいは稼働中において風力発電設備が倒壊し、メイン軸が折れ、モーターが火を噴き、ギアボックスが損壊し、翼が折れるなどの事故が多発した。

風力発電機の倒壊事故以外に、風力発電機の故障も増加した。2011年に国家電力監管委員会は12社の発電企業[8]を対象とした調査を実施した。調査の結果によれば、故障は風力発電機のブレード・ピッチ制御装置、周波数変換装置、電気装置、制御システム、ギアボックス、発電機、ヨー制御システムに集中している。

具体的な数字を見てみよう。2010年の1年間にブレード・ピッチ制御装置故障は延べ6700台前後発生し、周波数変換装置故障は延べ5000台近くとなった。2011年1月～8月の8カ月だけで、ブレード・ピッチ制御装置故障は延べ1万台以上に急増し、周波数変換装置故障は延べ6000台前後に達した。

（2）風力発電設備の大規模な送電線網解列事故

解列とは、送電線網から発電設備を切り離すことである。多くの発電設備が一斉に解列した場合は、送電線網の安定に悪影響を与える。

2010年に風力発電設備が送電線網から解列した事故は80件発生した。2011年1～8月に風力発電設備の解列事故は193件に急増した。たとえば、2011年2月24日に、甘粛酒泉地域で598台の風力発電設備が送電線網から解列した。2011年4月17日に、同じ甘粛酒泉地域で、702台の風力発電設備が解列した（国家電力監管委員会 2011d）。

国家電力監管委員会の調査結果に基づき、具体的なケースを通して、解列

8）12社の発電企業は華能、大唐、華電、国電、中電投集団公司、国開投、神華、中広核、広東粤電、華潤集団公司、北京能源、河北建投集団公司である。2011年8月末まで上述12社の運転中の風力発電機は2万3600台である。

第Ⅲ部　事例研究

表4-6　甘粛酒泉風力発電設備低電圧解列事故（2011年2月24日）

風力発電所	メーカー	事故前稼働台数	低電圧解列台数	解列率(%)
橋西第一風力発電所	華鋭	68 （台）	68 （台）	100
天潤柳園風力発電所	金風	33	33	100
大梁風力発電所	東汽	64	59	92.2
干東第二風力発電所	金風	34	31	91.2
橋西第三風力発電所	金風	13	10	76.9
橋東第三風力発電所	華鋭	66	22	33.3
干東第一風力発電所	東汽	63	16	25.4
橋東第二風力発電所	東汽	87	18	20.7
橋西第二風力発電所	華鋭	55	9	16.4
	金風	65	8	12.3

出所：国家電力監管委員会（2011d）。

事故が多い風力発電機をメーカー別に見ておこう。その原因に関しては、後
述する。

　まず、2011年2月24日に、甘粛酒泉地域で発生した解列事故を見ておこ
う。それは、酒泉地域の橋西第一風力発電所の35kV（キロボルト）ケーブ
ル末端の故障による短絡が発生したために、598台の風力発電機が解列し、
840.4MWの出力を損失し、それにより西北送電線網の基幹網の周波数が
50.03ヘルツから49.85ヘルツへと落ちた事故である。この事故において、
解列した風力発電機メーカーおよび解列率は表4-6のとおりである。

　次に、2011年4月17日にも、同じ甘粛酒泉地域で解列事故が発生した。
甘粛干西第二風力発電所の変圧器側の35kVケーブルの末端故障により、702
台の風力発電機が解列し、1006.2MWの出力は損失し、西北送電線網の基
幹網の周波数が50.03ヘルツから49.81ヘルツに落ちた深刻な結果となっ
た。表4-7は4.17酒泉事故において、解列した風力発電機メーカーおよび
解列率を示している。

　以上のケースによれば、解列事故が発生した風力発電機は、中国の上位
メーカーである華鋭、金風、東汽、とりわけ華鋭が生産したものが最も多

138

表 4-7　甘粛酒泉風力発電設備低電圧解列事故（2011 年 4 月 17 日）

風力発電所	メーカー	事故前稼働台数	低電圧解列台数	解列率（%）
干西第三風力発電所	華鋭	132　（台）	132　（台）	100
大梁風力発電所	東汽	64	64	100
干西第一風力発電所	華鋭	54	54	100
北大橋東風力発電所	東汽	64	56	87.5
橋西第三風力発電所	金風	42	34	81
橋東第二風力発電所	東汽	10	8	80
干東第一風力発電所	東汽	115	88	76.5
向陽風力発電所	江陰遠景	33	11	33.3
橋東第一風力発電所	金風	167	46	27.5
干東第二風力発電所	金風	33	7	21.2
	華鋭	100	18	18
橋西第二風力発電所	華鋭	66	11	16.7
干西第一風力発電所	金風	56	3	5.4
橋西第一風力発電所	華鋭	131	4	3.1
干西第二風力発電所	華鋭	122	3	2.5

出所：国家電力監管委員会（2011d）。

い。

　中国西北電監局は甘粛酒泉で発生した事故について調査を行った。調査の結果によると、中国の風力発電設備の製造技術は先進国より大幅に遅れ、多数の風力発電設備は LVRT（Low Voltage Ride-Through）機能を備えていない。故障によって送電線網の電圧が低下した場合、風力発電設備が LVRT 機能を備えていないために、送電線網から解列することとなった（西北電監局 2011）。

　LVRT とは、何らかの事故が発生して系統電圧が低下しても、風力発電システムが電力系統から解列しないという機能である。ちなみに、風力発電を数多く導入したヨーロッパのドイツやスペインでは、送電線網の安定を確保するために、風力発電設備が送電線網と接続する条件として、LVRT のみならず、DVS（Dynamic Voltage Support）（電圧低下時に所定の電力を

出力することによって系統電圧を支える）機能も備えなければならないと定めている（科学技術振興機構中国総合研究センター　2011、p.144）。

しかし、世界第1位の風力発電導入国になったにもかかわらず、中国ではLVRTなどの技術についての規定が存在しなかった。2010年以降、LVRT機能が不備なために、解列事故が多発するなか、中国国家電力監管委員会は2011年5月4日に「風力発電所の安全に対する監督管理の強化、大規模な風力発電設備の解列事故の抑制に関する通知（弁安全［2011］26号）」（原文「関於切実加強風電場安全監督管理　遏制大規模風電機組脱網事故的通知」）を通達し、風力発電設備はLVRT機能を備えなければならない、また既設の風力発電設備は改造しなければならないなどの措置を設けた（国家電力監管委員会　2011b）。

しかし、国家電力監管委員会はあくまでも監督管理部門であり、強制力を持っていない。後述するように、風力発電設備がLVRT機能を備えなければならないことが国家標準として明確に規定されたのは、2012年6月1日に実施された「風力発電所の系統連系に関する技術規定」（原文「風電場接入電力系統技術規定」）である。

2．系統連系・送電に関する問題

前述したように、中国の風力発電設備容量は飛躍的に増加した。しかし、風力発電所に設置された風力発電機は、すべて送電線網と接続（系統連系）しているわけではない。中国の風力発電産業の急成長におけるもう1つの大きな問題は、建設された風力発電所が送電線網と系統連系できない、あるいは系統連系しても発電が制限され、送電できないという問題である。この問題は2009年から始まり、風力発電所の爆発的な増設に伴い、一層深刻になりつつある。

（1）系統連系できない問題

前掲図4-1は、中国可再生能源学会風能専業委員会の統計による風力発電所に設置された風力発電設備容量である。これとは別に中国水電水利規画

図4-3 2001〜2011年中国の風力発電設備容量（累計）設置・系統連系

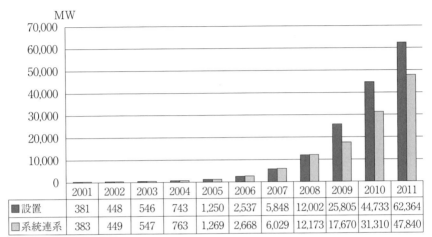

出所：設置は中国可再生能源学会風能専業委員会（2012）、系統連系は李俊峰等（2012）p.24（原資料は水電水利規画設計総院、国家風電信息管理中心「2011年中国風電建設統計評価報告」）より作成。

設計総院は系統連系された風力発電設備容量をまとめている。ここでは、上記2つの機構の統計を用い、設置設備容量と系統連系設備容量を比較してみよう（図4-3）。

2001〜2008年には、設置容量と系統連系容量はあまり差がなかった（2つの統計が異なるデータを用いているために若干の差異がある）。しかし、2009年に系統連系容量は設置容量より8100MW余り少なかった。2011年になると、その差はさらに1万4500MW以上に拡大した。すなわち、2011年累計設置容量のうち、23%は系統連系されていないのである。

風力発電機が年末に設置されたために系統連系がまだ終わっていない場合もあるが、最も根本的な原因は、風力発電所を建設する際に送電線網と連系する計画がないことにある。この点について、詳細は後述する。

（2）風力発電所の発電量が制限される問題

中国の「再生可能エネルギー法」は、送電企業が再生可能エネルギーに

第Ⅲ部　事例研究

表 4 - 8　2009 年、2010 年 1〜6 月、2011 年風力発電の買取・未買取電力量

	2009 年			2010 年 1〜6 月			2011 年		
	買取 (GWh)	未買取 (GWh)	制限率 (％)	買取 (GWh)	未買取 (GWh)	制限率 (％)	買取 (GWh)	未買取 (GWh)	制限率 (％)
全国	25,610	2,760	9.73	22,254	2,776	11.09	63,537*	12,300*	16.22*
内モンゴル	8,470	1,986	18.99	7,183	2,101	22.63	21,980	6,958	24.04
内：西部	5,971	1,468	19.73	5,253	1,527	22.52	13,230	4,000	23.22
内：東部	2,499	518	17.17	1,930	574	22.92	8,750	2,958	25.26
吉林	2,009	194	8.81	1,426	260	15.42	3,987	696	14.86
黒竜江	1,497	113	7.02	1,408	166	10.55	4,394	744	14.48
河北	2,333	264	10.17	2,302	61	2.58	8,765	361	3.96
遼寧	2,537	23	0.90	2,284	64	2.73	6,606	656	9.03
甘粛	1,153	181	13.57	938	124	11.68	7,085	2,680	27.44

出所：2009、2010 年は国家電力監管委員会（2011a）、2011 年は国家電力監管委員会
　　　（2012）。
注：1．制限率＝未買取／（買取＋未買取）×100％。
　　2．*は「三北地域」のみのデータである。
　　3．内モンゴルには 2 つの送電線網がある。東部の送電線網は「蒙東電網」と呼ば
　　　　れ、国家電網に所属し、西部の送電線網は「蒙西電網」と呼ばれ、内モンゴル自
　　　　治区に所属する。

よって発電された電力を全量買い取るべきであると定めた。しかし、現実に
は中国の風力発電所が系統連系しても、送電線網企業は全量買取りをするこ
とはない。風力発電所の発電量が制限される、いわゆる「棄風現象」は 2009
年に出現し、年々悪化している。
　中国の国家電力監管委員会の統計を用い、具体的な数字を通じて、風力発
電が制限される問題の現状を見ておこう（表 4 - 8）。なお、2010 年 7〜10 月
に中国の国家電力監管委員会は、全国範囲で 2010 年上半期の風力発電が制
限される問題を調査した。したがって、2010 年のデータは通年ではなく、
上半期のみである。
　2009 年に全国において送電企業が買い取った風力発電の電力量は 2 万
5610GWh、買い取らなかった電量は 2760GWh であり、全国平均制限率（表

第4章　風力発電産業の育成

4-8の注1参照）は9.73％であった。風力発電が制限されている省は、いずれも「三北地域」にある。制限率が最も高いのは内モンゴルであり、18.99％の風力発電が制限された。

2010年1～6月に送電企業の未買取電力量は2776GWhであり、2009年の通年量を上回った。制限率も11.09％へと上昇した。なかでも内モンゴルの制限率は依然として最も高く、22.63％の風力発電が制限された。ちなみに、内モンゴルは中国で風力発電所が最も多い地区であり、2010年6月までに系統連系した風力発電所の容量は全国の31.8％であった。

2011年には、風力発電が制限される問題は一層深刻になった。全国の80％以上の風力発電設備容量を占めている「三北地域」だけでも、買い取られなかった風力発電電力量は1万2300GWhへと急上昇した。甘粛省の制限率は最も高く、27.44％に上昇した。その次は内モンゴルであり、風力発電の制限問題は解決されないばかりか、さらに24.04％へと悪化した。

2012年に、風力発電の制限問題はより深刻化した。2012年に制限された風力発電電力量は約2万GWhに上った（人民日報　2013b）。

風力発電が制限されるために、風力発電所の稼働時間数も減少した。国家電力監管委員会（2011c）によれば、2010年に全国の風力発電所の年平均稼働時間は2047時間であり、2009年よりも30時間減少した。2011年年平均稼働時間は1920時間にまで大幅に減少した。特に内モンゴル、甘粛など風力発電の設備容量が大きい省は1800時間台に落ちた（国家能源局　2012a）。2012年に、風力発電所の年平均稼働時間はさらに1890時間にまで減少した（人民日報　2013a）。

（3）系統連系できない、風力発電が制限される原因

なぜクリーンな風力発電は系統連系できず、また系統連系しても発電は制限されているのか。風力発電所の建設は飛躍的に推し進められたのに対し、送電線網の建設は大幅に遅れたからである。

第1に、風力発電所の建設ばかりを追求し、送電線網へ繋がる送電線網の建設計画が策定されていない。たとえば、国家電力監管委員会によれば、2011

143

第Ⅲ部　事例研究

年末までに、許可を得て建設中の風力発電所の設備容量は4340MWに上る。しかしそのうち、送電線網に繋がる計画が決定されたのは1530MWだけで、これは全プロジェクトの3分の1にすぎない（国家電力監管委員会2012）。

　第2の原因として、中国の独立的な送電線網と遅れている送電線網の建設、および消費市場を無視した発電所の建設が挙げられる。

　風力発電は風によって左右され、風速によって発電量は変化する。したがって、風力発電には不安定性、間欠性がある。そのために、天然ガスのように直ちに出力が調節可能な発電が不可欠であり、それにより風力発電の不安定性を補完し、送電線網全体の安定をはかる必要がある。さらに、送電線網の設備容量が大きければ大きいほど、受容可能な風力発電の電力量も大きい。

　中国の風力発電所は「三北地域」に集中している。しかし、「三北地域」の電力消費は少なく、電力需要が多い地域は東部、南部、中部に集中している。そのために、東部、南部、中部への送電が必要とされている。

　しかし、中国の送電線網は地域ごとに独立している。2002年に中国は電力産業を独占していた国家電力公司を、5つの発電会社、および国家電網、南方電網の2つの送電会社に分けた。また、国家電網はさらに5つの地域送電線網、すなわち、華北、西北、東北、華東、華中送電線網に分割された。このように、中国には6つの地域送電線網があり、それぞれが複数の省をカバーする。また、新疆送電線網は行政上、西北送電線網に所属しているが、地理上は独立している。チベット送電線網も地理的に独立している。図4-4は中国のこのような独立的な送電線網を示している。

　以上の6つの送電線網以外に、中国にはもう1つ省レベルの送電線網がある。それは、内モンゴルに所属し、「蒙西電網」と呼ばれている内モンゴルの西部の送電線網である。蒙西送電線網は国家電網から独立している。ちなみに、内モンゴルの東部の送電線網は国家電網に所属し、東北送電線網の一部になっている。

　このような地域送電線網の間は連結するルートがあるが、送電能力はかな

第4章　風力発電産業の育成

図4-4　中国の送電線網図

出所：国家電力信息網。

り限られている。「三北地域」の送電線網は電力消費が少ないために、もともと脆弱である。そのため、間欠性がある風力発電が大量に入ると、送電線網は受容できなくなる。その結果、送電線網の電力量を管理する部門は風力発電の出力を制限することとなる。

　外部へ送電するためには、地域間の送電線網を連結するルートを新たに建設しなければならない。現実には地域間の送電線網の建設はかなり遅れている。たとえば、風力発電容量が最も多い内モンゴルは、余剰電力を華北送電線網へ送電している。しかし、蒙西送電線網と華北送電線網を連結するルートは2つしかなく、送電容量はかなり限られている。第3のルートは2006年という早い時期にすでに計画されていたが、2012年5月現在、いまだ建設は始まっていない（人民網 2012）。

　国家電力監管委員会（2012）によると、現在、風力発電による電力は原則として省内で消費することとなっている。しかし、一部の省は消費市場が明

145

第Ⅲ部　事例研究

らかに限られており、隣接している複数の省も消費しきれない。

「三北地域」は確かに他の地域と比べると、風力エネルギーが豊富であり、利用できる土地も東南部より多い。その意味で、当該地域に風力発電所を多く建設するのは合理的である。しかし、より重要なのは、風力発電を利用するための送電線網の建設である。

また、より根本的な問題は、風力で発電された電力の消費を原則として省内に限定するのであれば、なぜ複数の省をカバーする地域送電線網さえ受容しきれないほどの風力発電所の建設が許可されたかである。結局、電力を利用するために風力発電所を建設したのではなく、単に建設のために建設したかのように見える。

こうして送電線網への接続する建設計画や消費市場がさほど重視されることなく、風力発電所の建設ばかりが進められてきた。風力発電設備容量の飛躍的な増加は、まさに従来どおりの投資依存型成長といえよう。

第3の原因として、風力発電機の品質が挙げられる。多数の風力発電機はLVRT機能が不備であるために事故が多発した。そのため送電会社側は系統連系を回避する傾向がある。

また、風力発電所は政府から増値税の半減や企業所得税減免など、事実上の補助金を受けているのに対して、送電線網会社側には補助金がない。風力発電の不安定性や間欠性などの特徴があるために、風力発電を送電線網と連系すると、送電線網を管理する複雑さやコストも増える。送電線網会社側へのインセンティブの有無についても疑問は残る。

それに加え、風力発電と他の発電、とりわけ石炭による火力発電との競争もある。風力発電の出力は不安定なために、かなりの規模で、かつ出力が調節可能な他の発電が不可欠である。しかし、稼働中の石炭発電の出力を抑えると、石炭の利用効率が低くなり、火力発電企業の利益は低下する。

近年中国の石炭価格は上昇しているものの、電気料金は政府によって統制されている。いわゆる「市場の石炭、計画の電気（市場価格の石炭、計画価格の電気料金）」の体制の下で、石炭発電企業の経営は悪化している。しかも、火力発電企業は政府の補助金がなく、風力発電所が受けている税優遇も

第 4 章　風力発電産業の育成

受けられない。山東省電力監管弁公室（国家電力監管委員会の下級官庁）
（2011）によると、山東省の火力発電所は、風力発電のために無償で出力を
調節しており、何の補償も受けていない。赤字に陥っている火力発電所は経
営が一層悪化している（山東省電力監管弁公室 2011）。

（4）送電できない問題はいかに深刻か

① 内モンゴル

　まず、風力発電設備容量が最も大きい内モンゴルのケースを見てみよう。

　国家電力監管委員会（2011d）によると、内モンゴルの灰騰梁地区の風力
発電設備容量は 1200MW に達したのに対して、送電能力は 400MW にも満
たなかった。2011 年には送電用に 1 台の基幹変圧施設が増設され、送電能
力は 600MW まで上がったが、1200MW の風力発電設備容量と比べれば、
明らかに不足している。しかし、当該地区の新規風力発電設備容量は依然と
して増加基調にある。

　もう 1 つの事例を見てみよう。内モンゴルの東部の通遼送電線網では、火
力発電設備容量は約 2870MW であり、風力発電設備容量は約 3000MW であ
る。しかし、現地消費は 800〜900MW にすぎず、外部への送電能力は 3500
MW にとどまり、余剰の 1500MW 前後の発電設備容量は現地で消費でき
ず、外部へも送電できない。その結果、風力発電が制限される現象はかなり
厳重である。

② 甘粛省

　次に、西北地域にある甘粛省のケースを見てみよう。

　甘粛酒泉は風力発電の重点発展地区である。2010 年 6 月時点の酒泉の風
力発電設備容量は約 1000MW であった。その時点ですでに酒泉および河西
地区[9]は受容できず、風力発電の大部分は電力の集散地である省都・蘭州へ
送電しなければならない。しかし、酒泉は最も近い蘭州からも 800km 離れ

9）酒泉は河西地区範囲にあり、また河西地区は甘粛省の一部である。

147

第Ⅲ部 事例研究

ている（国家電力監管委員会 2011a）。

2011 年に甘粛酒泉地区は 25 カ所の稼働中の風力発電所を持ち、風力発電設備容量は 4046MW に急増し、甘粛省の風力発電設備容量の 16.5% を占めることになった（国家電力監管委員会 2011d）。また、酒泉地域に計画された風力発電基地の設備容量は 1 万 MW で、2010 年 6 月時点の設備容量の 10 倍である。さらに、2015 年に酒泉風力発電基地の発電電力量は 2 万 5000GWh に上ると予測されている。

このような風力発電電力量は甘粛省の送電線網は無論のこと、西北送電線網全体でさえ受容できない。しかも、酒泉はあくまでも甘粛省のなかの 1 つの地区にすぎず、甘粛省、さらには西北地域に他の風力発電所が数多く建設されている。しかし、外部（他の地域送電線網）へ送電するための送電線網の建設や、受容（消費）市場はいまだ明確になっていない（国家電力監管委員会 2011a）。

3．産業発展の支援基盤の未整備

風力発電産業の発展において、もう 1 つの大きな問題は、技術標準の欠如・遅れ、風力発電設備品質の検査・測定機構の不足、研究機構の欠如など、産業発展の支援基盤の未整備である。

（1）技術標準の欠如・遅れ

2005 年に公布された「再生可能エネルギー法」によれば、国務院標準化行政主管部門は、国家再生可能エネルギー電力の系統連系技術標準や他の再生可能エネルギー技術と製品に関する国家標準を制定し、公布するとしている。しかし、風力発電所の建設を飛躍的に進めてきたのに対して、2012 年 6 月 1 日まで、風力発電設備の系統連系に関する国家技術標準は存在しなかった。

系統連系に関する技術標準のみならず、風力発電機の他の技術に関する標準も存在しなかった。電力価格と国産化率ばかりが重視され、技術は無視されてきた。たとえば、2003 年から実施された風力発電プロジェクト特別許

第4章　風力発電産業の育成

可経営権入札制度は、最も安い電力価格および70％以上の風力発電機の国産化率を入札条件とし、技術についての条件は示されなかった。

LVRT 機能がないことによる大規模な解列事故をはじめとして、事故の多発や建設した風力発電所が系統連系できない問題は技術標準の欠如と無関係ではない。電力を管理する政府部門、再生可能エネルギーの専門協会や技術専門家は、風力発電に関する報告書において、国家技術標準の欠如がすでに風力発電産業の発展を阻害する重大な問題になっていると指摘し、国家技術標準の制定を強く呼びかけた。たとえば、王仲穎等（2010）、Li et al. (2010)、国家電力監管委員会（2011a、2011d）などが挙げられる。

2010年から国家能源局は風力発電業の標準を制定し始め、2011年8月に、系統連系、風力発電機の製造や、風力発電所の建設、運営管理などに関する18項目の技術標準を公布した。

2011年12月30日に国家標準化管理委員会はようやく国家標準としての「風力発電所の系統連系に関する技術規定」を公布し、2012年6月1日に施行した。同「規定」では、LVRT 機能を常備することが明確に定められている。

しかし、中国の風力発電所に設置された風力発電機の大多数は LVRT 機能がないために、改造の必要がある。改造費用も高く、1機あたりの改造費用は当初10万元前後と見込まれていたが、実際には50万元に達したケースもあるという（科学技術振興機構中国総合研究センター　2011、p.145）。

（2）研究機構、品質検査・測定機構の遅れ・不足

2006年に国家発展改革委員会と財政部は「風力発電産業の発展を促進するための実施意見に関する通知（発改能源［2006］2535号）」を通達し、技術研究開発、検査測定や風力発電設備および基幹部品を試験するプラットフォームなど、産業発展の支援システムの設立を主要な任務として取り上げた。しかし、実際には、これらの産業支援システムの設立ははるかに遅れている。

まず、品質検査・測定の現状を確認しておこう。前述したように、大多数

149

第Ⅲ部　事例研究

の風力発電設備はLVRT機能がないために、改造しなければならない。改造された風力発電機や新機種は、検査・測定を受ける必要がある。

ところが、中国にはLVRT機能の検査・測定資格がある機構は1つしかなく、検査・測定能力は不足している。費用は非常に高いのに加えて、検査・測定を受けるためには数カ月の時間を要する。また、部品・パーツを交換する場合には、さらに待たなければならない。国家電力監管委員会（2011d）によれば、2011年9月末までに、全国において、LVRT機能の検査・測定が完了したのは、13社の風力発電設備メーカーの13機種だけである。それに対し、2009年末までに約90社の風力発電機メーカーが誕生した。

次に、研究開発機構の状況を見てみよう。中国は風力発電設備の生産量において、急速に世界第1位になったのに対して、他の国と比べると、研究開発費は極めて少ない。また、2010年までに、中国には風力発電に関する国家レベルの研究機構や、風力発電設備・基幹部品を試験する公共プラットフォームがなかった（李俊峰等 2010、p.62）。

2010年に、中国科学技術部と国家能源（エネルギー）局は、主に風力発電設備メーカーに委託し、9つの研究開発センターや実験室の設立を許可した。また、2011年11月には、国家能源局は北京鑑衡認証センターに委託し、「国家エネルギー風力・太陽エネルギーの模擬・検測認証技術重点実験室」を設立した（李俊峰等 2012、p.44）。

こうして、政府の研究開発を推進する姿勢がようやく見えるようになった。ただし、前述した9つの研究開発センターのうち、1つは中国科学院工程熱物理研究所に委託して、同研究所に設立されたものであり、もう1つは風力発電機メーカー華鋭と上海交通大学が提携して設立されたものであり、他の7つはすべて風力発電機メーカーあるいは国家電網に委託して設立されたものである。基本的に企業任せになっている。

（3）人材育成の遅れ、トレーニングの欠如

風力発電産業では、人材育成の遅れや、トレーニングの欠如も問題になっている。

150

第 4 章　風力発電産業の育成

国家電力監管委員会（2011d）によると、大多数の風力発電所の従業員は専門知識がなく、経験もない。たとえば、甘粛酒泉地域にある橋西第三風力発電所には従業員が 15 人いるが、全員が風力発電所の経験を持たない。また、同じ甘粛酒泉地域にある天潤風力発電所には、従業員 13 人がいる。その中の 3 人は火力発電所の経験があるが、他の 10 人は新卒であり、経験が皆無である。

また、従業員は十分な職業訓練を受けていないために、何らかの小さな故障が発生しても直ちに対応できず、大きな事故へと悪化する恐れは十分ありうる。

4．生産能力過剰

（1）生産能力過剰

2000 年代半ばから成長し始めた風力発電機製造業は、すでに生産能力過剰に陥っている。政府が数多くの優遇政策によって風力発電産業を発展させてきたために、風力発電設備製造業に参入した企業は急激に増加した。2004年に中国の風力発電機メーカーは 6 社しかなかったが、2009 年末までに約 90社が誕生した。もともと鉱山採掘業、自動車修理業、エアコン取付サービスの業界までもが参入した（人民網 2010a）。

国務院は 2009 年 9 月に、一部の産業の生産能力および重複建設を抑制するために打ち出した政府通知「部分産業の生産能力過剰および重複建設を抑制して産業の健康的な発展を導くための若干意見（国発［2009］38 号）」（原文「国務院批転発展改革委等部門関於抑制部分行業産能過剰和重複建設引導産業健康発展若干意見的通知」）の中で、鉄鋼、セメントなどの従来の生産過剰産業のみならず、風力発電設備、多結晶シリコン（次章参照）などの新興産業も重複建設が発生したと指摘した。同「通知」によると、中国にはすでに 80 社以上の風力発電機メーカー（部品メーカーは含まれていない）が存在するにもかかわらず、参入を希望する企業はまだまだ多い。毎年風力発電機の新規増設は 1 万 MW 前後であるのに対し、2010 年に中国の風力発電機の生産能力は 2 万 MW を超えると見込まれた（国務院弁公庁

第Ⅲ部　事例研究

2009）。

　政府の指摘にもかかわらず、その後も中国の風力発電設備の生産能力は拡
張し続けた。李俊峰等（2012、p.58）によれば、2011年に中国の風力発電設
備の生産能力はさらに3万MW以上に拡張した。2011年の中国の新規増設
容量は1万7631MWに達し、すでに世界新規市場の43％を占めた。中国は
世界最大の市場を持っているにもかかわらず、過剰生産能力の結果、風力発
電設備製造業の稼働率は60％にすぎない。

（2）過度競争

　風力発電機メーカーは急増し、生産過剰により競争は激化した。2010年
には、約10社が風力発電機製造業から撤退し、2010年末現在、風力発電機
メーカーは約80社となった。また、80社のうち、完成品の生産に至った
メーカーは38社にすぎず、多くのメーカーは設計図を購入し、単純な組立
段階にとどまっている（人民網 2011a）。

　風力発電機製造業も生産過剰による「価格戦（過度競争）」が激化した。2008
年に風力発電機の価格は6500元／kWであったが、2009年に5400元／kW
に、2010年には4000元／kW以下に下落した（人民網 2011a）。さらに2011
年には3700元／kW以下へと急落した（李俊峰等 2012、p.59）。それに伴
い、風力発電機メーカーや部品メーカーの利益も急速に低下した。

　このような価格の下落は、規模の経済性や生産性の上昇などの要因による
ものだと思われるかもしれない。ここでは、2011年中国市場シェアの上位2
社、金風と華鋭（上場済み）の「財務年報」を通じて、それぞれの売上高、
営業コストおよび利益を見てみたい。

　まず、華鋭の2011年の年報によれば、2011年の売上高は104億元であ
り、2010年の203億元よりも48.7％減少した。それに対し、営業コストは
2010年の195億元から2011年の102億元へと47.7％減少した。また、営
業利益は2010年の31.3億元から2011年の5.3億元に急減し、83.1％減少
した。華鋭はこのような利益の激減に対し、国家産業政策の転換および市場
競争の激しさが販売量および価格の下落をもたらした、と解釈している（華

152

第 4 章　風力発電産業の育成

鋭風電科技（集団）股份有限公司 2012)。

　中国可再生能源学会風能専業委員会の統計によると、2010 年華鋭の国内新規容量は 4386MW であり、2011 年は 2939MW へと減少し、輸出はなされなかった（中国可再生能源学会風能専業委員会 2011、2012)。確かに、華鋭は 2011 年の発電容量ベースの市場シェアが 33% 減少したが、利益の減少幅は 83% 減とはるかに深刻である。

　また、金風の 2011 年の年報を見てみよう。2011 年の金風の売上高は 128 億元であり、2010 年の 175 億元と比べると 27% 減少した。原材料・部品や人件費などの営業コストは、2010 年の 147 億元から 2011 年の 108 億元へと 26.8% 減少した。営業利益は 2010 年の 23.8 億元から 2011 年の 7.2 億元に 70% 減少した。

　利益の減少について、金風は市場競争の激化による風力発電機の価格の下落や保有していた一部の風力発電所を処分したために発電収入が減少したことなどを原因としている（新疆金風科技股份有限公司 2012)。しかし、2011 年金風の売上高の中で、96% 以上は風力発電機・部品の販売であり、発電収入は 1% にすぎない（他には、約 3% の風力発電サービス収入がある)。また、2011 年の風力発電機・部品の売上高は 2010 年より 28% 減少した。つまり、利益の急減は風力発電機・部品の売上高の減少によりもたらされた。

　2010 年に金風は 3735MW の国内新規市場を獲得したほか、4.5MW の風力発電機を輸出した。2011 年に金風は 3600MW の国内市場に加えて、189MW の発電機を輸出した。2011 年は 2010 年より発電容量ベースでの市場シェアは 1.3% と微増をみたが、利益は 70% の大幅な減少となった。

　以上のように、風力発電機の価格の急落は、規模の経済性や技術進歩により生産コストが削減されたのではなく、生産過剰が引き起こした過度競争の結果にほかならない。

153

第Ⅲ部　事例研究

第6節　新たな組立産業

中国政府は、新エネルギー産業を戦略的新興産業と指定し、自主イノベーションによる成長を繰り返し提唱しており、先進的な技術・自主知的財産権・自主ブランドを持つように発展させようとしている。中国の風力発電機製造企業は自主ブランドで生産、販売しているので、自主ブランドを持つ産業であるといえるが、中国の風力発電産業が自主技術を有しているかどうかは、次の点から検討する必要がある。

1．ライセンス生産・設計図の購入

王仲穎等（2010）によれば、風力発電設備（最終製品）を生産する金風、華鋭、東汽、上海電気、運達など、中国の上位メーカーは主にライセンス生産に従事しており、自主的知的財産権を有しているわけではない。金風、東汽、運達はドイツのRepower社から、華鋭はドイツのFuhrlander社から、上海電気はイギリスのEU ENERGY WIND社からライセンスを導入している（王仲穎等 2010、p.24）。他の小規模のメーカーは、設計図を購入する段階にとどまっており、いずれにせよ、自主技術を持たない。

2009年の80社の風力発電機メーカーの動きを見ると、70社以上が国外から設計図を購入し、試運転や測定をすることなく、ただちに一定規模の生産に突入している。数社の風力発電機メーカーは、同じ外国企業から、同じ設計図を購入しており、なかには外国でも数台しか設置されていない技術、すなわち、いまだ成熟段階に到達していない技術の設計図を購入したケースも見られる（人民網 2009）。風力発電産業においても、他の在来産業と同様に、技術導入が重複して行われた。

ただし、金風のように、外国企業を買収することにより、技術を獲得した例外もある。金風の事業は、1980年代初頭に分散型の小型風力発電機を新疆の農村や牧場地区に導入して始まった。1988年に、金風の前身である新疆風能公司は、風力資源の気象観測を行っていた新疆水利水電研究所をベー

スにして設立された。新疆風能はもともと風力発電所の建設運営を主要な業務としていた。1997年に、新疆風能は風力発電所の運営の経験を生かして、風力発電機製造業へ参入しようとし、外国から風力発電機の生産技術を導入した。2001年に、増資などを経て、名前を新疆金風科技へ変更した。2008年に金風はドイツの子会社を通じて、もともと業務関係があったドイツのVENSYS社の70%の株を取得した（新疆金風ホームページ）。

　VENSYS社はPM－DD（永久磁石直接駆動）式の風力発電機の技術に優位性を持つ。金風はVENSYS社を買収することにより、その技術を獲得した。その後、金風はVENSYS社と連携してPM－DD式の風力発電機の開発を続け、これが同社の主な販売機種となった。

　技術獲得の観点からは、2000年代後半から設立して急成長した他のメーカーと比べると、金風は比較的イノベーティブな企業といえる。しかし、総じて言えば、中国の風力発電機産業全体は自主技術を持たない。

　中国の風力発電設備メーカーが2000年代半ばに導入したのは主にMW以下の風力発電設備技術である。その後、中国の発電機メーカーは2MW、3MWなど高出力の風力発電設備の生産に乗り出し、5MW、6MWの風力発電設備の研究開発も進んでいる。なかでも、2006年に設立したばかりの華鋭は10MWの風力発電機の研究開発に着手した。また、中国の風力発電設備メーカーはすでに洋上風力発電設備を生産している。2010年に、中国初・アジア初の洋上風力発電所である上海東海大橋100MW洋上風力発電プロジェクトが完成し、本格的な運転が始まった。設置されたのは、華鋭が生産した洋上風力発電設備である。

　中国の風力発電機の製造業は後発であり、外国技術の導入を通して生産を始めた。技術導入から改良へ、さらに技術革新に至るまでには相当な時間を要する。また、改良した最適設計の新機種を生産するには、導入した技術を十分に消化・吸収したうえで、基礎研究・試験および経験の蓄積が必要である。しかし、中国の風力発電機製造業は新機種の生産速度や規模ばかりを追求し、技術の消化・吸収、製品の品質、最適設計などをさほど重視していな

かった。それゆえに、前述した風力発電機の倒壊や火災など、品質による事故が多発することとなった。

　MW 以下から 2MW、3MW へ、また陸上から洋上へ、中国の風力発電設備メーカーは次々と生産に乗り出したので、凄まじい技術進歩を遂げたように見えるが、現実はどうであろうか。李俊峰等（2012、p.66）によると、中国の風力発電設備メーカーは外国から購入した陸上風力発電設備の技術を完全に消化・吸収する前に、陸上風力発電設備の技術を用いて洋上風力発電設備を生産し、実際に洋上に設置した。また、風力発電設備に何らかの故障が発生し、中国メーカーが解決できない場合は、外国のエンジニアが修理に来るまで待つしかない。

2．基幹部品の外部依存

（1）核心的な基幹部品

　中国の風力発電設備メーカーは、生産量において短期間のうちに世界上位レベルまで発展を遂げたものの、基幹部品は外部調達に依存している。

　中国には風力発電機の部品メーカーは 100 社以上あり、風力発電機の翼を生産するメーカーも 50 社余りある。部品メーカーの中では中国企業が多いものの、基幹部品を生産できる企業はかなり少ない。

　風力発電設備の部品のなか、最も核心的な基幹部品はインバータ、制御システムおよび基幹ベアリングである。これらの基幹部品の輸入依存度、あるいは中国に立地する外資企業への依存度は 50% 以上である（李俊峰等 2012、p.66）。

　インバータはスイス ABB 社の現地法人、フィンランドの VERTECO 社およびオーストリアの Windtec 社に依存している。制御システムの調達先はオーストリアの Windtec 社、デンマークの Mita 社、ドイツの SEG 社などの外国企業に依存し、中国メーカーは金風しかない（王仲穎等 2010、pp. 28‐29）。たとえば、中国の上位メーカー・華鋭は、コア部品をアメリカの AMSC 社（American Superconductor Corporation）から購入していた。華鋭の購入量は AMSC 社の生産量の実に 4 分の 3 を占めていた（新華網

第 4 章　風力発電産業の育成

2011）。

（2）主要な基幹部品

　次に重要な基幹部品である翼の状況を見てみよう。風力発電機の翼を生産するメーカーの中、外資企業としては LM 社、Vestas 社、Gamesa 社、Suzlon 社、Nordex 社、TPI 社がある。外資企業は中国企業より数が少ないが、最も生産規模が大きな翼メーカーはデンマークの LM 社である。

　LM 社は風力発電機の翼の世界 3 大メーカーである。LM 社は 2001 年に中国へ進出し、天津に翼工場を建設した（新華網 2007）。中国の風力発電機の需要が急増したために、2007 年に新疆のウルムチに新しい工場を建設した。新疆工場の生産量はたちまち市場の需要を満たせなくなったために、2009年 6 月には河北省の秦皇島に第 3 工場を建設した。LM の秦皇島工場の生産量は LM ウルムチと天津工場の生産量の合計を超えており、中国で最も大きな翼工場である（新華社 2009a）。

　このように、中国企業は風力発電機の最終製品の国内市場において、90％の市場シェアを獲得したが、基幹部品は基本的に外国に依存している。

　確かに風力発電設備はハイテク製品であるが、それは基幹部品がハイテクだからであり、それが技術のコアとなっている。しかし中国の風力発電設備製造業は外国から設計図を購入し、基幹部品を輸入に依存し、外部から調達した発電機、変速ボックス、メイン軸、制御システム、翼などの部品を組み立てて、風力発電設備を作り上げたのである。しかも、生産規模や速度ばかりを追求し、導入した技術の消化・吸収は十分ではない。その意味では、中国の風力発電産業は他の在来産業と同様に、短期間に大量生産を実現した組立産業にすぎないのではなかろうか。

第 7 節　中国の風力発電産業の成長要因

　本節では、中国の風力発電産業の成長要因を分析する。

157

第Ⅲ部　事例研究

1．風力発電に対する全量買取制度・税優遇

まず、風力発電に対する全量買取制度や税優遇が挙げられる。

第1に、政府は「再生可能エネルギー法」を制定し、再生可能エネルギーの全量買取や電気料金の上乗せを法律で定めた。これにより、風力発電所の建設に向けてのインセンティブが高まった。

第2に、政府は風力発電に対する税優遇策も打ち出した。

① 「資源総合利用および他産品の増値税政策の問題に関する財務部、国家税務総局の通知（財税［2001］198号）」

2001年12月1日に、財政部と国家税務総局は「資源総合利用および他産品の増値税政策の問題に関する財務部、国家税務総局の通知（財税［2001］198号）」（原文「財政部、国家税務総局関於部分資源総合利用及其他産品増値税政策問題的通知」）を通達した。一部の資源の再生利用や建築資材を対象とし、2001年1月1日以降、増値税（17％）を半減することを定めた。風力によって発電された電力は増値税半減の対象に含まれる（財政部・国家税務総局 2001a）。

② 「資源総合利用および他産品の増値税政策に関する通知（財税［2008］156号）」

2008年12月9日に、財政部と国家税務総局は前記「財税［2001］198号」を廃止し、新たに「資源総合利用および他産品の増値税政策に関する通知（財税［2008］156号）」（原文「関於資源総合利用及其他産品増値税政策的通知」）を通達した。「財税［2008］156号」は優遇対象となる産業を修正し、また優遇内容に関しても増値税の免除や50％の還付などを細分化した。風力によって発電された電力は増値税の50％還付の対象と指定された（財政部・国家税務総局 2008）。

すなわち、風力発電企業は、8.5％の半減された増値税を享受できることとなった。

158

第 4 章　風力発電産業の育成

増値税の他に、企業所得税の優遇政策も打ち出された。

③　「西部大開発の税優遇政策問題に関する財政部、国家税務総局、税関総署の通知（財税［2001］202 号）」

2001 年 12 月 30 日、財政部、国家税務総局、税関総署は連合して「西部大開発の税優遇政策問題に関する財政部、国家税務総局、税関総署の通知（財税［2001］202 号）」（原文「財政部、国家税務総局、海関総署関於西部大開発税収優恵政策問題的通知」）を通達した。同「通知」は風力発電産業を対象とする政策ではないが、以下の内容が後の風力発電産業の成長と関連があるため、ここで取り上げる。西部地域で新設した交通、電力、水力等の企業に対して、生産経営の開始日から企業所得税を 2 年間免除し、その後 3 年間半減する、といった「2 免 3 減」税優遇政策が打ち出された。中国の風力発電設備容量が大きい内モンゴル、甘粛、新疆などの省・自治区は西部地域に含まれているので、同税優遇政策を享受できることとなった（財政部・国家税務総局 2001b）。

④　「中華人民共和国企業所得税法実施条例（中華人民共和国国務院令第512号）」

2007 年 12 月 6 日に、国務院は「中華人民共和国企業所得税法実施条例（中華人民共和国国務院令第 512 号）」を公布し、2008 年 1 月 1 日から実施した。同条例第 87 条によれば、「公共インフラ・プロジェクトの企業所得税優遇目録」（原文「公共基礎施設項目企業所得税優恵目録」）により指定された電力、交通、港湾などの公共インフラ・プロジェクトを行う企業は、営業収入が発生した年度から、第 1～3 年の企業所得税の免除、第 4～6 年の企業所得税の半減措置を受けることができる（国務院弁公庁 2007）。

また、2008 年 9 月 8 日に、国家税務総局が公布した「公共インフラ・プロジェクトの企業所得税優遇目録（2008 年版）（財税［2008］116 号）」（原文「公共基礎施設項目企業所得税優恵目録」）（2008 年 1 月 1 日から実施）によれば、風力発電新規プロジェクトは企業所得税優遇の対象となっている

159

第Ⅲ部　事例研究

（国家税務総局　2008b）。

　すなわち、2008年1月1日から、風力発電所を経営する企業は、3年間の企業所得税の免除および3年間の所得税半減、といった「3免3減」税優遇を受けることができることとなった。

　風力発電は税優遇政策を受けられるために、発電企業の風力発電所の建設に向けてのインセンティブはさらに上昇した。以上の政策が引き出したインセンティブの下で、風力発電所の建設はブームとなった。風力発電所の建設がブームになったために、風力発電設備の需要は急速に高まった。需要が急増したために、多くの企業は風力発電設備製造業に参入した。

　もちろん、上記の法律や税優遇政策は否定されるものではない。しかも、前記の税優遇政策はもともと再生エネルギー利用の推進などを狙って打ち出されたものであり、風力発電のみを対象とするものではない。中国のエネルギーの利用効率の低さや環境汚染などを考慮に入れると、再生可能エネルギーの利用を推進するための政策は必要であると考えられる。したがって、これらの税優遇政策は明らかに風力発電産業の成長要因である。

2．国産化率を決める輸入代替政策

　中国の風力発電機製造業を発展させるために、政府は輸入代替政策を打ち出した。

　第1に、2005年7月4日に、国家発展改革委員会は「風力発電の建設管理に関する国家発展改革委員会の通知（発改能源［2005］1204号）」（原文「国家発展改革委関於風電建設管理有関要求的通知を公布した。同「通知」は、風力発電設備製造の国産化の促進や中国の風力発電の計画・設計・管理および設備生産能力の向上を狙い、風力発電所を建設する際に、風力発電設備の国産化率が70％以上に達しなければならない、設備の国産化率要求を満たせない風力発電所の建設を許可しない、と定めた[10]（国家発展改革委員会　2005a）。

10）2008年に中国メーカーはすでに70％以上の新規市場シェアを占めていたために、2009年11月25日に、国家発展改革委員会は同規定を取り消した。

第4章　風力発電産業の育成

　ただし、外資系メーカーが中国工場で生産したものも国産であると見なされ、また部品の国産化に関しては、何の要求もなされていない。国家能源（エネルギー）局新エネルギー司の副司長・史立山によれば、国内企業や外資系企業に関する規定がなく、国内設備や部品の調達率についての規定もない（新華網 2010）。つまり、国内企業や外資系企業にかかわらず、完成品が中国で生産されたものであれば国産品であると見なす、と理解できる。このように風力発電設備の国産化率が定められたために、中国メーカーの市場シェアは急速に拡大することになる。

　第2に、前述したように、2003 年から導入された風力発電プロジェクト特別許可経営権入札制度は、70% 以上の風力発電設備の国産化率に加えて、①風力発電設備製造企業であること、②風力発電設備製造企業と他の投資者の共同事業体であることを入札者の条件とした。

　これらの政策は中国メーカーに巨大な国内市場を提供した。国内市場を獲得したために、中国メーカーは市場シェアを拡大し、わずか数年のうちに世界上位 10 社にランクインできたのである。

3．政府の補助金

　政府は風力発電設備メーカーおよび部品メーカーへの資金補助政策を打ち出した。

①　「風力発電産業の発展を促進するための実施意見に関する通知（発改能源［2006］2535 号)」

　2006 年 11 月 13 日に、国家発展改革委員会と財政部は「風力発電産業の発展を促進するための実施意見に関する通知（発改能源［2006］2535 号)」（原文「国家発展改革委員会　財政部関於印発促進風電産業発展実施意見的通知を通達した。同「通知」は、先進的な技術・自主知的財産権・ブランドを持つ風力発電製造業の育成や、研究開発・検査測定・認定機能を持つ産業支援システムの設立を中心的な課題として取り上げた。また、重点企業を選別し、MW 級以上の風力発電機の生産能力がある企業に補助金を出す、と

161

第Ⅲ部　事例研究

いった産業支援策が打ち出された。さらに、第11次5カ年計画期末、すなわち、2010年末までに、風力発電設備の国家標準の制定、風力発電機および基幹部品の測定・検査を行う公共技術プラットフォームの設立、5000MWの風力発電容量の導入などが、主要な目標として掲げられた（国家発展改革委員会 2006b）。

　前述したように、2010年末までに、中国が導入した風力発電設備容量は4万4733MWへと急増し、目標の約9倍を実現した。しかし、生産量の急増に対し、国家標準の制定や測定検査や認定体系の設立は早くから目標として掲げられていたものの、実際にはかなり遅れることとなった。この遅れは、後に国産風力発電機の事故の多発など、風力発電産業の発展における多くの問題と無関係ではない。

② 「風力発電設備の産業化の特別資金の管理に関する暫定方法（財建［2008］476号）」

　2008年8月11日、財政部は「風力発電設備の産業化の特別資金の管理に関する暫定方法（財建［2008］476号）」（原文「風力発電設備産業化専項資金管理暫行方法を打ち出した。同「方法」は、第1章で取り上げた2006年2月に国務院が公布した「装置製造業の振興の加速に関する国務院の若干の意見（摘要）（国発［2006］8号）」の実施細則である。同「方法」によると、中央財政は風力発電設備の産業化を支援するために、産業化基金を設立した。具体的には、風力発電機および部品を生産する中国企業あるいは中国側が支配する企業を支援対象とし、企業が開発・商業化生産した最初の50基の1.5MW以上の風力発電機および部品に対し、600元／kWの奨励金を提供することとなった（財政部 2008b）。

　中国可再生能源学会風能専業委員会（2010）によると、2009年末までに、華鋭、金風など7社がこの奨励金を受けた。2009年に、奨励金を受けた機種は全国新規市場の69%を占めていた。

第 4 章　風力発電産業の育成

4．ライセンス生産・部品の外部調達・輸入関税の減免

　外国からの設計図の購入や基幹部品の輸入により風力発電設備メーカーの生産は可能となった。

　また政府は、風力発電設備メーカーに対し、大量生産のための基幹部品・原材料の輸入に際し、輸入関税・増値税の還付、さらには免除措置を講じて生産拡大を支援している。

①　「装置製造業の振興の加速に関する国務院の若干の意見を遂行させるための輸入税政策に関する通知（財関税［2007］11 号）」

　2007 年 1 月 14 日、財政部、国家発展改革委員会、海関（税関）総署、国家税務総局は、「装置製造業の振興の加速に関する国務院の若干の意見を遂行させるための輸入税政策に関する通知（財関税［2007］11 号）」（原文「関於落実国務院加快振興装備製造業的若干意見有関進口税収政策的通知」）を通達した。同「通知」は、前章で取り上げた国務院の「装置製造業の振興の加速に関する国務院の若干の意見（摘要）（国発［2006］8 号）」の実施細則である。同「通知」によると、国務院が指定した 16 業種の重要技術装置を開発・製造するために、企業は基幹部品や国内では生産できない原材料を輸入する際に、申請のうえ、納付した関税・増値税の還付を受けることができる。同「通知」は、還付された関税・増値税は国家による投資として見なされ、企業は新製品の研究・生産や自主イノベーションのために用いることが義務付けられた。国務院が指定した 16 業種の重要技術装置の中で、高出力の風力発電機は大型クリーン高効率発電装置類に含まれる（財政部・国家発展改革委員会等 2007）。

②　「高出力の風力発電設備および基幹部品・原材料の輸入税政策の調整に関する財政部の通知（財関税［2008］36 号）」

　2008 年 4 月 14 日、財政部は前記の「装置製造業の振興の加速に関する国務院の若干の意見を遂行させるための輸入税政策に関する通知（財関税

第Ⅲ部　事例研究

［2007］11 号）」に基づき、風力発電機についての輸入税の政策を調整し、
「高出力の風力発電設備および基幹部品・原材料の輸入税政策の調整に関す
る財政部の通知（財関税［2008］36 号）」（原文「財政部関於調整大功率風
力発電機組及其関鍵零部件、原材料進口税収政策的通知を通達した。「財関
税［2008］36 号」は、関税・増値税還付の対象となる高出力の風力発電機
は 1 台の定格出力が 1.2MW 以上の風力発電機であるということを明確にし
た。風力発電設備を生産するための多くの基幹部品・原材料は、関税・増値
税還付の目録にリストアップされた[11]（財政部 2008a）。

　また、税還付申請企業については、高出力風力発電設備あるいは基幹部品
の設計・試作能力があること、技術人員を有すること、強い消化・吸収能力
および製造能力があること、明確な市場対象およびユーザーがあること、制
御システム、インバータ、ギアボックスを除いて風力発電設備の年間販売量
が 50 台以上、翼の販売量が 150 個以上、発電機の販売量が 50 台以上である
こと、などの条件を定めた。ただし、研究生産の初期段階にある企業に対し
ては、上記条件を満たさなくてもよいことが付記されている。

　上記の「財関税［2008］36 号」は 2008 年 1 月 1 日（輸入申告日）から実
施され、2009 年 7 月 1 日に廃止された。廃止されたのは、新たな「重要技
術装置の輸入税政策の調整に関する通知（財関税［2009］55 号）」が公布さ
れ、2009 年 7 月 1 日から実施されたからである。また、関税・増値税の還
付は中止されたのではなく、「財関税［2009］55 号」が税還付の内容を引き
継いだ。

11）具体的には、基幹部品：基幹ベアリング、制御システム、ブレーキ装置（ブレーキ用
　　制動装置、液圧ポンプ）、風向計、風速計、ブレード・ピッチ制御システム、ヨー制
　　御システムなど。
　　原材料：翼（エポキシ樹脂、エポキシ樹脂硬化剤、接着剤、接着剤の硬化剤、フォー
　　ム芯材、バルサ材）、ギアボックス（ベアリングなど）、発電機（ベアリング、滑車
　　輪、避雷針）、コントロール・システム（エンコーダー、センサー）、インバータ（電
　　力コンデンサー、インテリジェント・パワー・モジュール、避雷器）。

第 4 章　風力発電産業の育成

③　「重要技術装置の輸入税政策の調整に関する通知（財関税［2009］55
　　号）」

　この通知は、財政部、国家発展改革委員会、工業情報化部、海関総署、国
家税務総局、国家能源局によって 2009 年 8 月 20 日に通達された。同「通
知」は、中国企業の核心的競争力や自主イノベーション能力の増強、および
産業構造の高度化の推進を目的とし、国家が支援する重要技術産業を対象と
し、基幹部品・原材料の輸入関税・増値税を免除する政策である（財政部・
国家発展改革委員会等　2009）。

　「財関税［2008］36 号」の輸入関税・増値税の還付と異なり、「財関税
［2009］55 号」は輸入関税・増値税の免除を目的としている。すなわち、輸
入企業にとって、手続きはさらに簡略化された。また、「財関税［2009］55
号」は、「財関税［2008］36 号」の関税・増値税還付目録に掲載された基幹
部品・原材料を引き継いで免税目録にリストアップした。

④　「重要技術装置の輸入税政策の目録の調整に関する通知（財関税
　　［2012］14 号）」

　2012 年 3 月 7 日、財政部・工業情報化部・海関総署・国家税務総局はさ
らに上記の「財関税［2009］55 号」の免税目録を修正し、新たに「重要技
術装置の輸入税政策の目録の調整に関する通知（財関税［2012］14 号）」
（原文「関於調整重大技術装備進口税収政策有関目録的通知を通達した。同
「財関税［2012］14 号」は免税を受けることができる企業の条件を再調整
し、具体的には風力発電機を生産する企業の場合は 2MW 以上の風力発電機
の年間販売量が 150 台以上、部品メーカーの場合は翼の販売量が 300 個以
上、発電機の販売量が 100 台以上と定めた。ただし、2.5MW 以上の風力発
電機およびそれに用いられる基幹部品に対する販売量の要求はない（財政
部・工業和信息化部等　2012）。

　「財関税［2009］55 号」の免税目録と比べてみると、「財関税［2012］14
号」は部品を若干削除したが、依然として風力発電機の多くの部品が掲載さ
れている。

165

第Ⅲ部　事例研究

　政府が公布した免税品目の関税率を調べてみると、2012 年の免税リストに掲載された品目の関税率は CIF（Cost, Insurance & Freight）価格の 0%〜18% であり、増値税は CIF 価格の 17% である。すなわち、風力発電設備メーカーは基幹部品・原材料を輸入する際に、17%〜35% の関税・増値税の免除を享受できる。

　設計図の購入、部品の寄せ集め、輸入関税・増値税の還付・免除により、中国の風力発電設備メーカーは短期間のうちに世界最大規模の生産を実現した。

5．巨大な資金力を持つ国有企業のバックグラウンド

　中国の風力発電機の主要なメーカーはいずれも大手国有企業の子会社であり、巨大な資金力を有する。たとえば、2011 年中国新規市場シェアの第 2 位、世界市場シェア第 7 位の華鋭は、大手国有企業・大連重工の子会社であり、2006 年に設立された。

　また、同様に中国第 3 位、世界第 8 位の連合動力は中国国電集団公司の子会社であり、2007 年に設立された。親会社の中国国電集団公司は前述した中国の五大発電企業の 1 つであり、フォーチュン 500 社の第 341 位（2012 年）に位置する中央企業[12]である。ちなみに、李俊峰等（2012、p.51）によると、中国において風力発電所を運営している発電企業のうち、発電容量ベースでは中国国電集団公司はシェアが最も大きく、2011 年に新規市場の21.9%、累計市場の 20.6% を占めている。

　2007 年に設立されたばかりの連合動力は、2012 年までに、すでに 7 つの工場を建設している。資金力がなければ、このような飛躍的な成長はとても実現しえないであろう。

12）中央企業とは、国務院国有資産監督管理委員会が直接に監督・管理する国有企業以外に、中国銀行監督管理委員会、中国保険監督管理委員会、中国証券監督管理委員会が管理する金融業に属する企業、国務院の各部門およびその他の団体が管理するタバコ、塩、鉄道輸送、港湾、空港、放送、テレビ、文化、出版などの業界に属する企業である。

第4章　風力発電産業の育成

　巨大な資金を集中的に投下できるために、中国の風力発電機メーカーは急
速に生産拡大を実現できた。これも中国の風力発電産業が急成長した要因の
1つであるといえる。

　このように、中国の風力発電産業の急成長は、自主イノベーションに基づ
く成長というよりは、政策誘導型成長であるといえよう。風力発電産業に対
しては、中国政府が「自主イノベーション」を提唱し、成長方式の転換とい
う大きな期待を寄せている。ところが、風力発電産業は、発電所の建設にお
いても、風力発電設備の製造においても、これまでの中国経済・産業の成長
パターンと同様に、手厚い優遇政策が講じられており、過度な投資に依存し
て成長を遂げた。その急速な成長は必ずしも「自主イノベーション」による
ものではない。

第8節　まとめ

　中国政府はこれまでの投資に依存する粗放型成長の限界を認識したうえ
で、イノベーションによる成長への転換を提唱した。今日の中国経済が抱え
る諸問題を考慮に入れると、中国が技術進歩に依存した成長方式への転換を
図る時期を迎えていることは明らかである。その意味で、「自主イノベー
ション」の提唱は適切な政策判断といえよう。
　しかし風力発電産業を見るかぎり、政府が講じた補助金や基幹部品の輸入
関税・増値税の免除措置などの戦略的新興産業振興措置は、基本的に生産拡
張支援策である。戦略的新興産業として指定された風力発電産業は、外国か
らの技術導入にとどまっており、基幹部品・原材料を外国に依存し、自主技
術を持たず、過剰生産能力を持つ産業として成長した。
　技術基盤が弱い後発国が先進国の技術や先進技術が体化された生産設備を
導入することにより先進国にキャッチアップするのは、確かに効率的な方式
であり、これこそが後発性の利益である。かつての日本や韓国がその好例で
ある。

167

第Ⅲ部　事例研究

　1950年代初頭に、日本政府は技術導入を奨励するために、国内では生産できない機械や高性能の機械を対象に輸入関税免除措置を講じた。しかし1960年代半ばに、政府は関税免除政策を廃止し、技術政策の重点を技術導入から国内の研究開発に移行した（後藤 2000、pp.95‐96）。日本の機械製造業者は、輸入された機械をリバース・エンジニアリングすることにより技術を学び、「一号機輸入、二号機国産」のキャッチフレーズのもとで、徐々に技術力を高めていった（後藤 2000、p.77）。

　中国も先進国からの技術導入、あるいは先進国企業の進出に伴う技術移転により、いまだ組立段階にとどまっているとはいえ、最終製品の生産面でキャッチアップを実現した。

　しかし、より肝心な点は、技術導入後の技術の消化・吸収、さらにはこれに基づく技術改良である。中国の抱える問題は、技術導入が重複的に行われているにもかかわらず、技術消化・吸収があまり進んでいないところにある。この点に関しては、従来からも様々な指摘がなされてきた。たとえば、李京文編（1995、pp.340‐341）によると、中国は主に大量にフルセットの生産設備を重複導入することにより迅速に大量生産を実現した。一方、導入した技術に対する消化・吸収などへの資金投入は極めて少ない。その結果、過剰なまでの生産設備を導入することとなった。日本や韓国では技術導入と消化・吸収の資金投入比率が1：3であるのに対して、中国のその比率は6：1にも達していない。

　この問題は今日に至るまで存在している。風力発電設備製造業は、同じ技術の設計図を重複的に導入し、なかにはまだ成熟段階に到達していない技術の設計図さえ購入した。中国の地理条件や天候に合わない技術でも改良されることなく、風力発電設備はそのまま発電所に設置されている。また、高出力の洋上風力発電設備が生産されたとはいえ、基本的には導入した技術をそのまま転用しただけである。

　最終製品と比べると、基幹部品や生産設備は技術の塊と言っても過言ではない。基幹部品の研究開発を進めない限り、いつまでも技術導入依存の段階にとどまることは避けられないであろう。

ところが、政府は基幹部品の輸入関税・増値税を免除することにより、企業の組立生産を事実上奨励したことになる。販売数で関税免除を享受できる企業を決めるような政策は、市場メカニズムによる資源の効率的な配分を明らかに妨げており、企業の自社開発の意欲を低下させる恐れがある。なぜならば、自社開発するには相当の時間が必要だからである。基幹部品を輸入して組立さえすれば、直ちに完成品を市場に投入し、逸早く市場シェアを確保することができる。市場シェアが高ければ高いほど、関税免除が享受でき、それによって競争力が高まる。逆に、自社開発志向の企業は組立企業に市場を奪われる可能性が高い。たとえば、堀井（2010）によると、業界第5位の華創風電は制御技術を瀋陽工科大学の自主技術をベースにしている。ところが、中国可再生能源学会風能専業委員会（2013）の統計によれば、2012年になると、華創風電は中国新規市場のわずか2%しか獲得できず、順位も第15位にとどまっている。

政府の政策が生産規模・速度ばかりを加速させたために、新興産業である風力発電産業は、わずか数年間で生産過剰、さらには過度競争に陥った。過度競争に陥ったメーカーには技術開発の余地はほとんどない。

さらに、技術進歩による成長への転換を図るためには、企業の技術力の向上を目的とした技術標準、品質検査機構や製品・部品をテストする技術サービス・プラットフォームなどが必要不可欠である。ところが、政府は当初より技術標準を大幅に緩和し、製品の品質検査機構などの産業発展の支援基盤の整備も遅れている。風力発電設備が試運転をされていないために生じた事故の多発は、政策の甘さがもたらした必然的な結果であるといえよう。

結局、組立から自主研究開発への転換が強調されているなかで、風力発電産業はコア技術を外国に依存し、新たな組立産業として発展した。風力発電産業の急成長は、やはり従来どおりの投資に依存する粗放型成長にとどまっており、「自主イノベーション」による成長方式の転換を実現できていない。

政府は、企業の生産活動には介入せず、大量生産のための補助金や輸入関税減免を廃止し、技術標準の整備、製品の品質を高めていくための技術サー

第Ⅲ部　事例研究

ビス・プラットフォームや国家的な研究機構の設立、人材の育成など、産業
発展の基盤整備を通して、産業発展の支援を図るべきであろう。

第5章　太陽光発電産業の育成

第1節　はじめに・先行研究

　本章では、太陽光発電産業を取り上げ、成長過程を概観したうえで、成長過程における問題点を考察し、その急成長の要因を分析する。そして、「自主イノベーション」の実態を分析したうえで、戦略的新興産業の育成政策の評価を試みることとする。なお、本章では、太陽光発電産業は太陽電池の製造業および太陽電池による発電業を意味することとする。

　「中華人民共和国国民経済と社会発展の第12次5カ年計画」によれば、太陽エネルギー発電装置の製造業と発電業は新エネルギー産業に含まれている。太陽エネルギーによる発電は、太陽光発電（太陽電池による発電）と太陽熱発電といった2つのタイプに大別できる。太陽光発電は太陽熱発電と比べ、広く利用されている。本章は産業育成政策に着目し、太陽エネルギー発電装置の製造業、つまり太陽電池製造業（原材料の多結晶シリコン製造業を含む）と発電業を中心に議論することとする。

　太陽光発電産業に関する先行研究としては、丸川（2009、2013）、Marukawa（2012）が挙げられる。丸川（2009）は中国の太陽電池産業が先進製造装置の購入や海外上場で資金調達することにより成長し、事実上ヨーロッパの下請け業者にとどまっていることを指摘している。Marukawa（2012）は世界第一の太陽電池メーカーとなったサンテック（尚徳電力）のケーススタディを通じ、中国の太陽電池産業の急速な成長を可能にしたポイントとして、①

171

第Ⅲ部　事例研究

製品アーキテクチャーのモジュール化、②太陽電池メーカーから製造装置メーカーへの生産技術の移転、③資金調達戦略、④技術選択を指摘している。また、丸川（2013）は太陽電池産業における日中逆転が生じた理由として、①太陽電池製造装置メーカーにより「ターンキー・ソリューション」製造装置の提供、②中国の労働コストの低さ、③企業構造の相違、を挙げている。

　中国の太陽光発電産業の成長要因として、以上の先行研究があげた要因に加え、①中国政府の手厚い支援政策、②海外上場による資金調達を大幅に上回る国内銀行の融資、③中国の税優遇政策、④環境保護コストの欠如、を無視することはできない。丸川（2009、2013）、Marukawa（2012）は2009年以降政府が太陽光発電の国内導入を推進する政策を多く取り上げたが、企業の生産拡張への支援や②〜④の要因に関する言及は限定的である。そこでは、本書では、これらの優れた先行研究を参考にしながら、上述した部分を補填しつつ、議論を進めることとする。

第2節　太陽光発電産業の位置づけおよび政策・法規

　本節において、太陽光発電産業に関連する法律や政策を取りまとめる。基本的に公布順に言及するが、連続性がある政策については、前後の順にかかわらずまとめて論述する。

1．太陽光発電産業の位置づけ

　風力発電産業と同様に、太陽光発電産業は政府に奨励類産業、重要技術装置製造業、ハイテク産業、戦略的新興産業、先進的な装置製造業として指定された[1]。

1）政策の詳細は第4章第2節を参照。

第 5 章　太陽光発電産業の育成

2．太陽光発電産業の育成政策

① 「再生可能エネルギー産業発展指導目録」

　前章でも取り上げたが、2005 年 11 月 29 日に国家発展改革委員会は「再
生可能エネルギー産業発展指導目録」を公布し、再生可能エネルギーの利用
および関連製造業に関する 88 の技術分野を指定した。このうち、風力およ
び太陽光発電産業は合計 58 の技術分野が指定された（国家発展改革委員会
2005b）。

② 「重要技術装置の輸入税政策の調整に関する通知（財関税［2009］55
　　号）」

　2009 年 8 月 20 日の「重要技術装置の輸入税政策の調整に関する通知（財
関税［2009］55 号）」（第 4 章第 7 節参照）は、太陽エネルギー発電設備
（具体的な部品リストは未発表）を重要技術装置・製品の目録に掲載した。
この目録に掲載された品目は輸入関税・増値税の免除を享受できる。

③ 「重要技術装置の輸入税政策の目録の調整に関する通知（財関税
　　［2012］14 号）」

　2012 年 3 月 7 日の「重要技術装置の輸入税政策の目録の調整に関する通
知（財関税［2012］14 号）」（第 4 章第 7 節参照）は、太陽電池ウェハー切
断機など、具体的な太陽電池生産設備・部品を重要技術装置・製品の目録に
掲載した。この目録に掲載された品目を輸入する場合には、輸入関税・増値
税が免除される。

④ 「再生可能エネルギー中長期発展計画」（～2020 年）

　2007 年 8 月 31 日に国家発展改革委員会は「再生可能エネルギー中長期発
展計画」（～2020 年）を公布した。同「計画」は、2010 年までに太陽エネル
ギー発電の累計設備容量を 300MW（うち太陽光発電 250MW、太陽熱発電
50MW）、2020 年までに太陽光発電の設備容量を 1600MW、太陽熱発電の設

173

第Ⅲ部　事例研究

備容量を 200MW に引き上げる目標を掲げた。またこの目標の中で、大型系統連系型太陽光発電所の設備容量は 2010 年までに 20MW、2020 年までに 200MW に拡大するとされた（国家発展改革委員会　2007b）。

⑤　「再生可能エネルギー発展の第 11 次 5 カ年計画」（2006～2010）

　2008 年 3 月 3 日に国家発展改革委員会は「再生可能エネルギー発展の第 11 次 5 カ年計画」（2006～2010）を打ち出した。同「計画」では、2010 年までに太陽エネルギーを利用する発電設備容量を 300MW、MW 級の太陽光発電モデル・プロジェクトを建設するといった発展目標が設定された。ちなみに、同「計画」における風力発電設備容量の目標は、1 万 MW である（国家発展改革委員会　2008）。

　太陽電池発電は風力発電よりコストが高いため、モデル・プロジェクトにとどまっており、当初政府は風力発電ほど重視していなかった。

　しかし、後述するように、中国の太陽電池製造業は外需に依存して急成長し、生産拡大を実現した結果、生産過剰に陥り、深刻な貿易摩擦に直面した。太陽電池製造業を救済する狙いもあり、政府は太陽光発電の導入目標を何度か上方修正した。

⑥　「太陽光発電の建築応用の推進に関する実施意見（財建［2009］128号）」

　2009 年 3 月 23 日に財政部は住宅・都市農村建設部と共同で「太陽光発電の建築応用の推進に関する実施意見（財建［2009］128 号）」（原文「関於加快推進太陽能光電建築応用的実施意見を公布した。同「意見」は、太陽光発電の国内応用を加速させるために、モデル・プロジェクトの形で「太陽エネルギー屋上計画」（「太陽能屋頂計画」）を実施し、財政補助を行うなどを主な内容としている（財政部・住房和城郷建設部　2009）。

⑦　「太陽光発電の建築応用の財政補助資金管理に関する暫定弁法」

　同じ 2009 年 3 月 23 日に財政部は「太陽光発電の建築応用の財政補助資金

174

第5章　太陽光発電産業の育成

管理に関する暫定弁法」（原文「関於印発『太陽能光電建築応用財政補助資金管理暫行弁法』的通知（財建［2009］129号）」）を公表し、太陽光発電の建築応用に対する補助金の基準や対象を明確にした。同「弁法」は、単一プロジェクトで50kWp以上の太陽光発電を応用したBIPV（Building Integrated Photovoltaics：建物一体型太陽光発電）やBAPV（Building Attached Photovoltaics：建物据付型太陽光発電）を対象とし、補助金は原則的に20元／Wpとされた（財政部 2009）。

⑧　「金太陽モデル・プロジェクトに対する財政補助資金管理の暫定弁法」
　2009年7月16日に財政部は科学技術部、国家能源局と共同で、「金太陽モデル・プロジェクトに対する財政補助資金管理の暫定弁法」（原文「関於実施金太陽示範工程的通知（財建［2009］397号）」）を公表した。同「弁法」は、中央財政は太陽光発電技術の各分野での応用、および基幹技術の産業化（金太陽モデル・プロジェクトと略称する）を支援するために、補助金を出すものである。具体的には、300kWp以上の太陽光発電プロジェクトを補助対象とし、系統連系型の発電プロジェクトに対しては太陽光発電システムおよび付帯送電プロジェクトの総投資額の50％を補助し、遠隔の無電地域の分散型太陽光発電システムに対しては総投資額の70％を補助すると規定している。ただし、原則的に、各省のモデル・プロジェクトの総規模は20MW以内であると定められている（財政部・科技部等 2009）。

⑨　「太陽光発電の系統連系電力価格の政策を完備させることに関する国家
　　発展改革委員会の通知（発改価格［2011］1594号）」
　2011年7月24日に国家発展改革委員会は「太陽光発電の系統連系電力価格の政策を完備させることに関する国家発展改革委員会の通知（発改価格［2011］1594号）」（原文「国家発展改革委関於完善太陽能光伏発電上網電価政策的通知」を通達した。同「通知」によると、非入札の太陽光発電プロジェクトに対して、全国統一の固定買取価格（FIT）が決められた。2011年7月1日以前に認可され、かつ、2011年12月31日までに完成した太陽光発

175

第Ⅲ部　事例研究

電プロジェクトに対しては 1.15 元／kWh の FIT が、2011 年 12 月 31 日以降に建設された太陽光発電プロジェクトに対しては 1 元／kWh の FIT が適用された。ただし、チベットは引き続き 1.15 元／kWh の FIT が適用される（国家発展改革委員会 2011c）。

　後述するように、高い FIT が適用されるために、2011 年に建設された系統連系型太陽光発電プロジェクトは前年比 7 倍以上へと急増した。

⑩　「太陽電池産業発展の第 12 次 5 カ年計画」（2011〜2015）

　2012 年 2 月 24 日に国務院によって 2011 年 12 月に公布された「工業転換・昇級計画（2011〜2015 年）（国発［2011］47 号）」に基づき、工業情報化部は、「太陽電池産業発展の第 12 次 5 カ年計画」（2011〜2015）（原文「太陽能光伏産業"十二五"発展規画」）を公布した。この計画は太陽電池産業の発展目標を定めている。具体的には、2015 年までに、多結晶シリコンのリーダー企業は 5 万トン級、中堅企業は 1 万トン級の生産量に引き上げる。また、太陽電池を生産するリーダー企業は 5GW 級、中堅企業は 1GW 級に引き上げるという目標である（工業和信息化部 2012）。

　しかし、後述するように、2011 年中国の太陽電池製造業はすでに世界全体の導入量を超えるほどの生産能力を持ち、深刻な生産能力過剰問題に陥っていた。さらに、2012 年にアメリカやヨーロッパとの間で太陽電池および関連原材料をめぐって、金額ベースでいえば史上最大規模の貿易摩擦に直面した。たとえば、2011 年に中国の太陽電池モジュールの生産能力は 30GWに達した。一方、2011 年に世界全体に設置された太陽光発電容量は 30GW程度である。

⑪　「太陽エネルギー発電発展の第 12 次 5 カ年計画」（2011〜2015）

　2012 年 7 月 7 日に国家能源局は、太陽エネルギー発電産業の発展を促進させるために、「太陽エネルギー発電発展の第 12 次 5 カ年計画」（原文「国家能源局関於印発太陽能発電発展"十二五"規画的通知（国能新能［2012］194 号）」）を公布した。同「計画」は、2015 年までに太陽光発電を 20GW、

太陽熱発電を 1GW に引き上げるという目標を掲げている。また、20GW の太陽光発電のうち、中部・東部には BIPV や BAPV など分散型の太陽光発電を重点として 10GW を導入し、新疆・甘粛・内モンゴルなどの内陸部には現地の電力供給の増加を目的として、10GW の LS−PV（Large-scale PV power plants：大規模系統連系型太陽光発電所）を建設する方針である。さらに、同「計画」は、2020 年までの太陽光発電の累計導入目標を 47GW へと上方修正した（国家能源局 2012b）。

2007 年の「再生可能エネルギー中長期発展計画」（～2020 年）によると、2020 年までの太陽光発電導入目標は 1600MW（1.6GW）である。「太陽エネルギー発電発展の第 12 次 5 カ年計画」は、2007 年に決められた目標を 29 倍に拡大した。

⑫ 「分散型太陽光発電の規模化応用のモデル地区の上申に関する国家能源局の通知（国能新能［2012］298 号）」

2012 年 9 月 14 日に国家能源局は太陽光発電の国内導入を拡大させるために、前記「太陽エネルギー発電発展の第 12 次 5 カ年計画」の実施計画の一環として、「分散型太陽光発電の規模化応用のモデル地区の上申に関する国家能源局の通知（国能新能［2012］298 号）」（原文「国家能源局関於申報分布式光伏発電規模化応用示範区的通知」を通達した。同「通知」によると、国家能源局は、①分散型太陽光発電の応用モデル地区を建設すること、②モデル地区の太陽光発電プロジェクトに対して、政府が発電量単位で補助金を出すこと、③各省に太陽光発電応用モデル地区の建設計画を制定することを指示した。また、各省に 3 カ所以内、総計 500MW の設備容量のモデル地区の申請ができるとした（国家能源局 2012c）。

各省に 500MW の太陽光発電応用モデル地区を建設するとすれば、全国には 15GW 超の分散型太陽光発電が導入されることになる。

太陽光発電産業に対しては、政府が「自主イノベーション」による成長を強調し、組立から自主研究開発への成長方式の転換という大きな期待を寄せ

第Ⅲ部　事例研究

ている。ハイテク産業や戦略的新興産業を指定することには、新たな成長の
エンジンを生み出し、産業の技術力を世界最先端レベルへ引き上げ、将来の
国際競争において優位に立つなどの狙いがある[2]。

　2011年までは太陽電池製造業に関する政策が比較的多く、具体的導入に
関するものは少なかった。2009年に「太陽エネルギー屋上計画」や金太陽
モデル・プロジェクトが打ち出されたとはいえ、いずれもモデル・プロジェ
クトにとどまり、大規模な国内導入を図るものではなかった。2011年以
降、とりわけ、2012年後半から、政府は導入に関する目標を大幅に上方修
正し、国内導入を拡大する姿勢に転換した。

　その背景には、政府が国内導入を加速させることにより、生産過剰および
貿易摩擦に陥った太陽電池製造業を救済する狙いがある。

第3節　中国の太陽電池製造業の急成長

　本節では、各種統計データを用い、国際比較を通して、中国の太陽電池製
造業の発展過程、その背景と現状を明らかにする。データの統一性を求める
ために、ここでは、国際エネルギー機関（IEA）の太陽光発電システム研究
開発プログラムである IEA–PVPS（International Energy Agency–Photovol-
taic Power Systems Programme）の年度報告書をはじめとする各種レ
ポートを用いる。IEA–PVPS 参加国は、世界の太陽電池生産量および太陽
光発電導入量の9割以上を占めている。

　IEA–PVPS 参加国は OECD 加盟国である。中国は OECD 加盟国ではない
が、2010年に IEA–PVPS に参加した。したがって、2009年以前のデータに
関しては、IEA–PVPS の報告書以外の資料を用いる。

2）篠原（1976、pp.31 – 50）によると、育成産業の伝統的な選択基準としては、所得弾
　力性基準、生産性上昇率基準、連関効果の基準などがある。中国政府は上記7つの戦
　略的新興産業を選択した際に、知識技術集約度、低資源・エネルギー消費、高雇用吸
　収力なども選択基準として用いた。

第5章　太陽光発電産業の育成

1．太陽電池とは

（1）太陽電池の構造と原理

　まず、太陽電池の構造や製造過程を簡単に説明しておきたい[3]。太陽電池はp型半導体とn型半導体を接合することにより、太陽光エネルギーを電気エネルギーへ転換するものである。n型半導体はシリコンなどの半導体に燐などを微量加えて生成される。p型半導体はホウ素を半導体に微量加えて生成される。太陽光がp型とn型半導体に当たると、pn結合部に電子（－）と正孔（ポジティブホール）（＋）が発生する。正孔はp型半導体に、電子はn型半導体に集まるので、pとnの間には電圧が発生する。pとnに電線をつなぐと、電気が流れる。太陽電池のように、光を当てることで起電力が発生する現象は、光起電力効果（photovoltaic effect）と呼ばれている。

　太陽電池は基本材料によって、シリコン系と非シリコン系に大別できる。中国が生産する太陽電池の95％以上は結晶シリコン系（多結晶シリコンと単結晶シリコン）太陽電池である[4]。

（2）太陽電池の製造過程

　結晶シリコン系太陽電池は次のような工程を経て製造される。

① 太陽電池級シリコン[5]を製造する。

② シリコン・インゴットを製造する。

③ インゴットを薄く切り、シリコン・ウェハーを製造する。

④ シリコン・ウェハーに微量の燐やホウ素を加え、上述したp型とn型

---

3) 以下の記述では、独立行政法人産業技術総合研究所などのホームページを参照した。

4) 太陽電池の技術分類については、Marukawa（2012, pp.2 - 4）、丸川（2013、pp.122 - 125）を参照。

5) 多結晶シリコンは純度によって、金属級、太陽電池級、電子級に分けられる。金属級シリコンの純度は1N（90％）〜2N（99％）、太陽電池級シリコンの純度は6N（99.9999％）〜7N（99.99999％）、電子級シリコンの純度は9N（99.9999999％）〜11N（99.999999999％）である。

179

第Ⅲ部　事例研究

半導体を製造する。ｐ型半導体とｎ型半導体を接合し、太陽電池セル
を製造する。

⑤ 複数のセルをガラス板に配列してラミネート加工し、フレームをつ
け、太陽電池のモジュールを組み立てる。

⑥ 複数のモジュールにパワーコンディショナーなどを加え、太陽電池シ
ステムを構築する。

太陽電池の製造工程のなかで、高純度のシリコン材料の製造は資本・技術
集約的で、技術レベルが最も高い。モジュールの組立は労働集約的で、技術
レベルが最も低い。

2．中国の太陽電池の生産量

2004年に中国の太陽電池セルの生産量は40MWであり、世界の生産量の
3.3％にすぎなかった。その後、中国の生産量は急増し、2008年に世界最大
の生産国となった。2011年になると、中国は世界の半分以上の太陽電池セ
ルを生産することとなった（表5-1）。

モジュール生産は労働集約的で、投資が少なく、技術も簡単なために、参
入が容易である。中国には、モジュール組立だけを行う専業メーカーが多数
存在する。丸川（2009）によれば、2007年時点で200社余りのモジュール
組立業者が存在したが、2008年には400社近くに増加し、靴や手袋の専業
メーカーまでもが参入した。

2005～2008年に、中国の太陽電池モジュール生産は毎年100％以上の伸
び率で推移した。2009年にはいったん54.3％に下落したが、2010年から再
び100％以上の伸び率を続けている。2011年の中国の太陽電池モジュール
生産量は2004年と比べると、430倍以上になっている（表5-2）。後述する
ように、中国の太陽電池製造業は生産能力過剰や深刻な貿易摩擦に陥ったた
め、2012年に伸び率は5.9％に下落した。

世界の太陽電池の主要生産国との比較を通して、世界の生産量に占める中
国の比重を見ておこう（表5-3）。

International Energy Agency（2012b、p.27）によれば、2011年に中国は

180

第 5 章　太陽光発電産業の育成

表 5 - 1　2004〜2011 年世界の太陽電池セルの生産量

単位：MW、%

	2004	2005	2006	2007	2008	2009	2010	2011
中国	40	128	342	838	1,848	3,939	11,728	20,592
年伸び率（%）		220	167	145	121	113	198	76
中国／世界（%）	3	7	14	23	27	37	49	62
ヨーロッパ	312	473	673	1,067	1,949	1,930	3,127	2,078
日本	602	833	926	938	1,268	1,508	2,182	2,069
その他	245	348	517	867	1,758	3,283	6,861	8,348
世界	1,199	1,782	2,458	3,710	6,823	10,660	23,898	33,087

出所：丸川（2013、p.100）（原資料は PV News 各号）。

表 5 - 2　2004〜2015 年中国の太陽電池モジュールの生産量

単位：MW、%

	2004	2005	2006	2007	2008	2009	2010	2011	2012	2013	2015
生産量	50	200	400	1,088	2,600	4,011	10,800	21,715	23,000	27,400	43,900
年伸び率(%)	—	300	100	172	139	54.3	169.3	101.1	5.9	19.1	—

出所：Wang(2012)、International Energy Agency(2012b) p.27、Lv et al.(2013) p.17、
　　　Lv et al.（2014）p.15、Lv et al.（2016）p.16 より作成。

2 万 1715MW の太陽電池モジュールを生産し、ドイツや日本を大幅に上回り、IEA-PVPS 参加国の生産量の 62% を占めた。また、International Energy Agency（2016、p.48）によれば、2015 年には中国の生産量はさらに 69% へと伸びた。

　このように、中国はわずか数年の間に太陽電池のセルとモジュール両方において、世界第 1 位の生産国となった。

3．中国の太陽電池メーカーの急成長

　2000 年まで中国に太陽電池メーカーは数社しかなかった。2004 年から多数の太陽電池メーカーが誕生し、その後ピーク時には 500 社余りに達した（21 世紀経済報道 2011）。

第Ⅲ部　事例研究

表5−3　2011年 IEA-PVPS 参加国の太陽電池モジュール生産量

国	生産量（MW）	割合（%）
中国	21,715	62
ドイツ	3,070	9
日本	2,548	7
マレーシア	2,185	6
韓国	1,700	5
アメリカ	1,333	4
その他	2,238	6.4
合計	34,789	100

出所：International Energy Agency（2012b）p.27 より作成。

（1）世界上位に躍り出た中国メーカー

　表5−4は2008年に世界の上位にあったメーカーの2001～2008年の生産量の推移を示している。中国の太陽電池メーカーは急成長し、次々と世界上位にランクインした。

　2007年に中国の太陽電池メーカーサンテックは、世界第3位の太陽電池メーカーとなった。2008年には、サンテックが世界第3位の位置を維持したほか、中国のインリーソーラー（保定英利）とJAソーラー（河北晶澳）も世界の上位メーカーにランクインした。ちなみに、サンテックは2001年、インリーソーラーは1998年、JAソーラーは2005年に設立されたばかりの太陽電池メーカーである。

　金融危機の発生やスペインの太陽電池バブルの崩壊などの要因により、2008～2009年に世界の太陽光発電容量は横ばいとなった。2008年にIEA-PVPS参加国は合計6146MWの太陽光発電を導入した。そのうち、スペインは2758MWと最も多く、全体の44.9%を占めていた。財政的に大きな負担となったために、スペイン政府はFITの対象となる太陽光発電を大幅に抑制した。その結果、2009年にスペインの導入量は60MWに急落し、IEA-PVPS参加国の太陽光発電導入量は6265MWにとどまった（International

182

第5章　太陽光発電産業の育成

表5-4　世界の主要な太陽電池メーカーの生産量（セル）

単位：MW

	2001	2002	2003	2004	2005	2006	2007	2008
Q-Cells（独）	0	8	28	75	166	253	389	570
First Solar（米独）	0	0	3	6	20	60	207	504
サンテック（中）	0	0	0	28	82	158	327	498
シャープ（日）	75	123	198	324	428	434	363	473
京セラ（日）	54	60	72	105	142	180	207	290
インリーソーラー(中)	0	0	0	0	10	35	143	282
JA ソーラー(中)	0	0	0	0	0	25	113	277
Motech（台）	4	8	17	35	60	102	176	275
Sunpower（米フィ）	0	0	0	0	23	63	100	237
三洋電機（日）	19	35	35	65	125	155	165	215
トリナ・ソーラー(中)	0	0	0	0	0	7	37	210
三菱電機（日）	14	24	42	75	100	111	121	148
SchottSolar（米独）	21	30	42	63	95	93	79	145
カネカ（日）	8	8	14	20	21	28	43	52
世界	371	542	749	1,199	1,782	2,459	3,710	6,823

出所：丸川（2009）（原資料は *PV News*、Vol.28、No.4、2009）。

Energy Agency 2011b、pp.5-6）。

　世界の太陽光発電容量の伸びが鈍化したにもかかわらず、輸出に依存して
きた中国の太陽電池メーカーは生産拡張のために投資を続けた。2011年の
世界の太陽電池セルの生産量は35GWであり、このうち中国の太陽電池
メーカーの上位10社だけでも11GWを占めた（Xu et al. 2012、p.19）。ま
た、Lv et al.（2013、p.17）によると、2012年の世界の太陽電池メーカー上
位10社（生産量）のうち、中国メーカーは6社を占めている。

（2）中国の太陽電池セル上位10社
　表5-5は中国太陽電池セルメーカー上位10社の2009〜2011年の生産量

第Ⅲ部　事例研究

表 5-5　2009～2011 年中国の太陽電池メーカー上位 10 社のセル生産量

単位：MW

位	メーカー	2009	2010	2011	2011 生産能力	設立年
1	サンテック*	704	1,584	1,900	2,400	2001
2	JA ソーラー	509	1,464	1,700	2,800	2005
3	インリーソーラー	525	1,117	1,603	1,700	1998
4	トリナ・ソーラー	399	1,116	1,510	1,900	1997
5	カナディアン・ソーラー*	326	523	1,000	1,300	2001
6	晶科能源*	n.a.	n.a.	810	1,200	2006
7	江蘇林洋*	220	532	800	1,300	2004
8	海潤光伏科技	n.a.	n.a.	669	1,500	2004
9	江西賽維 LDK	n.a.	n.a.	610	1,500	2005
10	常州億晶	150	312	476	600	2003
	合計			11,078	16,200	

注：*は推定値。
出所：2009～2010 年は資源総合システム（2011）、p.24（原資料は PV News　2010 年 5 月号および 2011 年 5 月号）、2011 年は Xu et al.（2012）p.19、設立年は 各社ホームページ。

の推移を示している。なお、順位は 2011 年の順位である。

　2009 年以降、中国の太陽電池メーカーの生産量はさらに拡大し続けた。2011 年の第 9 位のメーカー江西賽維 LDK はもともとシリコン・インゴット／ウェハーのメーカーであり、2005 年に設立したばかりであるにもかかわらず、世界上位のシリコン・ウェハーのメーカーとなった。同社は 2010 年に上流の多結晶シリコンや下流の太陽電池セルおよびモジュール生産に参入したが、参入後まもなく第 9 位の太陽電池（セル）メーカーとなった。また、第 8 位の海潤光伏科技も多結晶シリコン分野から太陽電池製造に参入した。

　ちなみに、上位 10 社の中で、トリナ・ソーラー（常州天合光能）とインリーソーラーを除き、他の 8 社はいずれも 2000 年代に設立されたメーカーである。設立年を問わず、いずれも積極的に生産を拡張し、産業チェーンの

184

第5章　太陽光発電産業の育成

上流から下流に参入した。また、後述するように、太陽電池セルから多結晶シリコンへと参入する企業も多い。

　日本のシャープや京セラなど数十年にわたる太陽電池生産の歴史があるメーカーと比べると、中国のメーカーはわずか数年の歴史にとどまるが、急速に世界上位メーカーに成長した。中国の太陽電池メーカーの成長の速さがうかがえる。

　しかし、表5-5が示しているように、2011年中国の上位10社の生産能力はいずれも生産量を大幅に上回り、上位10社の合計生産量は生産能力の68.4％にすぎず、上位10社の稼働率は68.4％にとどまっている。このように中国の太陽電池産業は、深刻な生産過剰問題に直面している。

4．多結晶シリコン製造業の成長

（1）背景

　シリコン系太陽電池の原材料は高純度の多結晶シリコンである。多結晶シリコン材料の供給は太陽電池生産の需要に追いつかず、多結晶シリコンの価格は高騰した。2002年時点における太陽電池級多結晶シリコンの価格は25ドル／kgであったが（中国新能源網 2008）、2008年の最高価格は500ドル／kgに達した（馬 2011）。

　2001年に中国で多結晶シリコンを生産していたメーカーは洛陽単晶硅と四川峨嵋半導体2社しかなく、生産量はごくわずかであった。馬（2011）によると、多結晶シリコンを生産していたのは四川峨嵋半導体だけであり、2005年の生産量は太陽電池級の80トンにとどまっていた。ちなみに、2005年の世界の多結晶シリコン生産量は3万2000トン（うち電子級1万8000トン、太陽電池級1万4000トン）であった（馬 2011）。すなわち、2005年の中国の生産量は世界の0.25％、また太陽電池級の0.57％にすぎなかった。

　しかし、2006年の中国の太陽電池産業の多結晶シリコンに対する需要は4000トンにも達しており、中国は3700トンの多結晶シリコンを輸入した（International Energy Agency 2012a, p.47）。中国の多結晶シリコン生産は太陽電池生産の需要に追い付かず、輸入に依存せざるを得なかった。

185

第Ⅲ部　事例研究

（2）政府の政策

　2005年12月7日に国家発展改革委員会は前述した「産業構造調整指導目録（2005年）」を公布し、シリコン、シリコン・インゴット、シリコン・ウェハー製造業を奨励類産業に指定した。

　中央政府以外にも、地方政府が太陽光発電産業に対して補助金や優遇政策を講じた。たとえば、浙江省の一部の都市では、多結晶シリコン、太陽電池セル・モジュールの製造企業に対して、100万～1000万元の補助金を支給するほか、多結晶シリコン製造の新規プロジェクトに対して1000万元を提供し、1000トン／年以上の生産を支援した。また、今後生産能力が増加すれば、100トンごとに100万元を支給する方針を打ち出した（資源総合システム 2011、p.15）。

（3）中国の多結晶シリコンの生産量の急増

　多結晶シリコン価格が高騰する中で、政府による支援政策が後押しとなって、中国では多結晶シリコン製造分野への投資ブームが沸き起こった。馬（2011）によれば、2010年に多結晶シリコン生産企業は28社を超え、さらに47の多結晶シリコン工場が建設中であるという。多結晶シリコンのブームのなかで、異業種企業も数多く参入し、それまでダウンジャケットを専業としていた企業 BSD 社までもがこの産業に参入した。

　既存企業や新設企業を問わず、多結晶シリコン製造企業は生産拡大に向けて投資を続けた。その結果、中国の多結晶シリコンの生産量も急増した（表5-6）。

　近年、太陽光発電産業は世界中で発展している。そこで、IEA-PVPS の資料を用いて、世界の多結晶シリコンの総生産量に占める中国の割合を確認しておこう（表5-7）。

　IEA-PVPS の統計は IEA-PVPS 参加国のみの生産量であるが、多結晶シリコンを生産できる国のほとんどが IEA-PVPS 参加国であるので、IEA-PVPS 参加国の合計はほぼ世界の生産量に相当する。Xu et al.（2012、p.17）によると、2011年に中国の多結晶シリコン（太陽電池級）の生産量は8

第 5 章　太陽光発電産業の育成

表5-6　中国の多結晶シリコンの生産量・輸入量

単位：トン

	2006	2007	2008	2009	2010	2011	2012
生産能力	3,300	4,500	20,000	40,000	60,000	165,000	190,000
生産量	300	1,100	4,729	20,357	45,000	84,000	71,000
輸入量	3,700	8,900	20,271	19,643	44,000	64,600	82,700

出所：2006年の生産能力は王・任・高等（2010）p.39、2006年の他のデータお
　　　よび2007～2010年はInternational Energy Agency（2012a）p.47、2011
　　　年はXu et al.（2012）p.17、2012年はLv et al.（2013）p.13。

表5-7　太陽電池級多結晶シリコンの主な生産国の生産量

単位：トン、%

国	2010	2011
中国	45,000	84,000
中国／IEA-PVPS参加国（%）	30	35**
アメリカ	42,561	40,658
韓国	20,000	40,000
ドイツ	30,100	37,150
日本	6,302	3,754
IEA-PVPS参加国合計	150,000*	－

出所：International Energy Agency（2011b）pp.24-25、International
　　　Energy Agency（2012b）p.24、Xu et al.（2012）p.17より作
　　　成。
注：*は概数。
　　**は世界の生産量に占める中国の割合。

万4000トンであり、世界の35%を占めている（表5-7）。

（4）多結晶シリコン製造上位10社

　2005年に中国の多結晶シリコンの生産量は世界の太陽電池級多結晶シリ
コンの0.57%にすぎなかった。2010年に中国の生産量は、アメリカやドイ
ツなどの伝統的な多結晶シリコン生産大国を抜いて、IEA-PVPS参加国の
総生産量の30%前後を占めるに至った。2011年に中国の生産量はさらに世
界の35%に上昇した。わずか数年間で中国は多結晶シリコンの世界第1位

第Ⅲ部　事例研究

表5-8　中国の多結晶シリコン製造企業上位10社の生産量

単位：トン、％

順位	メーカー	2010年	2011年	年伸び率（％）	設立年
1	保利協鑫	17,800	29,410	65.2	2006
2	江西賽維LDK	5,011	10,453	108.6	2005
3	洛陽中硅	4,117	8,135	97.6	2003
4	大全新能源	3,771	4,600	22	2007
5	浙江昱輝陽光	2,646	3,386	28	2005
6	宜昌南玻	1,404	2,581	83.8	2006
7	亜洲硅業（青海）	1,218	2,292	88.2	2006
8	楽山楽電天威*	1,618	1,800	11.2	2008
9	天威四川硅業*	1,268	1,700	34.1	2007
10	四川永祥*	1,000	1,400	40	2006
	Total	39,853	65,757	65	

注：*は推定値。
出所：Xu et al.（2012）p.18、設立年は各社ホームページ。

の生産国となった。

　中国の多結晶シリコン製造企業も次々と誕生し、世界レベルに成長した企業も出てきた。表5-8は中国の多結晶シリコン製造企業の上位10社の生産量を表している。

　第1位の保利協鑫（GCL-Poly）は2006年に設立され、当初の社名は協鑫硅業であった。親会社はもともと火力発電企業であった。同社は、江蘇省徐州に2006年7月に生産能力1500トン／年の第1期生産ライン、2007年8月に同じ生産能力の第2期生産ラインを建設し、2007年10月に多結晶シリコンの販売を開始した。2007年12月には、生産能力1万5000トン／年の第3期生産ラインを建設した。1年半で生産能力は10倍増となった。2009年に同社は同じ江蘇省にある多結晶シリコン生産企業である江蘇中能を買収し、生産能力をさらに拡張した。その後、同社はシリコン・ウェハーの生産にも参入した（保利協鑫ホームページ）。2011年に保利協鑫は生産量世界第

第5章　太陽光発電産業の育成

3位の多結晶シリコン製造企業となった（Xu et al. 2012、p.17）。

5．シリコン・インゴット、シリコン・ウェハー製造業の成長

　シリコンの製造や太陽電池セルの製造と同様に、中国のシリコン・イン
ゴット、シリコン・ウェハー製造業も急速な成長を遂げた。2011年に中国
は24.5GWのシリコン・ウェハーを生産し、世界の生産量（40GW強）の
約6割を占めた（Xu et al. 2012、p.18）。

　このように、中国の太陽光発電産業は2004年から本格的な成長軌道に
乗ったが、わずか数年間のうちに太陽電池の基本材料である多結晶シリコン
（太陽電池級）、シリコン・ウェハー、太陽電池のセル、モジュール、その生
産量いずれもが世界第1位となった。

第4節　中国の太陽光発電設備導入容量

1．太陽光発電設備導入容量の推移

　1980年代から中国は遠隔地の通信や過疎地域の未電化の解消などを目的
として、地上用太陽光発電を導入し始めた。しかし、導入容量は極めて限ら
れていた。1980年までの中国の太陽光発電設備導入容量（累計）はわずか
16.5kWであり、1995年になっても累計設備容量は6630kW（6.6MW）に
とどまっていた（王仲穎等 2010、p.36）。

　中国は世界第1位の太陽電池生産国ではあるが、国内導入は極めて少な
かった（表5－9）。本章第2節で述べたように、2007年に公布された「再生
可能エネルギー中長期発展計画」によれば、2020年までの太陽光発電の累
計導入容量の目標は1600MW（1.6GW）にすぎなかった。

　太陽光発電はコストが高いため、2009年から中国政府は「太陽エネル
ギー屋上計画」や「金太陽モデル・プロジェクト」を実施したが、いずれも
モデル・プロジェクトにとどまった。

　後述するように、太陽電池製造業は外需に依存して急成長し、生産拡大を

189

第Ⅲ部　事例研究

表 5‑9　2000 年以降中国における太陽光発電設備容量の推移

単位：MW、%

	農村電気化	通信・工業用	PV Pro	BIPV&BAPV	LS‑PV	年導入量	累計導入量	年伸び率（%）
2000	2.0	0.8	0.2	0.0	0.0	3.0	19.0	—
2001	2.5	1.5	0.5	0.0	0.0	4.5	23.5	50.0
2002	15.0	2.0	1.5	0.0	0.0	18.5	42.0	311.1
2003	6.0	3.0	1.0	0.1	0.0	10.0	52.0	−45.9
2004	4.0	2.8	2.0	1.2	0.0	10.0	62.0	0.0
2005	2.0	2.9	1.5	1.3	0.2	8.0	70.0	−20.0
2006	3.0	2.0	4.0	1.0	0.0	10.0	80.0	25.0
2007	8.5	3.3	6.0	2.0	0.2	20.0	100.0	100.0
2008	4.0	5.0	20.5	10.0	0.5	40.0	140.0	100.0
2009	9.8	2.0	6.0	34.2	108.0	160.0	300.0	300.0
2010	15.0	6.0	6.0	190.0	283.0	500.0	800.0	212.5
2011	10.0	5.0	5.0	480.0	2,000.0	2,700.0	3,500.0	440.0
2012	20.0	10.0	10.0	1,360.0	1,800.0	3,200.0	6,700.0	18.5
2013	50.0	10.0	20.0	800.0	12,120.0	13,000.0	19,700.0	306.3
2015						15,150.0		

出所：Lv et al.（2013）p.6、Lv et al.（2014）p.5、Lv et al.（2016）p.2。

注：1．原資料を四捨五入したために、年導入容量と用途別の合計に若干差異が生じている場合がある。

　　2．PV Pro（PV Products）は街灯などの太陽電池応用製品、BIPV（Building Integrated Photovoltaics）は建物一体型太陽光発電、BAPV（Building Attached Photovoltaics）は建物据付型太陽光発電、LS‑PV（Large-scale PV power plants）は大規模太陽光発電所である。

実現した結果、生産過剰に陥り、深刻な貿易摩擦に直面した。太陽電池製造業を救済する狙いもあり、政府は太陽光発電の国内導入に転じた。2011 年 7 月に国家発展改革委員会は「太陽光発電の系統連系[6]電力価格の政策を完備させることに関する国家発展改革委員会の通知（発改価格［2011］1594 号）」を通達した。同「通知」は、2011 年に完成した太陽光発電プロジェク

───────────────

6）系統連系とは、再生可能エネルギー発電システムを送電線網に接続する形態である。

190

トに対して 1.15 元／kWh の FIT（固定価格買取制度）、2012 年から 1.0 元／kWh の FIT を決めた。1.15 元／kWh の FIT 価格を享受するために、太陽光発電所の建設は一大ブームとなった。

ところが、2011～2012 年の導入容量のうち、約 4000MW は砂漠に建設された大規模太陽光発電所である。中国は電力消費が少ない内陸部に大規模な風力発電所を建設したために、送電面での問題がすでに深刻化している。太陽光発電についても同様であり、発電した電力をいかにして送電するかが重大な問題となっている。

2．国内導入・輸出のアンバランス

中国は世界第 1 位の太陽電池生産国ではあるが、国内導入は極めて少ない。Wang（2012）によれば、2005～2010 年においては、95% 以上の太陽電池は輸出されていた（表 5-10）。2011 年に中国政府は太陽光発電の国内導入に踏み切ったが、2011 年の国内導入量は生産量の 12% にすぎなかった。

中国の通関統計によれば、2010～2011 年の両年、中国の太陽電池の輸出額は毎年 200 億ドルを超え、中国の全ての輸出品目（HS8 桁）の中で、太陽電池は金額ベースで第 6 位の輸出品目となった。また、中国で最大の太陽電池生産量を誇る太陽電池メーカー・サンテックの輸出額は 2010 年に 26.9 億ドルに達し、外資企業を含む中国のすべての企業のなかで、金額ベースで

表 5-10　2004～2011 年中国の太陽電池（モジュール）の国内導入と輸出量

単位：MW、%

	2004	2005	2006	2007	2008	2009	2010	2011
生産量	50	200	400	1,088	2,600	4,011	10,800	21,715
国内導入	10	5	10	20	40	160	500	2,500
輸出	40	195	390	1,068	2,560	3,851	10,300	n.a.
輸出／生産量(%)	80	98	98	98	98	96	95	n.a.

出所：2004～2010 年は Wang（2012）、International Energy Agency（2011a）p.51、2011 年は International Energy Agency（2012b）p.27。

第Ⅲ部　事例研究

見れば第33位の輸出企業となった（中華人民共和国海関総署2010－2012）。しかし、95％以上の極めて高い輸出比率は、後に深刻な貿易摩擦をもたらした。

第5節　中国の太陽光発電産業の発展における問題点

1．外需依存・貿易摩擦

　前述したように、中国は生産した太陽電池の95％以上を輸出しており、外需への依存度は極めて高い。

　中国の通関統計によれば、中国の太陽電池の主要な輸出市場はドイツ、オランダ、イタリアなどのヨーロッパ諸国であり、ヨーロッパ諸国への輸出額は中国の太陽電池の輸出総額の70％〜80％を占めていた（後掲表5－12を参照）。しかし、2008年の金融危機以来、太陽光発電への補助は大きな財政負担になったために、ヨーロッパ諸国はFITを下げるなど、太陽光発電への補助を減額した。輸出に依存する中国の太陽電池メーカーは、アメリカなどの新たな輸出市場への販売を強化した。

　ドイツやアメリカでは、中国などの低コストを武器とする新興メーカーに敗れ、倒産あるいは経営不振に陥った太陽電池メーカーも現れた。欧米諸国の太陽電池メーカーの提訴により、中国と欧米諸国との間で太陽電池をめぐって深刻な貿易摩擦が発生した。2012年10月17日にアメリカ商務省は中国産の太陽電池に対して18.32％〜249.96％のアンチダンピング関税、および14.78％〜15.97％の相殺関税を課することを決定した（*Federal Register* 2012）。

　アメリカに続いて、2012年に欧州委員会は中国産の太陽電池に対するアンチダンピング調査や相殺関税調査を発動した。関連する金額は200億ドルにもおよび、中国・EU間最大の貿易摩擦の事例となった。2013年7月末に、中国とEUは、対EU輸出の太陽電池の最低価格および年間最高輸出額を設定することに合意した（『人民日報』2013年8月3日）。

2．生産能力過剰

　中国の太陽光発電産業の各段階において、生産能力過剰問題が発生した。多結晶シリコン、太陽電池セルやモジュールなどの生産量はいずれも生産能力より大幅に下回っており、実質的な稼働率は 60％ 前後にとどまっている（表 5 - 11）。

　国務院は 2009 年 9 月に、「部分産業の生産能力過剰および重複建設を抑制して産業の健康的な発展を導くための若干意見」の中で、鉄鋼、セメントなどの従来の生産過剰産業のみならず、多結晶シリコンなどの新興産業にも重複建設が発生したことを指摘した。同「通知」によると、2008 年の中国の多結晶シリコン生産量は 4000 トンであったが、生産能力はすでに 2 万トンに達した（国務院弁公庁 2009）。

　ところが、政府の指摘にもかかわらず、2012 年に中国の多結晶シリコンの生産能力はさらに 19 万トンへと急増した。しかし、2012 年の生産量は 7万 1000 トンであり、生産能力の 37％ にとどまっている（Lv et al. 2013、p.13）。

　2011 年に世界全体に設置された太陽光発電容量は 30GW 程度である。40GW の生産能力を持ちながら、生産量の 95％ を輸出に依存していた中国の太陽電池産業の生産能力はすでに世界の需要を超える。外需に過度に依存することに危惧を覚えた中国政府は、国内導入を推進し始めた。しかし、2011

表 5 - 11　中国の太陽電池製造業の生産量・生産能力

	2011			2012		
	生産能力	生産量	稼働率	生産能力	生産量	稼働率
多結晶シリコン（万トン）	16.5	8.4	51%	19	7.1	37%
シリコンウェハー（GW）	40	24	60%	50	28	56%
太陽電池セル （トップ 10 社のみ）（GW）	16	11	69%	18.6	12	65%
太陽電池モジュール（GW）	30	21	70%	40	23	58%

出所：2011 年は Xu et al.(2012)pp.16–20、2012 年は Lv et al.(2013)pp.13–17 より作成。

第Ⅲ部　事例研究

年に国内導入は 400% の伸び率で急増したものの、導入容量は 2.5GW にす
ぎず、40GW の生産能力を消化するのは現時点では不可能である。

　ところが、前述したように、2012 年に工業情報化部は「太陽電池産業発
展の第 12 次 5 カ年計画」(2011〜2015) を公布した。この計画は太陽電池産
業の生産目標を定めている。具体的には、2015 年までに、多結晶シリコン
のリーダー企業は 5 万トン級、太陽電池リーダー企業は 5GW 級に引き上げ
るという目標である (本書第 2 節を参照)(工業和信息化部 2012)。

　しかし、2011 年の時点において、中国の太陽電池のリーダー企業の生産
量は 1GW〜2GW であり、多結晶シリコンの上位 2 社の生産量はそれぞれ
2.9 万トンと 1 万トンであった。2011 年の時点で中国はすでに世界の半分以
上の太陽電池を生産し、約 35% の多結晶シリコンを生産することになっ
た。

　上記の「太陽電池産業発展の第 12 次 5 カ年計画」(2011〜2015) が掲げた
目標を実現すれば、中国の太陽電池製造業は 2011 年時点の生産能力のもと
で、さらに 2〜3 倍以上生産拡張をしなければならない。しかし、世界全体
の需要 (しかも、世界の市場も政策で支えられている市場である) を大幅に
超えるほどの生産能力に達すると、どこを市場にするのかという根本的な問
題に直面することになる。

　2008 年の金融危機以来の外需不振、過剰生産能力を抱える中国の太陽光
発電産業は、技術的な競争力もなく、低価格販売を余儀なくされた。従来の
産業と同様に、「過度競争」が訪れたのである。

　2011 年 10 月に中国の国産多結晶シリコン価格は 20〜25 万元／トンに急
落し、1 カ月のうちに 30.1% 下落した。価格は生産コストよりも低いため
に、中国の 4〜5 社大手を除き、他の多結晶シリコン生産企業はほぼすべて
生産停止、あるいは減産に転じ、多結晶シリコン産業全体の稼働率は 1 カ月
前の 70% から 20% へと急速に悪化した (謝晨 2011)。2008 年から 2011 年
10 月までに、多結晶シリコンの最高価格は 500 ドル／kg (約 370 万元／ト
ン) の約 20 分の 1 (5.4%〜6.8%) の水準に急落した。

　このような価格の急落により、中国の 3 分の 1 の太陽光発電製造企業は深

194

刻な経営不振に陥り、一部の企業は倒産した。たとえば、2011年9月以降、80％の多結晶シリコン製造企業が生産を停止した（国際金融報 2012a）。

外需の低迷や貿易摩擦に直面した太陽電池産業を救済するために、政府は導入目標を大幅に上方修正し続けた。2012年7月7日に国家能源局は、「太陽エネルギー発電発展の第12次5カ年計画」を公布した。同「計画」によると、2015年までに太陽光発電国内導入量を20GW、2020年までには47GWに引き上げるという目標が掲げられている（国家能源局 2012b）。さらに、2013年7月15日に、国務院は「太陽光発電産業の発展の促進に関する国務院の若干意見（国発［2013］24号）」（原文「国務院関於促進光伏産業健康発展的若干意見」）を公布した。同「意見」は、2015年までの太陽光発電の累計設備容量を35GWに引き上げる目標を掲げた（国務院弁公庁 2013）。

3．急速な生産拡張による債務危機

2011年に、国際市場の需要低迷、価格急落、および過剰貸付による急速な生産拡張により、中国の太陽光発電産業は深刻な債務危機に陥った。中国の太陽光発電製造企業の上位10社の累計債務は175億ドル、約1110億元にまで膨れ上がり、中国の太陽光発電産業は全体として破産寸前となった。

具体的に、2011年第4四半期から2012年第1四半期にかけて、江西賽維LDKの粗利益率はマイナス65.5％へと悪化し、2012年上半期だけで10.8億元の赤字が出た。一方、2012年上半期までの債務総額は266.76億元に上り、キャッシュ・フローは1.37億ドル（約8.3億元）にとどまる。また、サンテックは2012年第1四半期の粗利益率は0.6％にすぎず、債務総額は35.8億ドル（約226億元）に達した（経済参考報 2012）。

これらの製造企業が過度なまでの貸付をできたには、地方政府の支援と無関係ではない。この点に関しては本章第6節で詳述する。

4．高エネルギー消耗産業

太陽光発電産業は温室ガスを排出せず、汚染もなく、環境に優しいクリー

第Ⅲ部　事例研究

ンな産業と言われている。確かに、太陽電池は石炭や天然ガスなどの化石エネルギーによる発電よりもクリーンである。しかし、中国の多結晶シリコン製造業には、環境汚染・高エネルギー消耗産業の一面がある。

　中国の多結晶シリコン生産企業の平均電力消耗は先進国の3〜4倍である。また、多結晶シリコン1トン当たりの生産は、その8倍の四塩化ケイ素という副産物の発生を伴う。これは環境を汚染する有毒な液体である。大多数の企業では、四塩化ケイ素の回収設備は未設置であるか、部分的にしか設置されていなかった（南方日報　2010）。

　2010年12月31日に工業情報化部、国家発展改革委員会、環境保護部は共同で「多結晶シリコン産業参入条件（工連電子［2010］137号）」（「多晶硅行業準入条件」）を公布し、電力消耗や副産物の回収などに関する多くの基準を定めた。このように、政府はようやく多結晶シリコンの汚染問題に対する措置を講じた。その後、工業情報化部は前記「参入条件」を満たした企業リストを公布した。同リストによれば、70社の生産企業の内、20社のみが定められた条件を満たした。

　2011年に中国はすでに16.5万トンの多結晶シリコンの生産能力を持っていたが、生産量は8.4万トンにとどまった。2012年1〜8月に平均輸入価格は2011年の58.8ドル／kgから26.9ドル／kgへと急激に下落した。中国企業の生産コスト（50〜60ドル／kg）は輸入価格よりもはるかに高い。中国が生産した多結晶シリコンは品質・コスト両面において競争力を持ち合わせていないため、大量な多結晶シリコンを輸入した。江西賽維LDKや洛陽中硅（2011年に中国第2、3位の多結晶シリコン生産企業）を含む、多くの企業は生産停止、あるいは部分的な生産停止に陥った。中国第1位の保利協鑫も大幅に減産し、産業全体として窮地に陥った（中国有色金属工業協会硅業分会　2012）。

　多結晶シリコン工場の建設がブームとなった2008年に、低コスト・高品質の多結晶シリコンを製造するには、巨大な資金、設備の他に、物理、材料、化学および工程などの専門的な人材も不可欠であると中国科学院の王占国教授は述べており、多結晶シリコン工場の乱立は低水準の重複建設である

と厳しく批判している（新華網 2008）。

　しかし、多結晶シリコンの生産へ参入する企業の多くは、化学工業のバックグラウンドを持たない。それまで中国には多結晶シリコンの生産企業は2社しかなかった。それゆえ人材面でも、急増した多結晶シリコン生産企業の需要を満たすことができない状況にある。

　このように、太陽光発電産業は従来の産業と同様に粗放型成長方式であり、低炭素産業であるはずの新エネルギー産業は中国において低技術、高エネルギー消耗産業となった。

5．低付加価値の組立産業

　太陽電池の発電部分はセルである。複数のセルをガラス板に配列してフレームをつけると、太陽電池のモジュールになる。Xu et al.（2012、p.16）によれば、2011 年に中国には 60 社余りの太陽電池セルメーカーがあり、330社以上のモジュールメーカーがある。単純にいえば、約 270 社のモジュールメーカーはセルを外部調達していると考えられる。それでは、セルはどこから調達されたのか。

　ここでは、中国の通関統計を用い、太陽電池セルの輸入先を明らかにする。太陽電池の輸出が急増したために、2009 年に中国税関は太陽電池専用の HS コード（HS85414020）を新設した。ちなみに、太陽電池は生産工程によってセル、モジュールに分けられるが、通関統計上においては、いずれも HS85414020 を使っている。表 5 - 12 と表 5 - 13 は、それぞれ中国の太陽電池の輸出国と輸入国の上位 5 カ国（2011 年の金額ベース）を表している。

　中国の通関統計によれば、中国の主な太陽電池輸入先は台湾、マレーシア[7]、ドイツである。これらの国・地区はいずれも太陽電池の主な生産地である。

　2009 年に中国は 1 億 6930 万個の太陽電池を輸出し、2 億 1128 万個の太陽電池を輸入した。輸入した太陽電池の平均単価は 4.8 ドル／個、輸出は42.0 ドル／個である。輸出した太陽電池の付加価値のほうが高いように見

197

第Ⅲ部　事例研究

表5－12　中国の太陽電池輸出の上位5カ国

単位：万ドル、万個、万kg

国／地区	2009					2010					2011				
	数量	重量	金額	ドル/個	kg/個	数量	重量	金額	ドル/個	kg/個	数量	重量	金額	ドル/個	kg/個
オランダ	326	5,560	131,720	404.4	17.07	1,328	17,245	343,807	258.8	12.98	1,752	31,240	502,162	286.5	17.83
ドイツ	3,911	10,176	268,685	68.7	2.60	7,214	31,560	645,130	89.4	4.37	6,737	27,527	481,493	71.5	4.09
イタリア	514	2,601	69,414	134.9	5.06	2,628	21,595	438,396	166.8	8.22	2,505	20,071	357,353	142.7	8.01
アメリカ	507	1,389	30,624	60.4	2.74	1,020	5,601	104,253	102.3	5.49	3,579	16,862	249,471	69.7	4.71
ベルギー	100	1,827	41,637	415.7	18.24	226	3,932	77,250	341.4	17.38	574	9,941	161,381	280.9	17.31
その他	11,572	6,424	169,243	14.6	0.56	11,848	18,961	410,547	34.7	1.60	18,760	29,413	525,987	28.0	1.57
合計	16,930	27,977	711,323	42.0	1.65	24,264	98,895	2,019,383	83.2	4.08	33,908	135,055	2,277,846	67.2	3.98

出所：中華人民共和国海関総署（2010－2012）より作成。
注：太陽電池＝HS85414020。

表5－13　中国の太陽電池輸入の上位5カ国

単位：万ドル、万個、万kg

国／地区	2009					2010					2011				
	数量	重量	金額	ドル/個	kg/個	数量	重量	金額	ドル/個	kg/個	数量	重量	金額	ドル/個	kg/個
台湾	9,646	141	50,942	5.3	0.015	20,125	774	105,174	5.2	0.038	26,551	610	97,671	3.7	0.023
マレーシア	226	6	839	3.7	0.028	5,829	72	32,750	5.6	0.012	8,365	87	28,483	3.4	0.010
ドイツ	3,317	101	28,036	8.5	0.030	3,801	118	19,898	5.2	0.031	3,969	106	20,007	5.0	0.027
日本	2,600	25	9,960	3.8	0.009	3,956	51	16,294	4.1	0.013	5,300	67	22,071	4.2	0.013
フィリピン	1,814	15	2,121	1.2	0.008	6,743	54	14,827	2.2	0.008	3,498	35	7,962	2.3	0.010
その他	3,526	81	9,450	2.7	0.023	8,284	291	34,895	4.2	0.035	7,331	205	25,736	3.5	0.028
合計	21,128	368	101,348	4.8	0.017	48,738	1,360	223,837	4.6	0.028	55,014	1,110	201,930	3.7	0.020

出所：中華人民共和国海関総署（2010－2012）より作成。
注：太陽電池＝HS85414020。

えるが、実際にはそうではない。

ここで、輸出入の太陽電池の平均重量を確認しておきたい。輸入した太陽電池の平均重量はわずか0.017kg／個であったのに対して、輸出は1.65kg／個であり、輸入の95倍である。すなわち、中国から輸出した太陽電池は輸入よりも重量が95倍であるのに対して、1個当たりの単価は8.8倍にとどまった。

太陽電池のセルは、p型半導体とn型半導体（シリコン・ウェハーから製造される）を接合したものであるために、セルの1個当たりの重量は軽い。モジュールは複数のセルをガラス板に配列し、さらにフレームをつけたものであるために、1個当たりの重量はセルよりはるかに重い。

中国が輸出した太陽電池の平均重量は輸入したものよりはるかに重いことから、中国メーカーは多くのセルを輸入し、国内でモジュールに加工し、モジュールとして輸出していると考えられる。モジュール生産のみを行う専門業者のほか、2012年まで中国第1位の太陽電池メーカーであったサンテックやカナディアン・ソーラー（Canadian Solar、蘇州阿特斯）など中国太陽電池上位メーカーもモジュールのOEM（Original Equipment manufacturing）生産を行っている。

2010年と2011年に輸出した太陽電池の平均重量は約4kg／個であり、輸入は平均0.028kg／個であった。中国は依然としてセルを輸入して、モジュールに加工し、再び輸出していると考えられる。

このように、中国の太陽電池メーカーは、国産のセルの他に、台湾、ドイ

7）2010年にマレーシアが一気に中国の第2位の太陽電池輸入先になったのは、ドイツのQ-Cells（世界最大の太陽電池メーカーであった）のマレーシアへの進出と関係がある。2010年の時点で、Q-Cellsの他に、マレーシアには太陽電池メーカーがさらに4社あり、そのうち最も大きいのはアメリカのFirstSolarである。ただし、FirstSolarはCdTe薄膜太陽電池に特化してきたのに対して、Q-Cellsは結晶シリコン系太陽電池セルの生産に集中している。また、中国産の太陽電池の中で、結晶シリコン系太陽電池は95％以上である。そのため、中国がマレーシアから輸入したのは、主にQ-Cells産のセルであると考えられる。ただし、2012年にQ-Cellsは倒産し、韓国のHanwhaグループに買収された。

第Ⅲ部 事例研究

ツ（あるいはドイツ企業の海外生産拠点）などの国・地区からセルを輸入し、モジュールに組み立て、完成したモジュールをヨーロッパへ輸出している。

　実際のところ、中国の太陽電池メーカーは、中国の太陽電池製造業がグローバル分業の中で付加価値の最も低い部分を担っていることを明確に認識している。カナディアン・ソーラーの会長兼CEO・瞿曉鏵（鏵＝金＋華）によると、欧米市場で設置された太陽光発電システムの価格は2～3ドル／Wであり、そのうち中国で発生した付加価値は約0.2～0.3ドルにすぎず、全体の10%にとどまっているという（国際金融報 2012b）。

　一方、太陽電池メーカーはセルなどの原材料を輸入するには、輸入関税・増値税（Value-added Tax、付加価値税）の免除を受けられる。たとえば、中国の上位メーカー江西賽維LDKが立地する江西省新余市の税関は新余ハイテク産業パークに保税倉庫を設立した。これにより、江西賽維LDKをはじめ、新余の太陽電池製造企業の輸入関税の減免が可能となり、産業の急速な成長を加速させた（中国新余網 2009）。

　中国は外資企業の誘致や輸出促進などのために、再輸出を前提とする輸入部品・原材料に対して、輸入関税・増値税を免除する措置を講じている。これらの部品・原材料は一時的に保税倉庫に保管される場合がある。保税措置は、これまで中国の輸出の半分以上を占めてきた加工貿易の基本的なスキームとなっている。生産設備を輸入する場合は、保税倉庫は必要がない。新余関税は保税倉庫まで設立したので、江西賽維LDKなどの企業が輸入した太陽電池セルや他の原材料・部品なども輸入関税・増値税の免除措置を享受していると考えられる。

　実際に、輸入関税・増値税の免除措置を享受しているのは、江西賽維LDKだけではない。サンテックの2005年および2006年のアニュアルレポートによれば、サンテックが輸入した原材料も増値税の免除を受けている。

　中国政府は組立から研究開発への転換や産業の高付加価値化を提唱し、自主イノベーションによる戦略的新興産業の成長を促している。しかし多くの中国企業はモジュールの組立に従事しており、従来どおりの加工貿易にとど

まっている。その意味で、太陽光発電産業は新たな組立産業にとどまっているものと考えられる。

第6節　中国の太陽光発電産業の成長要因

本節では、中国の太陽光発電産業の成長要因を分析する。総じていえば、中国の太陽光発電産業は政策が後押しする外需依存型成長であるといえよう。

1．ヨーロッパ外需の存在

まず、ヨーロッパの外需が挙げられる。近年、ヨーロッパ諸国は太陽光発電の導入を推進してきた。

たとえば、ドイツは1990年に電力固定価格買取法を実施し、あらゆる再生可能エネルギー技術で発電された電力を固定価格で買い取ることを電力会社に義務づけた。また、2000年に再生可能エネルギー法が実施され、再生可能エネルギーにかかわる買取料金の20年間が設定された。再生可能エネルギー発電と在来型発電のコストの差はすべての電力消費者によって分担されることとなった（世界銀行 2009、p.183）。

再生可能エネルギーの導入の一環として、ドイツ政府は太陽光エネルギーの普及事業、すなわち"the 100000 Roofs Solar Power Programme"（10万戸の屋根に太陽光発電システムを設置するプログラム）を施行した。2002年6月にドイツ政府は買取義務の上限を1000MWへと高めた。さらに2004年1月にはドイツ政府は再生エネルギー法を改正し、買取補償額も増額した（Stubenrauch 2003、pp.24-26）。

また、スペインも2007年に太陽光発電に対する固定買取制度を実施した（丸川 2009）。

こうして、ヨーロッパ諸国において太陽光発電システムの需要が高まった。

ヨーロッパの外需が存在するために、中国の太陽電池メーカーが次々と誕

第Ⅲ部　事例研究

生し、ヨーロッパ向け輸出を中心に生産を拡大した。

２．政府の支援

　丸川（2009）が指摘したように、中国では太陽電池産業の急速な発展は、中国政府の産業政策があったから起こったわけではない。2006年に公布された「第11次5カ年計画」（2006～2010年）の第12章には、風力発電の具体的な導入地域や設備容量導入目標が明記されたのに対して、太陽光発電に関しては、積極的に太陽エネルギーを開発・利用するという記載にとどまっている。太陽光発電は風力発電よりコストが高いため、当初政府は国内導入を重視していなかった。

　中国の太陽電池製造業は外需に依存して巨大な輸出産業となった。しかし、中国に世界全体の需要を超えるほどの過剰生産能力が形成されたのは、政府の支援、とりわけ2009年以降の支援を無視できない。ただし、中国政府は主に太陽電池製造業の生産拡張を支援してきた。

　2011年までに全国31省・市・自治区は太陽光発電産業を優先的に支援する新興産業に指定した。全国600都市のうち、300都市が太陽電池製造産業を発展させ、100余りの都市が太陽電池産業基地を建設した。なかには、関連産業の基盤がない都市も、現実を無視してゼロから太陽電池製造業をスタートさせている（人民網 2011b）。

（1）江西省の事例

　ここでは、江西賽維LDK（江西省新余市）が立地する江西省の事例を取り上げ、地方政府がどこまで太陽光発電産業を支援しているかを見てみよう。江西賽維LDKの創業者・彭小峰は、もともと作業服や作業用手袋製造企業を経営していた。2005年に新余市に江西賽維LDKを設立し、生産設備を輸入し、太陽電池用シリコン・ウェハーの生産を始めた。2007年にはニューヨーク上場を実現した。化学工業の歴史をもたない江西賽維LDKであるが、2008年に原材料の多結晶シリコンの生産に参入し、太陽電池の生産にも参入した。2011年に江西賽維LDKは中国の第1位のシリコン・ウェ

第5章　太陽光発電産業の育成

ハー生産企業、第2位の多結晶シリコン製造企業となった。

　江西賽維 LDK は設立当初から、新余市政府の支援を受けた。たとえば、市政府は「太陽光発電産業の発展の加速に関する若干意見」や「江西省太陽光発電産業特色工業パークの発展への支援に関する措置」などを公布し、江西賽維 LDK を重点支援対象とした。太陽光発電製造企業に対して、土地、資金、政策、人材、電力の使用、産業チェーンの拡張などの面で一連の支援措置を講じて、同市は全力をあげて太陽光発電産業の成長を後押しすることとなった。

　具体的に、まず市政府は土地提供を優先的に保障した。省財政庁と省発展改革委員会は太陽光発電製造企業に対して、汚水排出費や環境監督観測費などの行政費用を5分の1の水準にまで引き下げた。さらに、新余市の税関は24時間通関体制をとり、通関手続きの簡素化措置や輸入関税の減免措置を講じた（中国新余網 2009）。

　江西賽維 LDK の 2009 年のアニュアルレポートによれば、2006 年に江西賽維 LDK が立地する新余ハイテク・ニューテク産業パークは、0.40 元／kWh の優遇電気料金を提供した。当時、新余の正常電気料金は 0.55 元／kWh であった。2007 年に、新余ハイテク・ニューテク産業パークは、江西賽維 LDK の多結晶シリコン生産を支援するために、さらに低廉な 0.25 元／kWh の優遇電気料金を提供した。つまり、江西賽維 LDK は事実上 0.3 元／kWh を電気料金の補助金として享受していた。一方、多結晶シリコン製造業は、高エネルギー消耗産業であり、電気料金が主なコストである。江西賽維 LDK の各年度のアニュアルレポートによれば、2006～2012 年、江西賽維 LDK は計 1.3 億ドルの電気料金補助金を獲得した。電気料金の他、江西賽維 LDK は他の名目の補助金も獲得した。

　2009 年 12 月 29 日に江西省政府は「江西省の 10 大戦略的新興産業の発展計画に関する江西省人民政府の通知」を公布し、江西省の十大戦略的新興産業を指定し、それぞれの発展計画を策定した。その第 1 号が「太陽光発電産業（2009～2015）発展計画」である（江西省人民政府 2009）。

　同「計画」によると、2008 年に江西省には一定規模以上の太陽光発電関

203

第Ⅲ部　事例研究

連企業が 40 社以上あり、同 2008 年の総売上高は 196 億元であった。なかでも、江西賽維 LDK の 2008 年の売上高は 100 億元を超え、多結晶シリコン・ウェハーの生産能力は 1.5GW に達した。

同「計画」は、2012 年および 2015 年までの生産能力の目標を掲げている。具体的には、2012 年までに多結晶シリコンの生産能力が 3 万トン、シリコン・ウェハーと太陽電池がそれぞれ 8GW と 6GW、2015 年までに多結晶シリコンと太陽電池の生産能力がそれぞれ 4 万トンと 15GW といった目標が掲げられた。また、2015 年までの目標として、太陽光発電産業を省の重要な支柱産業に発展させ、総売上高 2500 億元（うち、売上高 1000 億元以上の企業 1 社、100 億元以上の企業 5 社）といった売上高の目標も掲げられた。江西省政府は目標を実現するために、江西賽維 LDK の年間生産能力 2 万 1000 トンの多結晶シリコン工場の支援が主要な任務であると決定した。

さらに、融資や政策の優遇措置も多く盛り込まれた。たとえば、太陽光発電製造業の設備投資に対して、優先的に財政の利息補助を提供し、専門基金を設立して太陽光発電産業の発展を支援することとなった。そのほか、国家の省エネ改造の財政奨励金、外貨使用の支援、行政費用の削減（最低費用の 20% を超えない）などの措置も打ち出された。ところが、生産能力や売上高の目標はあるものの、市場や販売先に関する内容は言及されていない。

このように、江西省政府の産業政策は、太陽光発電産業を重視し、同産業および個別企業の成長を政府の発展計画に組み入れた。

2008 年に江西賽維 LDK はすでに中国最大のシリコン・ウェハー生産企業であった。しかし省政府が掲げた 2015 年の目標を実現するには数倍に生産能力を拡張しなければならない。江西賽維 LDK の生産拡張や上流・下流部門への参入を支援するために、江西省新余市政府は融資担保を提供した。

財政部（2011）によると、新余市ハイテク開発区は土地を担保にして、国家開発銀行江西省支社の江西賽維 LDK に対する 5000 万元の融資を実現した。また、2010 年に江西省および新余市政府の努力により、新余市の建設投資会社の保証により、国家開発銀行江西省支社は江西賽維 LDK に対する 12 億元余りの融資が実現した。

第 5 章　太陽光発電産業の育成

　江西賽維 LDK は過剰なまでの融資を手にし、爆発的な生産拡張により世界の上位メーカーになったが、深刻な債務危機に陥った。政府は江西賽維 LDK を救済するために、資金調達に奔走しているという。一財網（2012）によると、2012 年 7 月 12 日に新余市政府は、江西賽維 LDK の債務のうち、返済期限が近付いた 5 億元を市政府の予算に計上した。2016 年に、江西賽維 LDK は破産した。

　江西賽維 LDK の所在地である新余市以外にも、江西省にはもう 1 つ太陽光発電産業基地が上饒市にある。江西省上饒市科学技術局（2011）によれば、2011 年に、上饒市には中国第 6 位の太陽電池メーカー晶科能源（表 5 - 5 参照）をはじめとして、すでに 21 社の太陽光発電産業関連製造企業が国家級の太陽電池ハイテク・ニューテク産業基地に立地している。上饒市はさらに 2015 年までに基地内に立地する太陽電池製造企業を 40 社以上に増やすべく、生産能力・売上高の数倍増の目標を掲げており、企業誘致、土地・資金などの生産要素の傾斜的配分、水・電気・ガスの優先的保障など、さらに多くの優遇政策を講じている。

　具体的には、上饒市政府は土地資源を優先的に太陽電池製造業に配分し、晶科能源の生産拡張のための用地を省の重要建設プロジェクト用地計画に組み込み、同社の金太陽プロジェクト補助金の申請を支援し、さらに同社に対する 3.8 億元の融資を実現させた。また、晶科能源などの電力使用を保障するために、送電線や電圧変換ステーションを増設した。さらに、浙江昱輝や台湾昇陽などを重点的誘致対象とし、国外企業の移転を積極的に受け入れるべく努めている。

（2）その他の事例

　太陽光発電産業を積極的に支援した地方政府は江西省にとどまらない。
　たとえば、カナディアン・ソーラー（2011 年中国第 4 位の太陽電池メーカー）の所在地である江蘇省常熟市は、太陽光発電産業を振興支柱産業として発展させている。常熟市政府は太陽光発電産業の発展の指導チームを設立し、同産業の製造企業に対する増値税・企業所得税の税務上の支援、工場賃

205

第Ⅲ部　事例研究

貸料金や土地に対する補助など、傾斜的な支援政策を打ち出した（江蘇省常熟市辛荘鎮）。

また、常州億晶（2011 年中国第 9 位の太陽電池モジュールメーカー）は所在地である江蘇省常州市金壇市政府の介入および政府融資プラットフォーム会社の担保を受け、数十億元の銀行融資を獲得したという（『21 世紀経済報道』2013 年 5 月 31 日）。

太陽光発電産業の後発地区の政府も、太陽光発電産業に対する優遇措置の策定に邁進している。たとえば、広西壮族自治区政府は、太陽電池産業のような新興産業に資金や電力の保障など、傾斜的支援策を講じるべきであると指示している。同自治区桂林市興安県に、吉陽という企業が現地政府の誘致を受けて、2008 年に太陽電池産業に本格的に参入し、シリコン・インゴットから太陽電池モジュールへとバリュー・チェーンを迅速に拡張した。同社は 2015 年までに 1000 億元の売上高に達成するという計画を掲げた。一方、興安県は物流や電力などの競争力がなく、関連産業の基盤もない都市である（広西日報 2011）。

前述したように、2009 年の時点で、江西賽維 LDK の 2015 年の売上高目標も 1000 億元である。この目標が出された時に、江西賽維 LDK はすでに世界有数のメーカーに成長した。中国の上位 10 社にもランクインしていない吉陽は、トップメーカーと同じ売上高目標を打ち出した。政府の支援なくして、このような野心的な計画を打ち出せないであろう。

このように、地方政府は熱狂的なまでに太陽光発電産業の成長を支援し、企業の拡張を加速化させてきた。このような政府の支援がなければ、中国の太陽光発電産業はかくも急速な成長・拡張を実現できなかったであろう。

3．融資の優遇

サンテック[8]をはじめとして、中国の上位メーカーは海外上場により巨額の資金を調達した（丸川 2009）。確かに、2009 年まで中国の太陽電池メー

8）サンテックの成長について、丸川（2009、2013）、Marukawa（2012）を参照。

カーは海外上場で資金調達することにより成長を遂げた。しかし、海外上場による資金調達は生産拡張の一因にすぎない。2009年以降のさらなる生産拡張には、中国国内の銀行による融資は大いに貢献した。

たとえば、2005年12月にサンテックはニューヨーク証券取引所に上場し、4.55億ドルを調達した。2010年にサンテックは中国国家開発銀行から5年間にわたる500億元（約73.5億ドル）の信用枠を獲得した。また2010年9月に江西賽維LDKは国家開発銀行と600億元（約89億ドル）の融資契約を結んだ（21世紀経済報道 2012）。JAソーラーは2007年2月にNASDAQに上場し、2.25億ドルを調達した。資源総合システム（2011、pp.28‑31）によれば、同社は2009年7月に中国輸出入銀行から合計6.2億元（約9000万ドル）の融資、中国国家開発銀行から300億元（約44億ドル）の融資および信用枠を獲得した。さらに、2006年12月にニューヨーク証券取引所に上場したトリナ・ソーラーは、国家開発銀行と300億元（約44億ドル）の融資に関する契約に合意した。

中国では、銀行が国有企業に対して優先的に融資を行うために、民営企業が融資難にあることがしばしば指摘されている。しかし、民営企業が主体となっている太陽光発電産業は例外といえる。政府がこの産業の優先的発展を支援しているからこそ、政策銀行である国家開発銀行も熱心に太陽光発電産業に融資を行っているのである。

2009年9月22〜23日に、温家宝首相（当時）は新エネルギー（太陽光発電産業を含む）、電気自動車など7つの新興産業の発展に関する会議を計3回開いた。その後公布された会議公告では、これらの産業は「新興戦略性産業」と呼ばれた（『人民日報』2009年9月23日）。2010年10月に、太陽光発電産業は前述した「戦略的新興産業の育成と発展の加速に関する国務院の決定（国発［2010］32号）」によって戦略的新興産業として正式に指定された。

2009〜2012年、国家開発銀行のアニュアルレポートでは、戦略的新興産業への支援を強調し、サンテックや江西賽維LDK、徐州中能（中国最大の多結晶シリコン製造企業であり、保利協鑫に買収された）など太陽光発電産

第Ⅲ部　事例研究

業の上位企業への融資を代表例として取り上げた。

4．生産設備の輸入

（1）生産設備の輸入動向

　中国の太陽光発電産業が急成長を遂げたもう1つの要因は、海外先進生産設備の導入である。丸川（2009）が指摘するように、製造技術を開発しなくても装置メーカーから生産設備を購入すれば太陽電池は製造できる。

　たとえば、江西賽維LDKのシリコン・インゴット製造装置の大部分は、アメリカのGT Solar社から輸入したものである。また、同社のシリコン・ウェハーの切断装置の95％はスイスから輸入した最先端の切断機である（新余日報 2012）。GT Solar社のシリコン・インゴット製造装置はターンキー・システムである。つまり、巨額な設備を購入できれば、技術を持たない企業でも太陽電池の生産は可能である。GT Solar社の年報によると、2007～2009年江西賽維LDKはGT Solar社の最大の取引先であった。2007年の江西賽維LDKとの取引高は1億5227万ドルに達しており、GT Solar社の当該年度の売上の62％を占めた。また2008年に江西賽維LDKは合計1億878万ドルの装置を購入しており、2009年の購入金額も1億8524万ドルに上った（GT Solar 2010、p.12）。

　GT Solar社のターンキー・システムを導入した中国企業は、江西賽維LDKだけではない。保利協鑫やインリーソーラーなどの中国の上位メーカーは、いずれもGT Solar社の主な取引先である。これらの中国メーカーは、GT Solar社の売上高の半分以上を占めている（表5-14）。

　GT Solar社のほか、アメリカのApplied Materials、ヨーロッパのCentrothermやMeyer Burgerなど、太陽電池製造装置メーカーは数多く存在する。しかも、GT Solar社は太陽電池製造装置市場のトップ企業ではない。太陽電池産業の専門調査会社Solarbuzz（2011）によれば、過去1年間の結晶シリコン系太陽電池製造装置の設備投資額は世界全体で36億ドルにも上るが、そのうち中国と台湾のメーカーが82％を占めている。

　日本のシャープや京セラなどの太陽電池メーカーは、量産の初期は製造装

208

第5章　太陽光発電産業の育成

表5-14　GT Solar 社の売上および中国の占める割合

単位：万ドル、％

	2007	2008	2009	2010	2011
中国	21,123	33,369	34,048	63,579	49,528
合計	24,405	54,103	54,425	89,898	95,571
中国／合計（％）	86.6	61.7	62.6	70.7	51.8

出所：GT Solar（2010）p.103、GT Solar（2011）p.114、GT Solar（2012）p.128 より作成。

置を外部から購入したが、その後は内製に切り替えた（和田木 2008）。丸川（2009）が指摘するように、製造技術を開発しなくても装置メーカーから購入すれば太陽電池は製造できるので、技術というよりも、企業がどれだけの資金を集中的に投下できるかが勝負となった（丸川 2009）。中国の太陽電池メーカーは十分な技術的基盤を備えていないが、先進生産設備を輸入することにより、直ちに大量生産に入り、たとえアパレル業者であったとしても、ハイテク分野の太陽電池産業の上位メーカーになることが可能となった。

（2）輸入支援措置

　一方、企業は生産設備を輸入する際に、輸入関税の免除という奨励措置を受けられる。

　前述したように、2005 年 12 月 7 日に国務院が公布した「産業構造調整の推進に関する暫定規定」は奨励類産業への投資に対して、輸入設備の関税・増値税を免除すると決めた。

　2009 年 8 月 20 日に財政部、国家発展改革委員会、工業情報化部、海関総署、国家税務総局、国家能源局は「重要技術装置の輸入税政策の調整に関する通知（財関税［2009］55 号）」を公布した。同「通知」は、中国企業の核心的競争力や自主イノベーション能力の増強、および産業構造の高度化の推進を目的とし、国家が支援する重要技術産業を対象とし、基幹部品・原材料の輸入関税・増値税を免除する政策である。太陽エネルギー発電設備は重要技術装置・製品の目録に掲載された（具体的な部品リストは未発表）。

209

第Ⅲ部　事例研究

　また、2012年3月7日、財政部、工業情報化部、海関総署、国家税務総局は上記「財関税［2009］55号）」の免税目録を修正し、新たに「重要技術装置の輸入税政策の目録の調整に関する通知（財関税［2012］14号）」を公布した。太陽電池ウェハー切断機など、具体的な太陽電池生産設備・部品を重要技術装置・製品の目録に掲載した。この目録に掲載された品目を輸入する場合には、輸入関税・増値税が免除される。

　太陽光発電産業は奨励類産業であり、重要技術産業でもあるので、輸入関税・増値税の免除を受けることが可能である。

　2008年末に前述した江西省新余市の税関は、太陽光発電産業の製造企業の輸入関税・増値税免除の申請計313件を許可した。関連する輸入設備は1.8億ドル、輸入関税免除は2.7億元、うち江西賽維LDKが2.05億元を占めた（中国新余網 2009）。

　このように、中国の太陽光発電製造企業はターンキー方式で製造装置を含む先進設備を輸入することにより、短期間のうちに大量生産が可能となった。しかも、政府は設備輸入に対する輸入関税の免除という奨励措置をとることにより、企業の生産拡張を加速化させたのである。

5．税優遇政策

　1991年7月1日より実施された「中華人民共和国外資企業および外国企業の所得税法」によれば、企業所得税の税率は30％であり、それに加えて、地方所得税の税率は3％である。また、経済特区や経済技術開発区などに立地する外資製造企業は、15％や24％の税率を適用できる。同法第8条によれば、経営期間が10年以上の外資製造企業は、営業収入が発生した年度から、第1〜2年の企業所得税の免除、第3〜5年の企業所得税の半減を受けることができる。ただし、2008年1月1日より「中華人民共和国企業所得税法」の実施により、前記「外資企業および外国企業の所得税法」は廃止され、中国企業、外資企業を問わず、税率は25％に統一された。

　表5-5で取り上げた中国の上位メーカーのうち、カナディアン・ソーラーはカナダで登記しており、他の6社はいずれもケイマン諸島で登記して

210

第 5 章　太陽光発電産業の育成

いる。そのため、これらの企業は生産や主な企業経営活動などを中国で行っているが、いずれも外資企業である。そのため、外資企業向けの「2年免除、3年半減」の税優遇を受けた。むろん、これはすべての外資企業を対象とする税優遇措置であり、太陽光発電産業のみを優遇する政策ではない。

ここで強調したいのは外資企業向けの「2年免除、3年半減」優遇策ではなく、ハイテク・ニューテク企業を対象とする15%の企業所得税優遇策である。中国の主な太陽電池製造企業はいずれもこの15%の優遇税率を受けている。ハイテク・ニューテク企業およびハイテク・ニューテク企業を対象とする15%の企業所得税の優遇税率の説明については、第2章第1節で詳しく説明したので、ここでは省略する。

中国の上位太陽電池製造企業はいずれもハイテク・ニューテク企業として認定された。これらの企業は外資企業向けの「2年免除、3年半減」税優遇措置を受けた後、いずれもハイテク・ニューテク企業を対象とする15%の優遇税率を享受し続けた。2005～2007年、サンテックは15%のハイテク・ニューテク企業優遇税率を享受したと同時に、外資企業向けの「2年免除、3年半減」も適用された[9]。そのため、サンテックは7.5%という低い税率を享受することとなった。また、トリナ・ソーラーも同様に、7.5%の優遇税率を2002～2003年に受けた（表5-15）。ちなみに、表5-15には取り上げていないが、各メーカーの子会社の大多数もハイテク・ニューテク企業として認定され、優遇税率を受けた。

太陽光発電産業は政府が指定した重点的に支援するハイテク・ニューテク領域に属するために、主なメーカーは優遇税率を受けたのである。太陽電池製造業の拡大期には、ハイテク・ニューテク企業所得税優遇策は企業の拡張に寄与したと考えられる。

しかし、これらの上位企業は、果たしてハイテク・ニューテク企業の条件を満たしているのか。この点に関しては、第7節で後述する。

企業所得税の他に、前述した生産設備や原材料の輸入関税・増値税の免除

9）2008年より、このように2つの優遇措置を同時に適用することができなくなった。

表5−15 中国上位メーカーの優遇税率

単位：％

	1999	2000	2001	2002	2003	2004	2005	2006	2007	2008	2009	2010	2011	2012	2013
正常税率	30＋3*	30＋3	30＋3	30＋3	30＋3	30＋3	30＋3	30＋3	30＋3	25	25	25	25	25	25
トリナ・ソーラー 適用税率	0 FIE	0 FIE	15 FIE	7.5 FIE&HNTE	7.5 FIE&HNTE	12 他	12 他	12 他	27 優遇なし	15 HNTE	15 HNTE	15 HNTE	15 HNTE	15 HNTE	15 HNTE
カナディアン・ソーラー 適用税率				0 FIE	0 FIE	12.0 FIE	12.0 FIE	12.0 FIE	n.a.	15 HNTE	15 HNTE	15 HNTE	25 優遇なし	25 優遇なし	25 優遇なし
サンテック 適用税率				0 FIE	0 FIE	0 FIE	7.5 FIE&HNTE	7.5 FIE&HNTE	7.5 FIE&HNTE	15 HNTE	15 HNTE	15 HNTE	15 HNTE	n.a.	n.a.
江西賽維LDK 適用税率								0 FIE	0 FIE	15 FIE	15 FIE	15 FIE	15 HNTE	15 HNTE	15 HNTE
インリー・ソーラー 適用税率									0 FIE	0 FIE	12.5 FIE	12.5 FIE	12.5 FIE	15 HNTE	15 HNTE
JAソーラー 適用税率								0 FIE	0 FIE	n.a. FIE	n.a. FIE	n.a. FIE	15 HNTE	15 HNTE	15 HNTE
晶科能源 適用税率										0 FIE	0 FIE	12.5 FIE	12.5 FIE	12.5 FIE	15 HNTE

FIE＝外資企業向けの「2年免除、3年半減」優遇税率、HNTE＝ハイテク・ニューテク企業向けの15％優遇税率（網かけ）、他＝他の優遇税率。

注：*立地によって、(24＋3)％の税率がある。

出所：各社各年度のアニュアルレポートより作成。

措置も企業の生産拡張を加速させたのである。

6．環境保護コストの欠如

　中国の環境保護コストの欠如も太陽光発電産業の成長要因である。多結晶シリコン生産企業は次々と誕生したが、2010 年 12 月に「多結晶シリコン産業参入条件（工連電子［2010］137 号）」が公布されるまで、中国は多結晶シリコン産業に対するエネルギー消耗や環境を汚染する副産物の回収に関する規制措置を講じなかった。そのため、2010 年まで、大多数の多結晶シリコン生産企業は副産物の回収設備を設置しなかった。また、前述した江西省政府は、太陽光発電産業の製造企業に対して、汚水排出費や環境保護観測費などの費用を 5 分の 1 の水準にまで引き下げた。

　2011 年 9 月に、中国の太陽電池上位メーカー晶科能源の浙江省海寧市工場で環境汚染問題が発生したため、地元の住民が工場を取り囲んで抗議する事態にまで至った。2011 年 4 月に同社ではすでに環境汚染問題が発生し、海寧市環境保護局は改善命令を出していた。ところが、徹底的な改善はされていなかったという（『新華網』2011 年 9 月 20 日）。

　このように環境保護規定の不備や当時の政府の環境管理の甘さなどのために、太陽光発電産業への参入は極めて容易であった。

　わずか数年のうちに、中国が世界最大の太陽電池生産国・輸出国となったのは、独自の技術を持っていたからではなく、やはり他の産業と同様に、外国から生産設備や生産技術を導入し、投資に依存して短期間に生産能力を拡大し、加工貿易に従事することにより成長したからであるといえよう。「自主イノベーション」による成長方式の転換が強調されているなかで、太陽光発電産業は実際のところ新たな低付加価値の組立産業・外需依存産業にとどまっている。太陽光発電産業の事例を見るかぎり、「自主イノベーション」による成長方式への転換はいまだ道半ばであると判断せざるをえないであろう。

第Ⅲ部　事例研究

第7節　企業側の研究開発活動

　中国の主な太陽電池メーカーのうち、専門技術者が創業した企業が2社ある。サンテックの創業者施正栄はオーストラリアに留学し、太陽電池の研究をし、博士号を取得した。カナディアン・ソーラーの創業者瞿暁鏵はカナダに留学して半導体材料を研究し、博士号を取得した（丸川 2013、pp.107－112）。

　その他、インリーソーラーはオランダの Energy Research Centre など外部機関と提携して研究開発を行っている。江西賽維 LDK は上海交通大学と共同研究を行っている。研究開発を評価することは難しいので、ここでは、研究開発集約度、つまり売上高に占める研究開発支出の割合、および研究開発に従事する従業員の比率という2つの指標を取り上げる。

１．研究開発集約度

　表5－16は中国の主なメーカーの研究開発集約度を示している。比較するために、アメリカの First Solar 社のデータも取り上げる。First Solar 社は、CdTe 薄膜太陽電池に特化した独自の技術を持つ、世界最大の薄膜太陽電池メーカーである。

　中国メーカーの研究開発集約度は First Solar 社よりはるかに低い。中国上位企業7社合計の62個のデータのうち、35個のデータは1%にも達していない。2%を超えたデータはわずか7つだけである。前述した「国科発火字［1996］018号」、「科技部国科発火字［2000］324号」、2008年の「国科発火［2008］172号)」では、売上に対する研究開発費の支出の割合をハイテク・ニューテク企業の認定条件としている。しかし、ハイテク・ニューテク企業として認定された中国の主な太陽光発電産業のメーカーは、一番低い条件である3%にも達していない。

214

第5章　太陽光発電産業の育成

表5-16　売上の占める研究開発支出の割合

単位：%

	2002	2003	2004	2005	2006	2007	2008	2009	2010	2011	2012	2013
サンテック	2.05	1.07	0.55	1.49	1.40	1.11	0.80	1.71	1.39	1.23	—	—
カナディアン・ソーラー	0.17	0.49	0.42	0.09	0.58	0.33	0.26	0.50	0.46	1.04	1.00	0.71
インリーソーラー	—	—	—	0.50	1.41	0.43	0.76	2.54	1.10	1.94	1.65	2.15
トリナ・ソーラー	—	—	—	0.45	1.66	0.93	0.37	0.64	1.00	2.15	2.04	1.12
江西賽維LDK	—	—	—	—	0.28	0.61	0.46	0.76	0.43	2.16	2.06	
JA ソーラー	—	—	—	—	0.19	0.16	0.53	1.19	0.54	0.64	1.28	1.26
晶科能源	—	—	—	—	—	0.01	0.02	0.38	0.68	0.41	1.44	0.93
First Solar（米）	1230.41	119.66	9.17	4.94	4.71	3.00	2.69	3.78	3.70	5.08	3.93	4.06

出所：各社各年度のアニュアルレポートより作成。

表5-17　従業員に占める研究開発者の割合

単位：%

	2005	2006	2007	2008	2009	2010	2011	2012	2013
サンテック	5.53	6.15	3.64	4.21	3.04	2.22	2.15	—	—
カナディアン・ソーラー	—	5.28	0.50	1.18	1.28	1.55	1.88	2.66	2.11
インリーソーラー	—	—	4.73	0.53	4.46	9.44	8.28	8.12	5.26
トリナ・ソーラー	—	2.78	1.18	0.80	0.61	2.68	3.90	3.65	3.99
江西賽維	—	—	—	4.91	1.26	1.42	3.56	3.06	—
JA ソーラー	—	2.58	1.77	2.97	0.86	0.55	0.88	1.12	1.25
晶科能源	—	—	0.00	1.71	1.63	5.08	1.86	1.86	1.42

出所：各社各年度のアニュアルレポートより作成。

2．研究開発員

　また、研究開発に従事する従業員が従業員全体に占める割合を見てみよう（表5-17）。7社合計50個のデータのうち、42個のデータは5％以下にとどまっている。前記3つの政策は研究開発に従事する従業員が従業員全体の10％以上を占めることをハイテク・ニューテク企業の認定条件としているが、この条件を満たした企業は1つもない。

　江西賽維LDKがハイテク・ニューテク企業に認定されたのは2009年である。2008年に江西賽維LDKは1万4130人の従業員を有し、そのうち694人は研究開発員であった。2009年に、金融危機の影響もあり、中国全体の

第Ⅲ部　事例研究

太陽光発電産業の製造企業は外需の鈍化に遭った。2009 年に、江西賽維 LDK は 666 人の従業員を減らし、そのうち、524 人は研究開発員であった。そのため、2009 年に江西賽維 LDK の研究開発員は 170 人へと急減した（データは江西賽維 LDK のアニュアルレポートにより）。

また、2008 年より、主要製品（サービス）の核となる技術の自主的知的財産権を有することもハイテク・ニューテク企業の条件となっている。江西賽維 LDK の 2009 年のアニュアルレポートによれば、同社は特許を有しておらず、特許の出願もない。

第 8 節　まとめ

中国政府は「自主イノベーション」による成長方式の転換を国家戦略として位置づけた。これは賢明な政策判断と評価する。ところが、本章で取り上げた太陽光発電産業の事例を見る限り、政府はイノベーションによる成長方式への転換を認識しながらも、戦略的新興産業の育成政策の内容は生産規模・速度ばかりを追求した生産拡張の支援策にとどまっている。

太陽光発電産業の事例研究から、現時点における戦略的新興産業の育成政策は、おおよそ以下のように特徴づけることができよう。

① 特定産業・個別企業の指定

② 生産設備・部品などの輸入に対する輸入関税・増値税の免除（すなわち、従来どおりの加工貿易の免税措置と大差は見られない）

③ 政府による企業の生産活動への過度な介入

④ 土地・税金・融資などの優遇措置により企業の投資活動・生産拡張への支援

戦略的新興産業の育成政策に見られる傾斜的な優遇措置は、市場メカニズムによる資源の効率的な配分の障害となっている可能性がある。中国では、奨励類産業は参入の許認可、土地の優先的提供、融資の優遇措置などを得やすい（中国社会科学院工業経済研究所 2010、p.172）。政府が特定産業を対象とする支援政策を実施したことにより、当該産業に参入する企業数は、市

第5章　太陽光発電産業の育成

場メカニズムに基づき参入する企業数より多くなる傾向がある。生産能力過剰が発生したとしても、政府（とりわけ地方政府）の保護策があるために、競争力がない企業であっても退出・淘汰することは容易ではない。

　一連の政策や融資を受けて生産拡張に邁進した結果、中国では世界全体の太陽光発電産業の需要を超えるほどの過剰生産能力が形成されたのである。

　多結晶シリコンの不足により価格高騰が続くなか、先進国企業は多結晶シリコンの使用量が極めて少量ですむ太陽電池、あるいは非シリコン系の薄膜型太陽電池の研究を進めてきた。太陽電池のコスト削減には、多結晶シリコンの生産コストの削減も重要であり、これこそがイノベーションであるといえよう。

　これに対して中国政府は、多結晶シリコン生産企業に低廉な電気料金や土地を提供し、汚水排出費用を減免し、企業の設立や増産を支援した。このような支援が続くかぎり、中国企業が生産コスト削減に向けて研究開発を進める動機を見出すことは困難であろう。

　一方、太陽電池産業における品質や技術改善のための政策措置はあまり見られない。王・任・高等（2010、p.56）によれば、中国は太陽光発電産業をハイテク産業と指定したにもかかわらず、太陽電池技術の向上を目的とした国家レベルの技術研究機構は存在しない。また、太陽電池の品質に関する技術標準の整備も遅れている。

　2012年に、中国最大の太陽電池メーカーサンテックは破産した。また、地方政府の手厚い支援を受け、世界上位のシリコン・ウェハーのメーカーや多結晶シリコンメーカーにまで急成長した江西賽維 LDK は2016年に破産した。

　本章で取り上げた太陽光発電産業の事例を見るかぎり、製造業の高付加価値化や「自主イノベーション」を中心に据えた戦略的新興産業の育成政策が、投資・生産拡張の支援策にすぎず、成長方式の転換に積極的な効果をもたらしていると評価することは極めて困難である。

　中国政府は企業が主体として、市場が誘導し、産学研提携のイノベーション・システムの構築を強調した。しかし、「自主イノベーション」能力を向

217

第Ⅲ部　事例研究

上させるには、企業に任せるべきではない。

　研究開発活動は「基礎研究」、「応用研究」、「開発研究」に分けられる。中国の研究開発費に「開発研究」が占める割合は 1995 年の時点で 68％ であったが、2012 年に 84％ へと上昇した。「基礎研究」と「応用研究」はわずか 16％ にすぎない。一方、日本、アメリカ、韓国などの OECD 国では、「基礎研究」と「応用研究」の割合は 4 割前後である[10]。中国の研究開発能力が不足している部分は「基礎研究」と「応用研究」である。

　中国では、企業の研究開発が「開発研究」に集中している。たとえば、江西賽維 LDK の 2012 年のアニュアルレポートによれば、同社の研究開発費はすぐ利益に繋がる研究開発活動にしぼられていた。むろん、このような既存技術や生産工程の改良もイノベーションである。しかし、中国に欠けているのは、「自主イノベーション」のうち、オリジナル・イノベーションである。オリジナル・イノベーションの能力を向上させるために、「基礎研究」や「応用研究」は必要不可欠である。

　それでは、政府の科学技術や教育への支出を見てみよう。1980 年に国家財政に占める科学技術支出の割合は 5.26％ であったが、2005 年に 3.93％ へと低下した。その後、2010 年に 4.58％ にまで上昇したが、1980 年代の水準より低い（国家統計局・科学技術部編 2011）。また、趙・倪編（2011、p. 59）によれば、2008 年に、中国の GDP に占める教育支出の割合は 3.05％ にすぎず、世界平均水準の 5.1％ より低く、発展途上国の平均水準である 4％ よりも低い。科学技術や教育への支出の不足は、研究開発人材の育成だけでなく、普通労働者の質の向上にも影響を与える。

　政府が企業の投資活動や生産拡張を直接に支援するというよりは、科学技術や教育の支出を高め、「基礎研究」や教育に注力することにより、「自主イノベーション」の基盤となる人材の育成を通して、成長方式の転換を図ることが望まれよう。

---

10) OECD.StatExtracts の「Research and Development Statistics」のデータに基づき計算。

第IV部　結論と課題

第6章　結論

第1節　本書の研究の主な結論

　本書の研究では、主に2000年以降に中国政府が打ち出したイノベーション政策を中心に、実証研究および事例研究を行った。

　第1章では、中国政府が自主イノベーション政策を打ち出した背景を概観し、政策の経緯を整理した。改革開放後、中国は高度成長を遂げたが、投資に過度に依存しており、イノベーションの寄与は相対的に軽微であった。市場の成熟化に伴い、これまでの投資依存型の成長方式の持続が限界を示しつつあるなか、イノベーションによる成長への転換が極めて重要な課題になっている。

　中国政府はこれまでの投資に依存する成長方式の限界を認識したうえで、研究開発・イノベーションによる成長方式の転換を打ち出した。その意味では、研究開発の促進やイノベーションの強調は極めて適切な判断といえる。

　中国政府が打ち出したイノベーション政策には、①研究開発支援政策、②知的財産権戦略、③ハイテク産業・戦略的新興産業の育成戦略が含まれている。本研究では、これらのイノベーション政策に着目し、研究開発支援政策および知的財産権戦略に関して、企業所有制を考慮したうえで、産業レベルおよび企業レベルから実証研究を行った。また、ハイテク産業・戦略的新興産業の育成戦略に対しては風力発電産業および太陽光発電産業を取り上げ、事例研究を行った。本章では、実証研究および事例研究から得られた各章の

221

第Ⅳ部　結論と課題

主な結論を整理し、今後の展望について述べる。

1．実証研究から得られた結論

（1）中国の研究開発支援政策

研究開発支援政策には、①中国政府による研究開発資金の提供、②研究開発費の税控除、③ハイテク・ニューテク企業の税優遇措置などが含まれている。具体的には、中国政府は企業に研究開発資金を提供する政策を講じている。また、研究開発支出の150％を企業の納税所得より控除する優遇措置を行っている。さらにハイテク・ニューテク企業の税優遇措置として、そうした企業と認定された場合には、企業所得税率を通常の25％から15％に減らす税優遇措置を行っている。

第2章では、産業別・所有制別のデータを用いて、これら政府の各種研究開発支援政策が各産業の全要素生産性（TFP）の上昇率に寄与したか否かを検証した。なお、中国において国有企業は他の企業よりも政府に優遇されやすいため、国有企業の寡占度も考慮した推計を行った。ここで得られた結論は以下のとおりである。

第1に、全サンプルに関しては、研究開発費のうちの企業自己資金が各産業のTFPの上昇率に寄与していることが明らかとなった。一方、研究開発費の政府資金に関しては、TFP上昇率に負の影響を与えているという結果となった。研究開発費税控除は、統計的に有意な影響が検出されなかった。また、ハイテク・ニューテク企業減免税は、他の変数の入れ替えによって結果が異なった。さらに、政府資金・税控除・減免税の集計値を見てみると、有意で負の影響が検出された。

第2に、国有・国家支配企業の寡占度が最も高い産業に限定すると、上記の政府資金、政府資金・税控除・減免税の集計値のパラメーターは有意であったが、パラメーターの定量的な大きさはさらに低下し、研究開発費税控除のパラメーターも負で統計的に有意になった。

第3に、国有・国家支配企業の寡占度が最も高い産業のうち、労働者1人当たりの政府資金・税減免が高い産業に限定すると、政府資金、税控除のパ

222

ラメーターはさらに低下した。政府の研究開発支援策が産業別 TFP に与える負の影響はますます高まるという結果となった。

第 2 章の研究結果を見るかぎり、政府の研究開発資金や税減免が産業レベルの TFP の上昇率に強く影響するという積極的な証明は得られなかった。このような諸支援政策については一層の工夫が必要とされると考えられる。

（2）中国の知的財産権戦略

中国中央政府は、2000 年代半ばから「国家知的財産権戦略」を制定し始め、2008 年 6 月に「国家知的財産権戦略綱要」を公布した。また、1999 年より上海をはじめとして、各省政府は次々と特許の出願費用や実体審査請求費用などを補助する政策を打ち出した。2000 年以降、中国の国内特許出願数は急増し続け、中国は世界第 1 位の特許出願国となった。国際 PCT 特許出願数に関しても、2013 年に中国は世界第 3 位の PCT 特許出願国となった。

第 3 章では、中国統計局の工業企業データベースの企業個票データおよび中国知的財産権出版社のデータベースを利用し、パネルデータモデル、カウントデータモデル、およびバイナリデータモデルを用いた実証分析を行い、各省政府が実施した特許補助政策が企業の国内特許出願数および PCT 国際特許出願数に与えた影響を検証した。

第 1 に、特許補助金適用前後の期待特許料を試算することにより、特許補助政策の定量的な効果を確認した。その結果、各省の特許料補助効果率が高いほど、また特許補助政策の開始時期が早いほど、その省の特許出願数は多くなる傾向にあることが明らかとなった。

第 2 に、企業の国内出願に関しては、各省政府の特許補助政策が企業の特許出願に強くプラスの寄与をしていることが明らかとなった。また、規模が小さい企業に対し、政府の特許補助政策の効果は一層大きいことも判明した。

第 3 に、各省政府の特許補助政策のうち、出願補助ダミーは国際 PCT 特許出願に正で有意な影響が検出された。また、資本支配上の企業所有制をコ

第Ⅳ部　結論と課題

ントロールすると、外資企業ダミーと私営企業ダミーはいずれも正で有意に推計されており、私営企業ダミーのパラメーターが最も大きい結果となった。

　以上の推計結果によれば、政府の特許補助政策は、中国の特許出願急増の極めて重要な要因であることが明らかとなった。特許を企業の研究開発の成果と見なせば、中国政府の特許補助政策は企業のイノベーション活動の活性化に寄与しているといえる。

　次に、小規模で、もともと研究開発費が少ない企業において政策の効果がより強いことが証明された。また、集体企業と比べ、国有支配企業の特許出願数については統計的な差が見出せなかった。一方、小規模企業を分析したカウントデータモデルおよび国際PCT特許出願を分析したバイナリデータモデルでは、私営企業ダミーのパラメーターが最も大きく推計された。数多くの先行研究では、非国有企業は国有企業よりも生産性が高いことが実証されている。たとえば、張・施・陳（2003）はいくつかの先行研究の結論をまとめている。中国の経済成長において私営企業の役割はますます重要となることを考慮に入れると、私営企業に対してより強い効果をもたらしている中国の特許補助政策は重要であるといえよう。さらに、外国出願がある特許は質が高いと考えられているため、各省政府の特許出願補助政策は特許の質の改善にもある程度寄与しているといえる。

　このように、総じていえば、政府の特許補助政策は特許出願の量・質にプラスの効果を与えたと評価されよう。

　また、中国政府は知的財産権戦略の一環として、特許データベースの整備も積極的に進めている。中国の特許データベースのみならず、日本、アメリカや欧州の特許庁のデータベースなども整備されている。中国の特許データベースは、アメリカ特許庁のように引用情報や審査官とのやり取りなどの詳細は公開していないが、特許公報や年金納付情報などをすべて公開しておりその利用価値は高い。そして、企業・個人を問わず、だれでも特許情報にアクセスできるようになった。さらに、公開のタイムラグがなく最新技術へのアクセスが可能となっている。こうしたことも、中国の知的財産権戦略の成

第6章　結論

果と評価されよう。

2．事例研究から得られた結論

（1）風力発電産業の育成

　中国政府はハイテク産業・戦略的新興産業として指定した風力発電産業に対して、自主研究開発やイノベーションによる成長を繰り返し強調している。

　第4章の分析によれば、風力発電産業が急成長を遂げたのには、以下の要因が挙げられる。

　第1に、再生可能エネルギーの全量買取制度および風力発電所を対象とする税優遇政策は、風力発電所の建設に向けてのインセンティブを引き出し、風力発電所の建設がブームとなった。

　第2に、70%の国産化率や入札者条件を限定する風力発電プロジェクト入札制度は、中国の風力発電設備メーカーに巨大な国内市場を提供した。

　第3に、政府は中国メーカーに対して補助金を支出し、生産を積極的に支援している。

　第4に、外国からの設計図の購入や基幹部品の輸入により、風力発電設備メーカーの生産が可能となった。しかも政府は、大量生産のための基幹部品・原材料を対象として、輸入関税・付加価値税の免除措置を講じて生産拡大を支援している。

　第5に、中国の風力発電設備の主要メーカーは、いずれも大手国有企業の子会社である。巨大な資金を投下できるために、急速な生産拡張を実現できたのである。

　風力発電産業を見るかぎり、政府が講じた補助金や基幹部品の輸入関税・増値税の免除措置などの戦略的新興産業振興措置は、基本的に生産拡張支援策である。戦略的新興産業として指定された風力発電産業は、外国からの技術導入にとどまっており、基幹部品・原材料を外国に依存し、自主技術を持たず、新たな組立産業となった。風力発電産業の急成長は、やはり従来どおりの投資に依存する粗放型成長にとどまっており、残念ながら「自主イノ

第Ⅳ部　結論と課題

ベーション」による成長方式の転換を実現できているとはいいがたい。

　もちろん、環境保護の視点から見れば、中国政府の生産拡張政策は再生可能エネルギーの普及を加速させた。その意味では、こうした政策は高く評価される。しかしながら、研究開発やイノベーションによる成長への転換を図るためには、企業の技術力の向上を目的とした技術標準、品質検査機構や製品・部品をテストする技術サービス・プラットフォームなどが必要不可欠であるが、政府は当初より技術標準を大幅に緩和し、製品の品質検査機構などの産業発展の支援基盤の整備も進んでいるとはいえない。

　また、政府は基幹部品の輸入関税・増値税を免除することにより、企業の組立生産を事実上奨励したことになる。その方法についても、販売数で関税免除を享受できる企業を決めるような政策は、企業の自社開発の意欲を低下させてしまった可能性が否定できない。一般に自社開発するには相当の時間を要するが、基幹部品を輸入して組み立てさえすれば、直ちに完成品を市場に投入し、逸早く市場シェアを確保することができる。自社開発志向の企業は組立企業に市場を奪われる可能性が高い。その意味では、政府の基幹部品の輸入関税・増値税免除政策は、むしろ企業の技術研究開発の阻害要因になりかねない。

　さらに、政府の政策が生産規模や拡張ばかりを加速させたために、新興産業である風力発電産業は、わずか数年間で生産過剰、さらには過当競争に陥った。過当競争に陥ったメーカーは技術開発の余地を失ってしまう可能性が否定できない。

（2）太陽光発電産業の育成

　第5章の分析によれば、太陽光発電産業が急成長を遂げたのは、以下の要因が挙げられる。

　第1に、ヨーロッパ外需の存在は中国の太陽電池製造業に巨大な市場を提供した。

　第2に、政府の支援が挙げられる。ただし、当初中国の太陽電池産業の成長は、中国政府の産業政策が牽引したとはいえない。しかし、中国に世界全

226

体の需要を超えるほどの過剰生産能力が形成されたのは、政府の支援、とりわけ 2009 年以降の支援と無関係なわけではない。2011 年まで全国全ての省・市・自治区は太陽光発電産業を優先的に支援する新興産業に指定した。多くの省政府は太陽電池製造業に対し優先的に土地を保障して、優遇電気料金を提供した。また、個別企業の生産拡張を支援することが政府の計画にも載せられた。

第 3 に、太陽光発電産業の上位製造企業はいずれも国家開発銀行や他の国内銀行から巨額な融資を受けていたため、生産拡張を実現できた。

第 4 に、ターンキー方式製造装置などの先進生産設備および原材料である太陽電池セルを輸入することにより、中国メーカーの生産が可能となった。

第 5 に、政府の税優遇政策が挙げられる。①中国の上位太陽電池製造企業はいずれもハイテク・ニューテク企業として認定されたため、15％ の優遇税率（通常税率は 25％）を享受し続けた。②太陽発電産業は奨励類産業や重要技術産業に指定されたため、生産設備輸入に際する関税・増値税（付加価値税）の免除が受けられた。

一方、中国の上位太陽電池製造企業はいずれもハイテク・ニューテク企業として認定されたのに、売上高に占める研究開発支出の割合は低く、半分以上が 1％ 以下にとどまっている。また、研究開発に従事する従業員が従業員全体に占める割合もほぼ 5％ 以下である。研究開発支出の割合および研究開発員の割合の 2 つの指標は、いずれもハイテク・ニューテク企業の認定条件に達していない。

すなわち、太陽光発電産業は新たな低付加価値の組立産業となったにすぎず、その急速な成長は自主イノベーションによるものとはいいがたい。

第 2 節　今後の課題と展望

本書の研究では、中国政府が打ち出したイノベーション政策のうち、①研究開発支援政策、②知的財産権戦略、③ハイテク産業・戦略的新興産業の育成戦略について、実証研究または事例研究を行った。

第IV部　結論と課題

しかし、本研究には以下のような幾つかの課題が残されている。

第1に、全体的にはイノベーション政策の詳細を整理し、実証研究・事例研究を試みたが、政策転換の背景に関する分析はまだ十分ではない。

第2に、研究開発支援政策については、産業レベルのデータを用いて政策の効果を検証した。中国では先進的な沿海部があれば、発展途上の中部地域もあり、かなり遅れている西部もあり、地域間の格差が著しい。発展段階が異なっているため、同じ政策であっても地域によって効果が異なると考えられる。そのため、地域による発展段階の違いによる適切な政策を考案するためにも、省別のデータを用いた詳細な実証研究が必要とされよう。

第3に、知的財産権戦略については、特許出願数の増加要因については詳細な実証分析を行ったが、特許の質に関する分析はまだ十分とはいえない。国際PCT特許出願の増加は研究開発の質の向上を意味していると考えられているが、中国政府が国際PCT特許出願に伴う諸費用を補助している可能性が大きい。したがって、この点から特許の質を計測することには問題を伴う。特許の質の代理指標として、被引用回数、権利維持期間、請求項数などの指標と補助金政策との関連を検討することが今後の課題となろう。

第4に、知的財産権戦略については、電子通信産業に限定しており、他の産業に対する分析を行っていない。一層範囲の広い産業を対象とした分析が必要となろう。

第5に、ハイテク産業には7つの産業がある。新エネルギー産業のみを事例研究したため、他のハイテク産業についても研究する必要がある。

参考文献

[日本語文献]

伊藤亜聖・李卓然・王敏（2014）「中国におけるイノベーション政策の効果推計―多層・多ルートの政策体系は機能しているのか？」『社会科学研究』第66巻第1号。

大橋英夫（2005）『現代中国経済論』岩波書房。

大橋英夫（2011）「対外的脆弱性の克服：摩擦と協調」渡辺利夫・21世紀政策研究所監修、朱炎編『中国経済の成長持続性』勁草書房。

大橋英夫（2012a）「産業・貿易構造の変化と発展方式の転換」渡辺利夫・21世紀政策研究所監修、大橋英夫編『変貌する中国経済と日系企業の役割』勁草書房。

大橋英夫（2012b）「中国経済をめぐる『二つの罠』―『中所得の罠』と『体制移行の罠』―」『東亜』2012年9月号。

海外電力調査会（2006）『中国の電力産業―大国の変貌する電力事情―』株式会社オーム社。

科学技術振興機構中国総合研究センター編集（2011）『中国の第十二次五カ年規画における緑色発展の実態と動向2011年版』独立行政法人科学技術振興機構中国総合研究センター。

郭四志（2011）『中国エネルギー事情』岩波新書。

後藤晃（2000）『イノベーションと日本経済』岩波新書。

資源総合システム（2011）『アジア・オセアニアにおける太陽光発電システム市場2011年版』株式会社資源総合システム。

篠原三代平（1976）『産業構造論　第二版』筑摩書房。

徐涛（2013）「中国経済における国家資本、国内私的資本と外資の鼎立―第2次経済センサス個票データベースに基づく分析」『北海学園大学経済論集』第60巻第4号。

世界銀行（2009）『世界開発報告2010』田村勝省・小松由紀子訳、一灯舎。

堀井伸浩（2010）「中国製風車が日本の風で回る日」『東亜』2010年11月号　霞山会　pp.6-7。

堀井伸浩（2013）「風力発電設備産業——キャッチアップ過程に政策の果たした機能」渡邉真理子編『中国の産業はどのように発展してきたか』勁草書房。

丸川知雄（2009）「中国の太陽電池産業」『中国経済研究』第6巻第2号［通巻10号］　2009年9月　中国経済学会。

丸川知雄（2013）『チャイニーズ・ドリーム』ちくま新書。

劉曙麗（2014）「中国における企業の研究開発活動およびその決定要因の実証分析」『中国経済研究』第11巻第1号　中国経済学会　pp.22-46。

李春利（2010）「中国版グリーン・ニューディール政策」渡辺利夫・21世紀政策研究所監修、朱炎編『国際金融危機後の中国経済』勁草書房。

山田節夫（2009）『特許の実証経済分析』東洋経済新報社。

和田木哲哉（2008）「太陽電池の普及を加速する三つのブレークスルー」『太陽電池2008／2009急拡大する市場と新技術』日経BP社。

Solarbuzz（2011）「太陽電池製造装置投資額、2011年は152億ドル到達も市場は減速の恐れ」『Solarbuzz』（http：//www.solarbuzz.com/jp/news/recent-findings/pv-equipment-spending-152-billion-2011-risk-market-downturn）2012年12月23日アクセス。

［中国語文献］

21世紀経済報道（2011）「光伏"双反"另一面：中国光伏業超速崛起」『21世紀経済報道』2011年10月26日。

21世紀経済報道（2012）「国開行光伏信貸沈思録」『21世紀経済報道』2012年12月10日。

北京市知識産権局（2007）「北京市『十一五』時期知識産権事業発展規画」（北京市政府ウェブサイト転載 http：//zhengwu.beijing.gov.cn/ghxx/sywgh/t833163.htm）、2015年8月28日アクセス。

財政部（2008a）「財政部関於調整大功率風力発電機組及其関鍵零部件、原材料進口税収政策的通知（財関税［2008］36号）」『中華人民共和国中央人民政府門戸網站』（http：//www.gov.cn/ztzl/2008-04/23/content_952511.htm）2012年7月16日アクセス。

財政部（2008b）「風力発電設備産業化専項資金管理暫行方法（財建［2008］476号）」『財政部ウェブサイト』（http：//www.mof.gov.cn/zhengwuxinxi/zhengce-fabu/2008zcfb/200808/t20080822_66469.htm）2012年7月3日アクセス。

財政部（2009）「関於印発『太陽能光電建築応用財政補助資金管理暫行弁法』的通

知（財建［2009］129号）」『中華人民共和国中央人民政府門戸網站』（http://www.gov.cn/zwgk/2009-03/26/content_1269258.htm）2012年6月26日アクセス。

財政部（2011）「各地財政大力支持戦略性新興産業発展（2011年10月31日付）」『財務部ウェブサイト』（http://www.mof.gov.cn/xinwenlianbo/quanguocaizhengxinxilianbo/201110/t20111031_603378.html）2012年11月12日アクセス。

財政部・工業和信息化部・海関総署・国家税務総局（2012）「関於調整重大技術装備進口税収政策有関目録的通知（財関税［2012］14号）」『財務部ウェブサイト』（http://gss.mof.gov.cn/zhengwuxinxi/zhengcefabu/201203/t20120312_634407.html）2012年7月17日アクセス。

財政部・国家発展改革委員会・海関総署・国家税務総局（2007）「関於落実国務院加快振興装備製造業的若干意見有関進口税収政策的通知（財関税［2007］11号）」『中華人民共和国中央人民政府門戸網站』（http://www. gov.cn/ztzl/kjfzgh/content_883640.htm）2012年8月8日アクセス。

財政部・国家発展改革委員会・工業和信息化部・海関総署・国家税務総局・国家能源局（2009）「関於調整重大技術装備進口税収政策的通知（財関税［2009］55号）」『財務部ウェブサイト』（http://gss.mof.gov.cn/zhengwuxinxi/zhengcefabu/200909/t20090904_203868.html）2012年7月16日アクセス。

財政部・国家税務総局（2001a）「財政部、国家税務総局関於部分資源総合利用及其他産品増値税政策問題的通知（財税［2001］198号）」『江蘇省国家税務局ウェブサイト』（http://www.js-n-tax.gov.cn/Page/StatuteDetail.aspx?StatuteID=4991）2012年11月17日アクセス。

財政部・国家税務総局（2001b）「財政部、国家税務総局、海関総署関於西部大開発税収優恵政策問題的通知（財税［2001］202号）」『上海市国家税務局ウェブサイト（転載）』（http://www.tax.sh.gov.cn/pub/xxgk/zcfg/qysds/200606/t20060613_286166.html）2012年11月17日アクセス。

財政部・国家税務総局（2008）「関於資源総合利用及其他産品増値税政策的通知（財税［2008］156号）」『財政部ウェブサイト』（http://szs.mof.gov.cn/zhengwuxinxi/zhengcefabu/200812/t20081212_97906.html）2012年7月3日アクセス。

財政部・科技部・国家能源局（2009）「関於実施金太陽示範工程的通知（財建［2009］397号）」『財務部ウェブサイト』（http://jjs.mof.gov.cn/zhengwuxinxi/zhengcefagui/200907/t20090721_185102.html）2012年6月4日アクセス。

財政部・住房和城郷建設部（2009）「関於加快推進太陽能光電建築応用的実施意見（財建［2009］128号）」『中華人民共和国中央人民政府門戸網站』（http://

www.gov.cn/zwgk/2009-03/26/content_1269282.htm）2012 年 6 月 26 日アクセス。

陳詩一（2011）「中国工業分行業統計数拠估算：1980–2008」『経済学（季刊）』2011年 4 月。

工業和信息化部（2012）「太陽能光伏産業"十二五"発展規画」『工業和信息化部ウェブサイト』（http：//www.miit.gov.cn/n11293472/n11293832/n11293907/n11368223/14473431.html）2012 年 6 月 4 日ダウンロード。

広東省知識産権局（2000）「広東省発明専利申請費用資助暫行弁法」（深圳市専利（特許）協会ウェブサイト転載 http：//www.szpa.org/lar/gdzfgz/259.html）、2015年 7 月 2 日アクセス。

広西日報（2011）「郭声琨到桂林市就太陽能光伏産業発展等進行調研（2011 年 9 月16 日）」『中華人民共和国中央人民政府門戸網站（転載）』（http：//www.gov.cn/gzdt/2011-09/16/content_1948884.htm）2012 年 12 月 22 日アクセス。

国際金融報（2012a）「光伏業"臨淵"渇求政策拯救」『国際金融報』2012 年 8 月 6日。

国際金融報（2012b）「言論」『国際金融報』2012 年 11 月 19 日。

国家電力監管委員会（2007）「電網企業全額収購可再生能源電量監管弁法」『中華人民共和国中央人民政府門戸網站（転載）』（http：//www.gov.cn/ziliao/flfg/2007-08/01/content_702636.htm）2012 年 6 月 26 日アクセス。

国家電力監管委員会（2011a）「風電、光伏発電情況監管報告」『国家電力監管委員会ウェブサイト』（http：//www.serc.gov.cn/zwgk/jggg/201102/W020110211528940195724.pdf）2012 年 6 月 4 日ダウンロード。

国家電力監管委員会（2011b）「関於切実加強風電場安全監督管理 遏制大規模風電機組脱網事故的通知」『国家電力信息公開網（転載）』（http：//www.12398.gov.cn/html/information/717803214/717803214201100024.shtml）2012 年 9 月 20日アクセス。

国家電力監管委員会（2011c）「2010 年度発電業務状況通報」『国家電力監管委員会ウェブサイト』（http：//www.serc.gov.cn/jggg/201208/t20120817_25057.htm）2012 年 9 月 20 日ダウンロード。

国家電力監管委員会（2011d）「国家電力監管委員会監管公告 2011 年第 4 号（総第31 号）風電安全監管報告（2011 年）」『国家電力監管委員会ウェブサイト』（http：//www.serc.gov.cn/zwgk/jggg/201112/W020120111527586623342.pdf）2012 年 6 月 28 日ダウンロード。

国家電力監管委員会（2012）「重点区域風電消納監管報告」『国家電力監管委員会
　　ウェブサイト』（http://www.serc.gov.cn/jggg/201208/P0201208173330493 2832
　　6.pdf）2012 年 9 月 20 日ダウンロード。

国家発展改革委員会（2005a）「国家発展改革委関於風電建設管理有関要求的通知
　　（発改能源［2005］1204 号）」『国家能源局ウェブサイト』（http://www.nea.
　　gov.cn/2005-08/10/c_131052907.htm）2012 年 6 月 25 日アクセス。

国家発展改革委員会（2005b）「国家発展改革委関於印発『可再生能源産業発展指
　　導目録』的通知（発改能源［2005］2517 号）」『国家発展改革委員会ウェブサイ
　　ト』（http://www.ndrc.gov.cn/zcfb/zcfbtz/zcfbtz2005/t20060206_58705.htm）
　　2012 年 11 月 17 日アクセス。

国家発展改革委員会（2005c）「産業構造調整指導目録（2005 年）（中華人民共和国
　　国家発展和改革委員会令　第40号）」『国家発展改革委員会ウェブサイト』（http://
　　www.ndrc.gov.cn/zcfb/zcfbl/zcfbl2005/t20051222_54304.htm）2012 年 8 月 6 日
　　アクセス。

国家発展改革委員会（2006a）「第四期風電特許権招標項目発標（2006 年 4 月 11 日
　　付）」『国家発展改革委員会ウェブサイト』（http://www.ndrc.gov.cn/gzdt/t
　　20060414_66281.htm）2012 年 6 月 29 日アクセス。

国家発展改革委員会（2006b）「国家発展改革委員会　財政部関於印発促進風電産
　　業発展実施意見的通知（発改能源［2006］2535 号）」『国家能源局ウェブサイ
　　ト』（http://www.nea.gov.cn/2012-01/04/c_131260285.htm）2012 年 6 月 28 日
　　アクセス。

国家発展改革委員会（2007a）「国家発展改革委関於印発高技術産業発展"十一
　　五"規画的通知（発改高技［2007］911 号）」『国家発展改革委員会ウェブサイ
　　ト』（http://www.ndrc.gov.cn/zcfb/zcfbtz/2007tongzhi/t20070514_134949.
　　htm）2012 年 8 月 6 日アクセス。

国家発展改革委員会（2007b）「国家発展改革委関於印発可再生能源中長期発展規
　　画的通知（発改能源［2007］2174 号）」『中華人民共和国中央人民政府門戸網
　　站』（http://www.gov.cn/zwgk/2007-09/05/content_738243.htm）2012 年 6 月
　　26 日アクセス。

国家発展改革委員会（2008）「国家発展改革委関於印発可再生能源発展"十一五"
　　規画的通知（発改能源［2008］610 号）」『国家発展改革委員会ウェブサイト』
　　（http://www.ndrc.gov.cn/zcfb/zcfbtz/2008tongzhi/t20080318_198262.htm）
　　2012 年 7 月 13 日アクセス。

国家発展改革委員会（2011a）「中華人民共和国国家発展和改革委員会令　第9号」『国家発展改革委員会ウェブサイト』（http：//www.ndrc.gov.cn/zcfb/zcfbl/2011ling/t20110426_408008.htm）2012年8月6日アクセス。

国家発展改革委員会（2011b）「国家修訂並発布新的産業構造調整指導目録（2011年4月25日付）」『国家発展改革委員会ウェブサイト』（http：//zys.ndrc.gov.cn/xwfb/t20110425_407794.htm）2012年8月6日アクセス。

国家発展改革委員会（2011c）「国家発展改革委関於完善太陽能光伏発電上網電価政策的通知（発改価格［2011］1594号）」『国家発展改革委員会ウェブサイト』（http：//www.ndrc.gov.cn/zcfb/zcfbtz/2011tz/t20110801_426501.htm）2012年8月6日アクセス。

国家能源局（2012a）「国家能源局関於加強風電並網和消納工作有関要求的通知（国能新能［2012］135号）」『国家能源局ウェブサイト』（http：//www.nea.gov.cn/2012-06/01/c_131624884.htm）2012年6月28日アクセス。

国家能源局（2012b）「国家能源局関於印発太陽能発電発展"十二五"規画的通知（国能新能［2012］194号）」『国家能源局ウェブサイト』（http：//zfxxgk.nea.gov.cn/auto87/201209/t20120912_1510.htm）2012年10月10日アクセス。

国家能源局（2012c）「国家能源局関於申報分布式光伏発電規模化応用示範区的通知（国能新能［2012］298号）」『国家能源局ウェブサイト』（http：//zfxxgk.nea.gov.cn/auto87/201209/t20120928_1513.htm）2012年12月8日アクセス。

国家税務総局（2008a）「関於印発『企業研究開発費用税前控除管理弁法（試行）』的通知（国税発［2008］116号）」『国家税務総局ウェブサイト』（http：//www.chinatax.gov.cn/n810341/n810765/n812171/n812675/c1190645/content.html）2015年10月19日アクセス。

国家税務総局（2008b）「関於公布公共基礎施設項目企業所得税優恵目録（2008年版）（財税［2008］116号）」『国家税務総局ウェブサイト』（http：//www.china-tax.gov.cn/n8136506/n8136563/n8193451/n8193466/n8193647/8658632.html）2012年11月17日アクセス。

国家知識産権局（2001）「中華人民共和国国家知識産権局公告［第75号］—調整後的専利収費項目和標準以及有関事項公告」『国家知識産権局ウェブサイト』（http：//www.sipo.gov.cn/zwgg/gg/201310/t20131023_837688.html）2016年7月9日アクセス。

国家知識産権局（2011）「全国専利事業発展戦略（2011〜2020年）」『国家知識産権局ウェブサイト』（http：//www.sipo.gov.cn/gk/gzyd/201111/t20111128_633501.

html）2016 年 7 月 9 日アクセス。

国家知識産権局（2015）「中国有効専利年度報告 2014」、『国家知識産権局ウェブサイト』（http：//www.sipo.gov.cn/tjxx/yjcg/201512/P020151231619398115416. pdf）2016 年 7 月 9 日アクセス。

国家統計局（1998）「関於印発『関於統計上劃分経済成分的規定』的通知」『深圳市政府ウェブサイト（転載）』（http：//www.sz.gov.cn/zfwj/bmwj/201510/t 20151016_3280924.htm）2016 年 9 月 8 日アクセス。

国家統計局編（1998 - 2012）『中国統計年鑑』（1998 - 2012 各年版）北京、中国統計出版社。

国家統計局城市社会経済調査司編（2006 - 2015）『中国城市（鎮）生活与価格年鑑』（2006 - 2015 各年版）北京、中国統計出版社。

国家統計局・科学技術部編（1996 - 2015）『中国科技統計年鑑』（1996 - 2015 各年版）北京、中国統計出版社。

国家統計局・国家発展和改革委員会編（2006 - 2015）『工業企業科技活動統計資料』（2012 年版より『工業企業科技活動統計年鑑』に名称変更）（2006 - 2015 各年版）北京、中国統計出版社。

国家統計局・国家工商行政管理総局（2011）「関於劃分企業登記注冊類型的規定調整的通知（国統字［2011］86 号）」『中華人民共和国中央人民政府ウェブサイト（転載）』（http：//www.gov.cn/zwgk/2011-11/17/content_1995548.htm）2015 年 3 月 19 日アクセス。

国家統計局工業統計司編（2001 - 2015）『中国工業経済統計年鑑』（2013 年より『中国工業経済年鑑』に名称変更）（2001 - 2015 各年版）北京、中国統計出版社。

国務院（2006）「国務院関於加快振興装備製造業的若干意見（摘要）（国発［2006］8 号）」『中華人民共和国中央人民政府門戸網站』（http：//www.gov.cn/gongbao/content/2006/content_352166.htm）2012 年 8 月 8 日アクセス。

国務院第一次全国経済普査領導小組弁公室編（2006）『中国経済普査年鑑 2004』北京、中国統計出版社。

国務院弁公庁（2005）「国務院関於発布実施『促進産業構造調整暫行規定』的決定（国発［2005］40 号）」『中華人民共和国中央人民政府門戸網站』（http：//www. gov.cn/zwgk/2005-12/21/content_133214.htm）2012 年 8 月 6 日アクセス。

国務院弁公庁（2006）「国務院関於印発実施『国家中長期科学和技術発展規劃綱要（2006—2020 年)』若干配套政策的通知（国発［2006］6 号）」『中華人民共和国

中央人民政府門戸網站』（http://www.gov.cn/zwgk/2006-02/26/content_211553.htm）2016年2月20日アクセス。

国務院弁公庁（2007）、「中華人民共和国企業所得税法実施条例（中華人民共和国国務院令第512号）」『中華人民共和国中央人民政府門戸網站』（http://www.gov.cn/zwgk/2007-12/11/content_830645.htm）2012年11月17日アクセス。

国務院弁公庁（2008）「国務院関於印発国家知識産権戦略綱要的通知（国発［2008］18号）」『中華人民共和国中央人民政府門戸網站』（http://www.gov.cn/zwgk/2008-06/10/content_1012269.htm）2013年06月15日アクセス。

国務院弁公庁（2009）「国務院批転発展改革委等部門関於抑制部分行業産能過剰和重複建設引導産業健康発展若干意見的通知（国発［2009］38号）」『中華人民共和国中央人民政府門戸網站』（http://www.gov.cn/zwgk/2009-09/29/content_1430087.htm）2012年8月6日アクセス。

国務院弁公庁（2010）「国務院関於加快培育和発展戦略性新興産業的決定（国発［2010］32号）」『中華人民共和国中央人民政府門戸網站』（http://www.gov.cn/zwgk/2010-10/18/content_1724848.htm）2012年6月12日アクセス。

国務院弁公庁（2012）「国務院関於印発工業転型昇級規画（2011－2015年）的通知（国発［2011］47号）」『中華人民共和国中央人民政府門戸網站』（http://www.gov.cn/zwgk/2012-01/18/content_2047619.htm）2012年12月4日アクセス。

国務院弁公庁（2013）「国務院関於促進光伏産業健康発展的若干意見（国発［2013］24号）」『中華人民共和国中央人民政府門戸網站』（http://www.gov.cn/zwgk/2013-07/15/content_2447814.htm）2013年07月28日アクセス。

国務院弁公庁（2015）「国務院弁公庁関於転発知識産権局等単位新入実施国家知識産権戦略行動計画（2014～2020年）的通知（国弁発［2014］64号）」『中華人民共和国中央人民政府門戸網站』（http://www.gov.cn/zhengce/content/2015-01/04/content_9375.htm）2016年01月28日アクセス。

河北省知識産権局（2007）「2007年度専利申請資助工作指南」『河北省知識産権局ウェブサイト』http://heb.sipo.gov.cn/E_ReadNew.aspx?E_typeid=5&E_Big-ClassID=82&NewsID=353)、2016年7月9日アクセス。

華鋭風電科技（集団）股份有限公司（2012）「華鋭風電科技（集団）股份有限公司2011年年度報告」『華鋭風電科技（集団）股份有限公司ウェブサイト』http://www.sinovel.com/manage/UploadPic/pdf/201112/201112964.pdf）2012年12月1日ダウンロード。

江蘇省常熟市辛荘鎮「常熟市光伏産業園」『常熟市辛荘鎮ウェブサイト』（http://

www.xinzhuang.gov.cn/resume.asp?lm=4）2012 年 12 月 22 日アクセス。

江西省人民政府（2009）「江西省人民政府関於印発江西省十大戦略性新興産業発展
　　規画的通知」『江西省科学技術庁ウェブサイト（転載）』（http：//www.jxstc.gov.
　　cn/ReadNews.asp? NewsID=5713）2012 年 10 月 23 日アクセス。

江西省上饒市科学技術局（2011）「上饒国家光伏高新技術産業化基地工作総結（2011
　　年 8 月 23 日）」『江西省上饒市科学技術局ウェブサイト』（http：//kjj.srstc.gov.cn
　　/article-348.aspx）2012 年 10 月 23 日アクセス。

経済参考報（2012）「十大光伏巨頭負債 1110 億元」『経済参考報』2012 年 8 月 8
　　日。

李京文編（1995）『走向 21 世紀的中国経済』北京、経済管理出版社。

李俊峰等（2012）『中国風電発展報告 2012』北京、中国環境科学出版社。

李俊峰・施鵬飛・高虎（2010）『中国風電発展報告 2010』海口、海南出版社。

馬海天（2011）「看似風光無限　却是布満荊棘—2010 年多晶硅－光伏市場年評」
　　『中国硅業』2011 年第 1 期、中国有色金属工業協会硅業分会。

南方日報（2010）「光伏産業把汚染留給中国？」『南方日報』2010 年 7 月 23 日。

聶輝華、江艇、楊汝岱（2012）「中国工業企業数拠庫的使用現状和潜在問題」『世
　　界経済』2012 年 05 期。

全国全社会 R&D 資源清査弁公室編（2002）『2000 全国 R&D 資源清査工業資料匯
　　編』北京、中国統計出版社。

人民日報（2011）「風電装機連続五年翻番増長」『人民日報』2011 年 5 月 27 日。

人民日報（2013a）「2012 年風電発電量同比増 41%　"棄風"難題仍待破解」『人民
　　日報』2013 年 4 月 10 日。

人民日報（2013b）「風電棄風為哪般」『人民日報』2013 年 7 月 12 日。

人民網（2006）「没有知識産権、就没有自主創新（2006 年 5 月 15 日付）」『人民
　　網』（http：//theory.people.com.cn/GB/40553/4370942.html）2012 年 10 月 10 日
　　アクセス。

人民網（2009）「調査顕示：外国図紙将拖垮中国風電企業（2009 年 9 月 8 日付）」
　　『人民網』（http：//energy.people.com.cn/GB/10007231.html）2012 年 8 月 8 日ア
　　クセス。

人民網（2010a）「低端産能厳重過剰　風電装備業進入"浪淘沙"時代（2010 年 6
　　月 7 日付）」『人民網』（http：//energy.people.com.cn/GB/11797367.html）2012
　　年 6 月 28 日アクセス。

人民網（2010b）「能源局啓動風電設備質量大調査　中国風電：要速度、更要質量

237

（2010 年 11 月 10 日付）」『人民網』（http://energy.people.com.cn/GB/13171827.html）2012 年 6 月 28 日アクセス。

人民網（2011a）「中国風電設備産業漸失定価話語権　盈利能力下降（2011 年 5 月 17 日付）」『人民網』（http://energy.people.com.cn/GB/14655008.html）2012 年 6 月 28 日アクセス。

人民網（2011b）「光伏産業豈能遍地開花（2011 年 11 月 9 日付）」『人民網』（http://cpc.people.com.cn/GB/64093/82429/83083/16180356.html）2012 年 9 月 13 日アクセス。

人民網（2012）「蒙西 "窩電" 調査（2012 年 6 月 12 日付）」『人民網』（http://energy.people.com.cn/GB/18147639.html）2012 年 6 月 27 日アクセス。

山東省電力監管弁公室（2011）「山東省風電、光伏発電産業現状及未来発展建議」『国家電力監管委員会ウェブサイト』（http://www.serc.gov.cn/jgyj/ztbg/201103/W020110307325739569938.pdf）2012 年 6 月 4 日アクセス。

上海市知識産権局（2002）「上海市専利費資助弁法」『上海発明協会ウェブサイト（転　載）』（http://www.sfm.org.cn/publication/2003/11/815.shtml）、2015 年 7 月 2 日アクセス。

上海市知識産権局（2005）「上海市専利費資助弁法」（改訂）『上海市政府ウェブサイト（転載）』http://www.shanghai.gov.cn/nw2/nw2314/nw3124/nw3164/nw3172/u6aw1399.html）、2015 年 7 月 1 日アクセス。

邵敏・包群（2012）「政府補貼与企業生産性」『中国工業企業』第 7 期、7 月。

王仲穎・任東明・高虎等編著（2010）『中国可再生能源産業発展報告 2009』北京、化学工業出版社。

温家宝（2005）「在国家科学技術奨励大会上的講話（2005 年 3 月 28 日付）」『中華人民共和国中央人民政府門戸網站』（http://www.gov.cn/gongbao/content/2005/content_63195.htm）、2012 年 10 月 10 日アクセス。

呉敬璉（1995）「怎様才能実現増長方式的転変」『経済研究』第 11 期、11 月。

西北電監局（2011）「西北区域風電安全状況及監管実践」『国家電力監管委員会ウェブサイト』（http://www.serc.gov.cn/jgyj/ztbg/201107/W020110718481276038299.pdf）（2011 年 7 月 28 日公布）2012 年 6 月 28 日ダウロード。

謝晨（2011）「10 月份多晶硅月評」『中国硅業』2011 年第 4 期、中国有色金属工業協会硅業分会。

新華社（2006a）「国家中長期科学和技術発展規画綱要（2006-2020）」『中華人民共和国中央人民政府門戸網站（http://www.gov.cn/jrzg/2006-02/09/content_

183787.htm）2011 年 10 月 16 日アクセス。

新華社（2006b）「中華人民共和国国民経済和社会発展第十一個五年規画綱要」『中華人民共和国中央人民政府門戸網站』（http：//www.gov.cn/ztzl/2006-03/16/content_228841.htm）2012 年 7 月 16 日アクセス。

新華社（2007）「胡锦涛在中国共产党第十七次全国代表大会上的报告」『新華網』（http：//news.xinhuanet.com/newscenter/2007-10/24/content_6938568.htm）2013 年 6 月 18 日アクセス。

新華社（2009a）「国内最大風電葉片生産基地開建　年産将達 700 多片（2009 年 6 月 11 日付）」『中華人民共和国中央人民政府門戸網站』（http：//www.gov.cn/jrzg/2009-06/11/content_1337498.htm）2012 年 8 月 3 日アクセス。

新華社（2009b）、「全国人民代表大会常務委員会関於修改『中華人民共和国可再生能源法』的決定（中華人民共和国主席令第二十三号）」『中華人民共和国中央人民政府門戸網站』（http：//www.gov.cn/flfg/2009-12/26/content_1497462.htm）2012 年 6 月 26 日アクセス。

新華社（2011）「中華人民共和国国民経済和社会発展第十二個五年規画綱要」『中華人民共和国中央人民政府門戸網站』（http：//www.gov.cn/2011lh/content_1825838.htm）2012 年 5 月 30 日アクセス。

新華網（2004）「中央経済工作会議召開　胡錦濤温家宝作重要講話（2004 年 12 月 5 日付）」『新華網』（http：//news.xinhuanet.com/fortune/2004-12/05/content_2297783.htm）2012 年 10 月 10 日アクセス。

新華網（2005a）「新華視点：従五中全会看中国発展走向（2005 年 10 月 11 日付）」『新華網』（http://news.xinhuanet.com/politics/2005-10/11/content_3606248.htm）2012 年 10 月 10 日アクセス。

新華網（2005b）「中共中央関於制定"十一五"規画的建議（2005 年 10 月 18 日付）」『新華網』（http://news.xinhuanet.com/politics/2005-10/18/content_3640318.htm）2012 年 10 月 10 日アクセス。

新華網（2007）「世界知名風電設備製造商落戸新疆（2007 年 3 月 31 日付）」『新華網』（http：//news.xinhuanet.com/local/2007-03/31/content_5918256.htm）2012 年 6 月 27 日アクセス。

新華網（2008）「経済半小時：新能源概念紅火背後的危機（2008 年 4 月 9 日付）」『新華網』（http://news.xinhuanet.com/fortune/2008-04/09/content_7943010.htm）2012 年 9 月 16 日アクセス。

新華網（2010）「国家能源局証実取消"風電設備国産化率超 70％"（2010 年 1 月 13

日 付）」『新 華 網』（http://news.xinhuanet.com/fortune/2010-01/13/content_12801141.htm）2012 年 8 月 8 日アクセス。

新華網（2011）「華鋭風電否認美国超導公司侵犯知識産権指控（2011 年 9 月 16 日付）」『新 華 網』（http://news.xinhuanet.com/fortune/2011-09/16/c_122046270.htm）2012 年 8 月 8 日アクセス。

新華網（2012）「新華視点：中国手機出口 10 億部　換不来 1% 利潤（2012 年 10 月 23 日 付）」『新 華 網』（http://news.xinhuanet.com/fortune/2012-10/23/c_113467802.htm）2013 年 1 月 12 日アクセス。

新疆金風科技股份有限公司（2012）「新疆金風科技股份有限公司 2011 年年報」『新疆金風科技股份有限公司ウェブサイト』（http://www.goldwind.com.cn/upload/files/201208/201208281036537.pdf）2012 年 12 月 1 日ダウンロード。

新余日報（2012）「賽維 LDK：做行業科技創新的引領者（2012 年 12 月 28 日付）」『中国新余網』（http://www.xinyu.gov.cn/content/2012/12/28/119069.htm）2012 年 12 月 29 日アクセス。

楊得華・馮旭青編著（2014）『中国専利法研究与立法実践』北京、中国政法大学出版社。

一財網（2012）「賽維債務財政兜底叩問政府企業辺界（2012 年 7 月 17 日付）」『一財網』（http://www.yicai.com/news/2012/07/1905641.html）2012 年 7 月 19 日アクセス。

張軍・施少華・陳詩一（2003）「中国的工業改革与効率変化—方法、数拠、文献和現有的結果」『経済学（季刊）』第 3 巻第 1 期、2003 年 10 月。

趙英・倪月菊編（2011）『中国産業政策変動趨勢実証研究 2000～2010』北京、経済管理出版社。

中国可再生能源学会風能専業委員会（2010）「2009 年中国風電整機製造業市場格局及発展態勢」『中国可再生能源学会風能専業委員会』（http://www.cwea.org.cn/upload/201006101.pdf）2012 年 11 月 28 日ダウンロード。

中国可再生能源学会風能専業委員会（2011）「2010 年中国風電装機容量統計」『中国可再生能源学会風能専業委員会』（http://www.cwea.org.cn/upload/2010%E5%B9%B4%E9%A3%8E%E7%94%B5%E8%A3%85%E6%9C%BA%E5%AE%B9%E9%87%8F%E7%BB%9F%E8%AE%A1.pdf）2012 年 6 月 28 日ダウンロード。

中国可再生能源学会風能専業委員会（2012）「2011 年中国風電装機容量統計」『中国可再生能源学会風能専業委員会』（http://www.cwea.org.cn/upload/2011%E

5%B9%B4%E9%A3%8E%E7%94%B5%E8%A3%85%E6%9C%BA%E5%AE%B9%E9%87%8F%E7%BB%9F%E8%AE%A1.pdf）2012 年 6 月 28 日ダウンロード。

中国可再生能源学会風能専業委員会（2013）「2012 年中国風電装機容量統計」『中国可再生能源学会風能専業委員会』（http://www.cwea.org.cn/upload/20130313001.pdf）2013 年 5 月 11 日ダウンロード。

中国可再生能源学会風能専業委員会（2015）「2015 年中国風電装機容量統計」『中国可再生能源学会風能専業委員会』（http://www.cwea.org.cn/upload/2014%E5%B9%B4%E4%B8%AD%E5%9B%BD%E9%A3%8E%E7%94%B5%E8%A3%85%E6%9C%BA%E5%AE%B9%E9%87%8F%E7%BB%9F%E8%AE%A1.pdf）2017 年 8 月 1 日ダウンロード。

中国社会科学院工業経済研究所（2010）『2010 中国工業発展報告—国際金融危機下的中国工業』北京、経済管理出版社。

中国新能源網（2008）「多晶硅市場：供求緩和在即　価格理性回帰（2008 年 9 月 18 日付）」『中国新能源網』（http://www.newenergy.org.cn/html/0089/9180821302.html）2012 年 9 月 13 日アクセス。

中国新余網（2009）「新余高新区発展環境的調査報告（2009 年 12 月 25 日付）」『中国新余網』（http://www.xinyu.gov.cn/content/2009/12/25/86516.htm）2012 年 10 月 23 日アクセス。

中国有色金属工業協会硅業分会（2012）「多晶硅進口不降反昇、価格持続下滑（2012 年 8 月 25 日）」『中国有色金属工業協会硅業分会ヴェブサイト』（http://www.siliconchina.org/2012/0828/10437.html）2012 年 9 月 13 日アクセス。

中華人民共和国海関総署（2010 – 2012）『中国海関統計年鑑 2009-2011』（各年版）中華人民共和国海関総署（編）北京、『中国海関』雑誌社出版。

中華人民共和国科学技術部（2006）「国家『十一五』科学技術発展規画」『中国科技部ウェブサイト』（http://www.most.gov.cn/tztg/200610/P020061031626562001491.doc）2011 年 10 月 16 日アクセス。

中華人民共和国科学技術部（2011）「国家『十二五』科学技術発展規画」『中国科技部ウェブサイト』（http://www.most.gov.cn/mostinfo/xinxifenlei/gjkjgh/201107/t20110713_88230.htm）2011 年 10 月 16 日アクセス。

中華人民共和国専利局（1985）「中国専利局公告［第 4 号］—各種専利費用的収費標準的公告」『中華人民共和国専利局』。

中華人民共和国専利局（1992a）「中国専利局公告［第 33 号］—新的収費項目和標

準的公告」『中華人民共和国専利局』。

中華人民共和国専利局（1992b）「中華人民共和国専利局公告［第 36 号］―各種専利法収費項目和標準公布公告」『中華人民共和国国家知識産権局ウェブサイト』（http://www.sipo.gov.cn/zwgg/gg/201310/t20131023_837598.html）2016 年 7 月 9 日アクセス。

中華人民共和国専利局（1994）「中華人民共和国専利局公告［第 43 号］―調整後的専利収費項目和標準公告」『中華人民共和国国家知識産権局ウェブサイト』（http://www.sipo.gov.cn/zwgg/gg/201310/t20131023_837619.html）2016 年 7 月 9 日アクセス。

朱平芳・徐偉民（2003）「政府的科技激励政策対大中型工業企業 R&D 投入及其専利産出的影響」『経済研究』第 6 期。

【英語文献】

Beason, Richard and David E. Weinstein (1996) "Growth, Economies of Scale, and Targeting in Japan (1955–1990)" *The Review of Economics and Statistics*, Vol.78, No.2 (May, 1996), pp.286–295.

Bernini Crisina, Guido Pellegrini (2011) "How are growth and productivity in private firms affected by public subsidy? Evidence from a regional policy" *Regional Science and Urban Economics*, 2011, 41, pp.253–265.

Chandra, Vandana, Deniz Erocal, Pier Carlo Padoan, and Carlos A. Primo Braga (2009) *Innovation and Growth CHASING A MOVING FRONTIER*, OECD Publishing (www.sourceoecd.org/scienceIT/9789264073968).

Dang, Jianwei and Kazuyuki Motohashi (2015) "Patent statistics: A good indicator for innovation in China? Patent subsidy program impacts on patent quality" *China Economic Review Volume* 35, Sep 2015, pp.137–155.

Federal Register (2012) Vol.77, No.201, October 17, 2012 (http://www.gpo.gov/fdsys/pkg/FR-2012-10-17/pdf/2012-25564.pdf).

Five IP Offices (2015) *IP5 Statistics Report 2014 Edition*, Five IP Offices (http://www.fiveipoffices.org/statistics/statisticsreports/2014edition/ip5sr2014.pdf).

Gill, Indermit and Homi Kharas (2007) *An East Asian Renaissance: Ideas for Economic Growth*, World Bank.

GT Solar (2010) *Annual Report 2010*, GT Solar homepage (http://investor.

gtat.com/phoenix.zhtml?c=211850&p=irol-reportsannual).

GT Solar (2011) *Annual Report 2011*, GT Solar homepage (http : //investor. gtat.com/phoenix.zhtml?c=211850&p=irol-reportsannual).

GT Solar (2012) *Annual Report 2012*, GT Solar homepage, (http : //investor. gtat.com/phoenix.zhtml?c=211850&p=irol-reportsannual).

Global Wind Energy Council (2007) *Global Wind 2006 Report*, Global Wind Energy Council (http : //gwec.net/wp-content/uploads/2012/06/gwec-2006_final_01.pdf).

Global Wind Energy Council (2010) *Global Wind 2009 Report*, Global Wind Energy Council (http : //gwec.net/wp-content/uploads/2012/06/GWEC_Global_Wind_2009_Report_LOWRES_15th.-Apr..pdf).

Global Wind Energy Council (2012) *Global Wind Report Annual market update 2011*, Global Wind Energy Council (http : //gwec.net/wp-content/uploads/2012/06/Annual_report_2011_lowres.pdf).

Hayami, Y. and J. Ogasawara (1999) "Change in the Sources of Modern Economic Growth : Japan Compared with the United States." *Journal of the Japanese and International Economics*, 13, pp. 1 –21.

Hu, Albert Guangzhou (2010) "Propensity to patent, competition and China's foreign patenting surge" *Research Policy*, 39 (2010), pp.985–993.

Hu, Albert Guangzhou and Gary H. Jefferson (2009) "A great wall of patents : What is behind China's recent patent explosion?" *Journal of Development Economics*, 90 (2009) 57–68.

International Energy Agency (2011a) *PVPS annual report 2010*, IEA–PVPS (http : //www.iea-pvps.org/).

International Energy Agency (2011b) *Trends in Photovoltaic Applications Survey report of selected IEA countries between 1992 and 2010*, IEA–PVPS (http : //www.iea-pvps.org/index.php?id=92).

International Energy Agency (2012a) *PVPS annual report 2011*, IEA–PVPS (http : //www.iea-pvps.org/).

International Energy Agency (2012b) *Trends in Photovoltaic Applications Survey report of selected IEA countries between 1992 and 2011*, IEA–PVPS (http : //www.iea-pvps.org/index.php?id=92).

International Energy Agency (2016) *Trends in Photovoltaic Applications Survey report of selected IEA countries between 1992 and 2015*, IEA-PVPS（http：//www.iea-pvps.org/fileadmin/dam/public/report/national/Trends_2016_-_mr.pdf）.

Jefferson, H. Gary, Bai Huamao, Guan Xiaojing and Yu Xiaoyun（2006）"R&D Performance in Chinese Industry" *Economics of Innovation and New Technology*, 2006, Vol.15（4／5）, pp.345-366.

Lanjouw, J. O. and M. Schankerman（1999）"The Quality of Ideas： Measuring Innovation with Multiple Indicators." *NBER Working Paper Series*, 7345.

Lanjouw, J. O. and M. Schankerman（2004）"Patent Quality and Research Productivity： Measuring Innovation with Multiple Indicators." *Economic Journal*, 114, pp.441-465.

Li, Junfeng, Shi Pengfei and Gao Hu（2010）*China Wind Power Outlook 2010*, Global Wind Energy Council（http：//gwec.net/wp-content/uploads/2012/06/wind-report0919.pdf）.

Li, Xibao（2012）"Behind the recent surge of Chinese patenting： An institutional view" *Research Policy*, 41（2012）, pp.236-249.

Lv, Fang, Xu Honghua, Wang Sicheng（2013）*National Survey Report of PV Power Applications in China 2012*, IEA-PVPS.

Lv, Fang, Wang Sicheng, Xu Honghua（2014）*National Survey Report of PV Power Applications in China 2013*, IEA-PVPS.

Lv, Fang, Xu Honghua, Wang Sicheng（2016）*National Survey Report of PV Power Applications in China 2015*, IEA-PVPS.

Marukawa, Tomoo（2012）*The Compressed Development of China's Photovoltaic Industry and the Rise of Suntech Power*, RIETI（http：//www.rieti.go.jp/jp/publications/summary/12080007.html）.

OECD（2002）*Main Science and Technology Indicators*, Vol.2002/2, OECD Publishing.（doi： 10.1787/msti-v2002-2-en-fr）.

OECD（2007）*Main Science and Technology Indicators*, Vol.2006/2, OECD Publishing.（doi： 10.1787/msti-v2006-2-en-fr）.

OECD（2012）*Main Science and Technology Indicators*, Vol.2011/2, OECD Publishing.（http：//dx.doi.org/10.1787/msti-v2011-2-en-fr）.

Pakes, A. and Griliches, A.（1984）"Patents and R&D at the Firm Level： A First Look." Griliches, Z. ed. *R&D patents and Productivity*. Chicago Press.

参考文献

Stubenrauch, Frank (2003) *National Survey Report of PV Power Applications in Germany 2003*, IEA-PVPS (http : //www.iea-pvps.org/index.php?id=93&no_cache=1&tx_damfrontend_pi1[pointer]=7).

Vincelette, Gallina A. Alvaro Manoel, Ardo Hansson, and Louis Kuijs (2010) "China : Global Crisis Avoided, Robust Economic Growth Sustained", in Mustapha K. Nabli, Editor, *The Great Recession and Developing Countries*, The World Bank.

Wang, Yibo (2012) *Country Report China*, IEA-PVPS (http : //www.iea-pvps.org /index.php?id=3).

World Intellectual Property Organization (2015), *World Intellectual Property Indicators 2015*, World Intellectual Property Organization (http : //www.wipo. int/edocs/pubdocs/en/wipo_pub_941_2015.pdf).

World Intellectual Property Organization (2016), *Who Filed The Most PCT Patent Applications in 2015*, World Intellectual Property Organization (http : // www.wipo.int/export/sites/www/ipstats/en/docs/infographics_pct_2015.pdf).

Xu, Honghua, Charlie Dou, Wang Sicheng, Lv Fa (2012) *National Survey Report of PV Power Applications in China 2011*, IEA-PVPS (http : //www.iea-pvps. org/).

索　引

Agreement on Trade-Related Aspects of
　Intellectual Property Rights　70

Balanced Panel Data　98, 102

Binary Data　6

Cobb-Douglas 型生産関数　42

Count Data　6

CPI　→消費者物価指数

Examination　→実体審査

Filing　→出願

Fixed Effect　6

F 検定　99

Hausman 検定　43

Logit Analysis　6

Logit モデル　107

Maintenance　→権利維持

Negative Binomial　→負の二項分布

OLS　6, 43

OLS モデル　99

patent production function
　→特許生産関数

Patent Cooperation Treaty
　→特許協力条約

PCT　59

PCT 特許出願　59

Poisson　→ポアソン分布

PPI　→生産者物価指数

Probit Analysis　6

Probit モデル　107

Publication　→公開

R&D　61

Random Effect　6

Registration　→登録

Request for Examination　→審査請求

SIPO　57

TFP　7, 15, 42

TRIPS 協定　70

Unbalanced Panel Data　76, 98

value-added tax　19

WIPO　57

World Intellectual Property Organization
　57

あ行

アンバランスパネルデータ　76, 98

意匠　57

一定規模以上の工業企業　14

索　引

イノベーション型国家　18

か行

外資企業　35

カウントデータ　102

カウントデータ分析　6

カウントデータモデル　94

確率分布　104, 106

加工貿易　12

期待特許料　69, 79

拒絶査定　72

拒絶理由　72

組立産業　157, 201, 213

減価償却率　36

研究開発　61

研究開発集約度　214

研究開発費弾力性　61, 63

研究開発費の税控除　29

権利維持　72

権利化プロセス　79

公開　71

公開特許公報　73

高技術（ハイテク）産業　24

工業所有権保護　70

後発性の利益　17

国内出願　58

国有・国家支配企業　35

国有企業　35

国家支配企業　35

国家知的財産権戦略　2, 22

固定効果　43

固定効果推定　6

固定効果モデル　99

固定資産浄値　36

固定資産ストック　36

固定資産投資デフレーター　36

個別効果　107

さ行

最小二乗法　6

サバイバルレート　81

残存率　81

自主イノベーション　1, 2, 19

「自主イノベーション」政策　17

持続可能な成長方式　17

実質値　36

実体審査　72

実用新案　57

出願　71

出願人　57

純固定資産　36

消費者物価指数　40

奨励類産業　19

新エネルギー産業　3, 119

審査請求　72

正規分布　107

請求項　66

制限類産業　19

生産者物価指数　76

生産能力過剰　151, 193

生存率　81

成長寄与度　15

247

成長方式の転換　17

世界知的所有権機関　57

全要素生産性　7, 15, 42

戦略的新興産業　2, 24, 119

増値税　19

粗放型成長　16

た行

大・中規模の工業企業　13

第 1 出願人　57

第 1 請求項　66

タイムラグ　32, 45

太陽光発電産業　171

中国国家知的財産権局　57

中所得国の罠　16

電子通信産業　3

淘汰類産業　19

登録　72

登録査定　72

登録特許公報　74

特許　57

特許協力条約　59

特許権利請求範囲　66

特許使用料　13

特許生産関数　6, 62

特許補助政策　77

な行

内資企業　35

は行

バイアス　36, 82

ハイテク・ニューテク企業　30

ハイテク・ニューテク産業開発区　30

ハイテク産業　2, 24, 119

バイナリデータ　107

バイナリデータ分析　6

バイナリデータモデル　106

発明特許　57

パネルデータ　6, 35

パネルデータモデル　94

バランスパネルデータ　98, 102

パリ条約　70

風力発電産業　119

付加価値税　19

負の二項分布　104

プロビット分析　6

ポアソン分布　104

ら行

ランダム効果　43, 107

ランダム効果推定　6

労働生産性　15

ロジット分析　6, 107

わ行

割引現在価値　79, 84

李　春霞（LI　CHUNXIA）

1980年　中国北京に生まれる。
2002年　（中国）南京航空航天大学卒業。
2017年　専修大学大学院経済学研究科博士後期課程修了。
現在、専修大学社会科学研究所客員研究員。博士（経済学）。
主な論文：
「『自主創新』と中国の風力発電産業」（査読付論文）（『中国研究論叢』第
13号、一般財団法人霞山会、2013年）
「中国の太陽光発電産業─『自主創新』の成果と限界」（査読付論文）（『中
国経済研究』第11巻第2号［通巻20号］、中国経済経営学会、2014年）
「中国における特許補助政策と特許の質」（『専修経済学論集』第51巻第3
号［通巻126号］、専修大学経済学会、2017年）

中国の産業発展とイノベーション政策

2018年2月28日　第1版第1刷

著　者　李　春霞
発行者　笹岡五郎
発行所　専修大学出版局
　　　　〒101-0051　東京都千代田区神田神保町3-10-3
　　　　　　　　　　　　　　　（株）専大センチュリー内
　　　　電話03-3263-4230（代）
印刷
製本　　亜細亜印刷株式会社

©Li Chunxia 2018　Printed in Japan
ISBN978-4-88125-323-6